신, 죽음
그리고 시간

Dieu, la Mort et le Temps

레비나스 선집 1
신, 죽음 그리고 시간

초판1쇄 펴냄 2013년 5월 30일
초판4쇄 펴냄 2022년 6월 20일

지은이 에마뉘엘 레비나스
엮은이 자크 롤랑
옮긴이 김도형, 문성원, 손영창
펴낸이 유재건
펴낸곳 그린비
주소 서울시 마포구 와우산로 180, 4층
대표전화 02-702-2717 | **팩스** 02-703-0272
홈페이지 www.greenbee.co.kr
원고투고 및 문의 editor@greenbee.co.kr

주간 임유진 | **편집** 홍민기, 신효섭, 구세주, 송예진 | **디자인** 권희원, 이은솔
마케팅 유하나, 육소연 | **물류유통** 유재영 | **경영관리** 유수진

이 책의 한국어판 저작권은 밀크우드에이전시를 통해 저작권자와 독점 계약한 (주)그린비출판사에 있습니다.
저작권법에 의해 한국 내에서 보호를 받는 저작물이므로 무단전재와 무단복제를 금합니다.
책값은 뒤표지에 있습니다. 잘못 만들어진 책은 구입처에서 바꿔 드립니다.
ISBN 978-89-7682-407-3 94160   978-89-7682-405-9 (세트)

學問思辨行: 배우고 묻고 생각하고 판단하고 행동하고

독자의 학문사변행을 돕는 든든한 가이드 _그린비 출판그룹

그린비 철학, 예술, 고전, 인문교양 브랜드
엑스북스 책읽기, 글쓰기에 대한 거의 모든 것
곰세마리 책으로 통하는 세대공감, 가족이 함께 읽는 책

레비나스 선집 1
Emmanuel Levinas

신, 죽음 그리고 시간

에마뉘엘 레비나스 지음 | 자크 롤랑 엮음

김도형, 문성원, 손영창 옮김

Dieu, la Mort et le Temps

신, 죽음 그리고 시간

그린비

|일러두기|

1 이 책은 Emmanuel Levinas의 *Dieu, la Mort et le Temps*(Paris: Grasset, 1993)를 완역한 것이다. 이 책은 에마뉘엘 레비나스가 1975~1976년에 소르본 대학에서 행한 두 강의를, 그의 제자였던 자크 롤랑(Jacques Rolland)이 편집해 출간한 것이다.

2 본문의 각주는 대부분 프랑스어판 편집자의 것이고, 영어판 번역자의 것일 경우에는 '―영역자'로, 옮긴이의 것일 경우에는 '―옮긴이'로 해당 부분 뒤에 표시했다.

3 본문과 각주에서 독자의 이해를 돕기 위해 옮긴이가 추가한 내용은 대괄호([ ])로 표시했다.

4 두 가지 이상으로 해석될 수 있는 단어에 대해서는 빗금(/)으로 표시했다.

5 이 책의 원서에서 이탤릭체로 강조된 표현은 고딕체로 표시했다. 또 레비나스가 특정한 단어들에서 대소문자를 달리하여 의미를 부여하거나 강조할 때가 있는데, 이것은 해당 부분에 방점을 찍어 표시했다.

6 본문에 인용된 저작 중, 참조한 국역본이 있는 경우에는 국역본의 쪽수를 병기했다. 대개 국역본의 번역을 따랐지만 옮긴이가 일부 수정한 것도 있다. 국내 출간된 레비나스 선집의 책들은 원서명과 쪽수 뒤 대괄호 안에 국역본 페이지를 넣었다.

7 단행본·정기간행물에는 겹낫표(『 』)를, 논문·단편·시 등에는 낫표(「 」)를 사용했다.

8 외국 인명이나 지명, 작품명은 2002년 국립국어원에서 펴낸 외래어표기법을 따랐다.

편집자 머리말

자크 롤랑

우리가 여기서 살펴볼 텍스트는 에마뉘엘 레비나스가 소르본 대학에서 정규 강의의 마지막 학기인 1975~1976년에 행한 두 강의를 모아 놓은 것이다. 한 강의는 매주 금요일 10시에서 11시에, 다른 강의는 12시에서 1시에 있었다. 시간적 근접성이 두 강의의 철학적 근접성을 구체화하고 있는 듯하다. 이제 몇 가지를 이야기할 텐데, 그 가운데 상당수는 이 책의 후기에서 다시 언급되고 해명될 것이다.

두 강의의 근접성은 다음과 같은 사실로 설명할 수 있다. 한 강의가 죽음과 시간으로 교직交織된 주제를 택한 반면, 다른 강의는 신의 이름인 '척도를 넘어선 단어'에 대해 묻는다. 그렇지만 이 두 강의 모두 레비나스가 그의 사유 한가운데서 마주치는 문제, 즉 윤리적 관계로 이해된 인간 간의 관계라는 문제를 철학적으로 설명하는 가운데 행해진다. 우리가 언급한 세 개념[죽음, 시간, 신]이 레비나스가 쓴 책에서 **문제가 되는 것**은 이 윤리적 관계로부터며, 또 여기 이 두 강의에서 레비나스가 말로 그 세 개념을 전개해 나가는 것도 이 윤리적 관계로부터다. 같은 이유로, 이 두 강의는 비록 레비나스 자신이 편집한 것은 아니라 하더라도 그의 저작의 일부를 이루는 것으로 간주될 수 있고 또 그렇게 간주되어야 마땅하다. 요컨대, 이 두 강의는 (사람들이 화가에 대해 말할 때의 의미에서) 한 양식에 속하는 것임을 분명히 해 두자. 이 양식은 『전체성과 무한: 외재성에 관한 에세이』(1961)[1]의 출간 직후에 시작되었다. 그 양식이 보여 주는 철학적으로 가장 **전복적인** 표현은 거침없고 대담한 저작인 『존재와 달리 또는 존재성을 넘어』(1974)[2]에서 확인할 수 있다. 또 그 대다수가 『관념에 오는 신에 대하여』(1982)[3]에 수록되어 있는 몇몇 소논문에서 확인할 수 있다.[4] 독자는 이 두 강의를 이 시기에 나온 텍스트들과 매우 밀접한 연관 속에서 연구하여야 한다는 점(모리스 블랑쇼Maurice Blanchot가 말한, 방법론적 성실성의 문제)을 유념해야 할 것이다.

---

1) Emmanuel Levinas, *Totalité et infini : Essai sur l'extériorité*, La Haye: Martinus Nijhoff, 1961/1971[『전체성과 무한』, 김도형·문성원·손영창 옮김, 그린비, 2018]. ─옮긴이

2) Emmanuel Levinas, *Autrement qu'être ou au-delà de l'essence*, La Haye: Martinus Nijhoff, 1974[『존재와 달리 또는 존재성을 넘어』, 문성원 옮김, 그린비, 2021]. ─옮긴이

3) Emmanuel Levinas, *De Dieu qui vient à l'idée*, Paris : J. Vrin, 1982/1998. ─옮긴이

4) 데리다(Jacques Derrida)는 레비나스가 후설(Edmund Husserl)의 첫 번째 독자였다는 바로 그런 의미에서(이 책의 342쪽을 보라) 레비나스의 첫 번째 독자였다. 내가 보기에, 데리다의 통찰력과 철학적 예리함은 『전체성과 무한』의 출간 직후 시작된 이런 '전환'의 본질과 중요성을 간과하지 않았다. 나는 그 증거로─또는 적어도 그 표시로─1964년 『형이상학과 도덕 잡지』(*Revue de métaphysique et de morale*, n°s 3 et 4)에 수록된 중요한 논문 「폭력과 형이상학: 에마뉘엘 레비나스 사유에 대한 에세이」("Violence et métaphysique : essai sur la pensée d'Emmanuel Levinas")의 첫 각주에 나오는 마지막 문장을 들고자 한다. "에마뉘엘 레비나스의 중요한 두 텍스트, 즉 「타자의 흔적」("La trace de l'Autre", *Tijdschrift voor Filosofie*, september 1963)과 「의미작용과 의미」("La signification et le sens", *Revue de métaphysique et de morale*, 1964, n° 2)가 출간되었을 때, 이 논문은 거의 끝난 상태였다"(Jacques Derrida, *L'Écriture et la Différence*, Paris: Seuil, 1967, p. 117[『글쓰기와 차이』, 남수인 옮김, 동문선, 2001, 129쪽의 각주 1]).

이제 '연구해야 할 강의'에 대해 잠시 짚고 넘어가자. 우선, 이 판본에서 우리는 강의라는 특성(날짜를 명기한다든가, 앞선 강의 내용을 환기한다든가, 이따금 생략이 보인다든가, 요약이나 주제를 벗어난 여담이 나온다든가, 또 〈신과 존재-신-론〉의 경우에는 지칠 줄 모르고 질문을 제기한다든가 하는 따위)을 세심하게 보존하려 했다는 점을 강조해 둔다. 그렇게 한 것은 이 강의가 교수로서 레비나스가 철학 수업을 한 드문 흔적들 가운데 하나였기 때문이다. 그렇지만 이 '말로 하는 가르침'이 플라톤적인 방식의 어떤 근본적인 새로움을 담고 있으리라고 생각해서는 안 된다. 플라톤에서는 텍스트의 전통이 우리에게 전해 준 '공개적인' 교의와 구분되는, 구전口傳의 '비밀스러운' 교의가 있다고 사람들은 생각한다. 레비나스에게는 그런 것이 없다. 이것은 후설의 경우와 매우 유사하다. 레비나스는 출간되지 않은 후설의 글들이 출간된 저작과 관련해 어떤 **새로움**도 가져다주지 않는다고 생각한다.[5] 그러므로 우리는 위에서 언급한 저작과 논문들에 들어 있는 **같은** 사유가 이 강의에서도 발견된다는 점을 금세 알 수 있다. 이 점이 적지 않게 중요한 것은, **달리 말해**, 우리가 언어의 문제와 언어의 경이로움에 주목한 사상가를 상대해 왔기 때문이다.[6] 또 이 점은 하이데거에 대해

---

5) 여기서 우리는 **새로움**이라는 말을 레비나스가 그 말에 부여한 의미로 사용하고 있다. 즉 새로운 것이란 이전에는 알지 못했고 심지어 예상조차 하지 못한 것, 그것에 대한 생각이 이전에는 있지 않았던 것을 뜻한다.

6) 두 번째 강의는 매번 **언어**의 문제를 제기한다. 리처드 코헨(Richard A. Cohen)이 『시간과 타자』의 영어 번역본(*Time and the Other*, Pittsburg: Duquesne University Press, 1987) 서문에서, 언어는 **존재와 달리**에 대한 질문함이 탐구되는 요소라고 말한 것은 틀리지 않았다. 구체적 언어와 관련해서는——히브리어, 러시아어, 독일어 등에 대해서는 말하지

생각할 때도 문득 우리를 사로잡는다. 하이데거에게서는 책과 강의를, 또는 (『강연과 논문』*Vorträge und Aufsätze*이라는 책 제목[7]이 말해 주듯) 논문과 강연을 구분하기 어렵다. 하이데거에게 그런 구분은 결국 쓸모없는 일일 것이다.

'달리 말함'—그렇다[강의들은 같은 사태에 대한 논의다]. 하지만 이 두 강의는 서로 다르다. 그런 까닭에, 독자가 이 책의 페이지를 넘기기 전에, 아주 가까워서 때로 경쟁하는 것처럼 보이는 이 둘을 **다르게 하는** 것이 무엇인지 알려 줄 필요가 있다. 두 강의는 질문을 제기하고 다시 제기하며 되잡는가 하면 반복한다. 다른 인간의 **얼굴** 속에서 나에게 건네지는 질문인 **타자의 질문**을. 이것이 이 책의 한결같은 핵심이다. 그러나 첫 강의가 그렇게 하는 것은 죽음과 시간이라는 두 개념을 분명히 하면서다. 철학이 죽음과 시간을 낚아채서 개념으로 만든 바로 그 순간에, 이 둘의 거칢은 무뎌져 버렸다. 나중에야 이 두 개념은 헤겔과 더불어, 또 다른 누구보다도 하이데거와 더불어 제1의 질문이 되었고, 레비나스와 달리 하이데거주의자들이 철학자로 인정하지 않았던 몇몇 사상가들, 즉 키르케고르^Søren A. Kierkegaard, 로젠츠바

않겠다—이 점만 말해 두고 싶다. 내가 보기엔, 메를로-퐁티(Merleau-Ponty)의 『기호들』(*Signes*, Paris: Gallimard, 1960, p. 99)에 나오는 다음과 같은 대목은, 그 본래 주제와 상관없이, 레비나스와 프랑스어의 관계를 말하기 위해 써진 듯하다. "그것(그 언어)은 그(작가)를 위해 만들어진 것 같으며 또 그는 그것을 위해 만들어진 것 같다. 언어를 익히는 가운데 말을 하는 일이 심장의 박동보다 더 당연한 것 같고, 확립된 언어는 그 작가와 더불어 자신의 가능성 중 하나를 실존하도록 불러내는 것 같다." **존재와 달리**의 언어를 이보다 더 잘 묘사할 수 있겠는가?

7) 마르틴 하이데거, 『강연과 논문』, 이기상·신상희·박찬국 옮김, 이학사, 2008.—옮긴이

이크^{Franz Rosenzweig}, 부버^{Martin Buber}, 베르그송^{Henri Bergson} 등의 사유 과제가 되었다. 이것이 이 강의의 가장 큰 부분이 철학적 전통과 대화^{dialogue}하는 방식으로 전개되는 이유다. 다시 말해, 각 철학자들을 그 고유함(고유명)으로 받아들여 그들과 일인칭으로 대화하는 방식을 취하는 이유다. 레비나스에게 이런 경우는 예외적이다. 그는 교수로서 무엇보다 **철학의 역사**를 가르치고자 했던 것이다. 하지만 저술가로서의 레비나스는 이런 역사를 이미 이해된 것으로 생략해 버리고, 자신의 상대들과 (두 번째 강의에서 등장하는 표현을 사용하자면)[8] '대화'^{converser}하지 않는다. 두 번째 강의는 한 유일한 개념을 집요하게 쫓는다. 그것은 탁월하게 유일한 개념이다! 모든 철학에 있어 모든 개념 가운데 최상의 개념. 이 개념이 사유를 사유의 고유한 과제로부터, 또 사유의 참된 거주지로부터 떼어 놓았음을 보여 주었던 이는 역시 하이데거였다. 그 개념이란 바로 신이다. 신은 탁월하게 **존재하는** 자다. 그러나 존재를 감추는 방식으로 또 존재가 은닉하는 문제를 감추는 방식으로 존재하는 자다. 고전적인 또는 전통적인 명명에 따르자면, **최상의 존재자**^{summum ens}다. 그러나 자신의 모든 최상성을 통해 **존재**^{esse ; εἶναι}를 짓누르고 혼란케 하는 자다. 물론 레비나스는 대답한다. 그러나 하나의 질문이 제기된다. 그 게임에서 손해를 본 것은 누구인가? 존재였는가? 아니면 신이었는가? 하이데거가 첫 번째 답이 맞다고 고집스레 입증하려 했다면, 레비나스는 두 번째 답의 가능성을 묻고자 애쓴다. 어떤 점에서 그는 개척자다. 왜냐하면, 신이 수수께끼처

---

8) 이 책의 183쪽. ― 옮긴이

럼 반짝였던 몇몇 "섬광과 같은 순간"(이 표현은 『존재와 달리 또는 존재성을 넘어』 p. 10[28쪽]에 나온다)을 철학이 알았다 해도, 그리스에서 유래한 철학은 무엇보다 신을 배신하는 데 매달려 왔기 때문이다. 신을 어떤 기초로—**특정한** 기초로 취급함으로써 말이다. 그리하여 두 번째 강의는 대화(dialogue 또는 conversation)의 방식으로 전개되지 않는다. 오히려 레비나스는 '글로 적은 가르침'에서 자신이 사용했던 방식대로 철학의 역사를 암시하면서 홀로 이 유일한 문제를 펼쳐 나가며 해명할 방법을 탐색해 나간다. 그 문제란 유일자l'Unique 앞에서 유일자l'unique를 대면하는 것[신 앞에서 타자를 대면하는 것]이다!

이상의 점 때문에 이 두 강의에는 각각 다른 방식의 각주를 달아야 했다. 첫 번째 강의에서는 주로, 레비나스의 끝없는 대화 상대인 사상가들의 말에 표식을 달아 자리를 정해 주는 일이 필요했다. 그들의 이야기를 그들의 글과 이름에 되돌려 주기 위해서 말이다. 두 번째 강의에서는 무엇보다, 이 끈기 있는 사유인 질문이 실행되는 가운데 드러나는 몇몇 매듭과 전환점과 정거장과 섬광들을 설명해 주는 것이 중요했다. 이와 관련해 독자들에게 알려 주어야 할 것이 하나 더 있다. (언제나 '문헌학적 성실성'에 대해 염려하면서 —이번에는 니체Friedrich W. Nietzsche를 생각해 보라. 또는 더 나아가 게르숌 숄렘Gershom Scholem을 떠올려 보라.) 그것은 이 질문함이 레비나스의 전 저작 가운데 가장 대담하고 끔찍하게 어려운 논문의 하나인 「신과 철학」[9]에 대한 **달리 말함**이라는 점이다.

마지막 마무리 말은 레비나스로부터 **고유명**nom propre이 의미하는 바가 무엇인지를 배웠던 사람들에게 돌아가야 할 것이다. 이 작업이 가능할 수 있었던 건 오로지, 나에게 강의 노트를 빌려 주고 때로는 기억한 바를 알려 주었으며, 시간을 할애해 도움과 조언을 준 몇몇 친구들 덕택이다. 알랭 다비드Alain David, 아르샤 발라바니디-위브랑Hartia Valavanidis-Wybrands, 프랑시스 위브랑Francis Wybrands, 마를렌 자라데Marlène Zarader에게 여기서 일일이 감사를 표한다.

---

9) 「신과 철학」("Dieu et la philosophie")은 1975년 『새로운 교류』(*Le Nouveau Commerce*)에 수록되었고, 『관념에 오는 신에 대하여』에 재수록 되었다.

C·O·N·T·E·N·T·S

1부 | 죽음과 시간

첫 번째 질문들
— 1975. 11. 7 금요일

이 자리에서 중요한 것은 무엇보다도 시간에 대한 강의, 즉 시간의 **지속**durée에 대한 강의다. 시간의 **지속**이라는 말은 다음의 몇 가지 이유에서 선택되었다.

- 이 단어는 여기서 "그것은 무엇인가?"라는 질문이 제기될 수 없음을 가리킨다. 이와 마찬가지 방식으로 하이데거는 『존재와 시간』 *Sein und Zeit* 이전에 저술된 미출간 강의록[1]에서 우리가 "시간은 무엇인가?"라는 질문을 제기할 수 없다고 말했다. 왜냐하면 그러할 경우 우리는 즉시 시간을 존재로 상정하게 되기 때문이다.

- 인내patience 자체인 시간의 수동성 속에서는 어떠한 행동action도 있을 수 없다(인내가 이야기되는 것은 지향적 접근에 반反해서다).

- 이 단어를 사용함으로써 흐름이나 유출 따위의 관념을 피할 수 있다. 그런 관념들 탓에 우리는 유동적인 실체를 떠올리고 시간의 측

---

1) 1924년에 쓰인 이 텍스트의 프랑스어 번역인 「시간의 개념」("Le concept de temps" [국역은 『시간의 개념』, 서동은 옮김, 누멘, 2009])은 이후 하이데거에 헌정된 『헤른』(*Cabier de l'Herne*, n° 45, rééd, Le Livre de Poche, pp. 33~54)에 수록되었다. 그 번역은 아르(Michel Haar)와 드 로네(Marc B. de Launay)가 맡았다.

정 가능성을 말하게 된다(측정된 시간, 시계의 시간은 진정한 시간이 아니다). 시간화 ─Zeitigung─ 로서의 지속이라는 단어는 이 모든 오해에서 벗어나게 해주며, 시간 **속**에서 흘러가는 것과 시간 그 자체를 혼동하지 않게 해준다.

- 이 단어야말로 시간 자신의 고유한 양식을 드러내고자 하는 용어다.

시간의 지속이 주는 의미작용^{signification}은 아마 존재-무의 쌍에 의거할 수 없을 것이다(존재-무의 쌍은 유의미한 것의 궁극적 전거로 여겨진다. 즉 모든 감각된 것과 모든 사유된 것, 그리고 모든 인간적인 것의 궁극적 전거로 여겨진다). 시간의 지속 속에서 죽음은 시간의 모든 인내가 귀착하는 한 지점이다. 이 기다림은 기다림의 지향을 거부한다. 속담에 들어 있는 "인내와 시간의 길이"^{patience et longueur de temps}[2]라는 표현은 인내가 수동성의 강조임을 말해 준다. 여기에서 이 강의의 지침이 나온다. 시간의 인내로서의 죽음.

시간의(존재의 지평으로, 존재의 존재성^{essance}[3]으로 사유되지 않는 그런 시간의) 관점에서 죽음을 탐구하는 것이 **죽음을 향한 존재**^{Sein zum Tode}의 철학을 의미하는 것은 아니다. 그러므로 이 연구는 연구자가 하이데거에게 진 빚─종종 어쩔 수 없이 진 빚─이 무엇이든지 간에 하이데거의 사상과 구별된다. **죽음을 향한 존재는 무에 대한 존재와**

---

2) 이 책의 211쪽, 각주 38을 참조하라. ─옮긴이

같은 것으로 여겨지며, 그것은 정확히 죽음을 시간 속에 놓지 않는 것처럼 보인다. 하지만 이렇게 죽음과 시간을 존재와 관련하여 다루는 것을 거부한다고 해서, 영원한 삶에 쉽게 의존하게 되는 것은 아니다. 죽음, 그것은 되돌릴 수 없는 것이다(얀켈레비치의 책[4]을 보라. 그 첫 문단에서부터 나는 내 죽음을 죽어야 할 것이라는 점을 알게 된다).

그러나 죽음과 함께 열리는 것은 무인가 또는 미지의 것인가? 존재는 죽는 순간에 존재-무의 존재론적 딜레마로 돌아가고 마는가? 이러한 질문이 여기서 제기된다. 사실 이 같은 존재-무의 딜레마로 죽음을 환원하는 것은 일종의 뒤집힌 독단론이다. (가장 달콤한 인민의 아편이라는 영혼의 불멸성을 내세운) 적극적 독단론에 대해 의심하는 한 세대 전체의 감정이 어떠하든지 간에 말이다.

---

3) "우리가 essance에서 a를 사용한 것은 이 단어를 통해 être 동사의 동사적(verbal) 의미를 지시하기 위해서다. 즉 존재의 실현을, 존재자(Seiendes)와 다른 존재(Sein)를 지시하기 위해서다"(*De Dieu qui vient à l'idée*, p. 78의 각주). 『존재와 달리 또는 존재성을 넘어』의 「예비 노트」는 같은 점을 정확하게 언급하고 있으나, 어휘적인 면이나 철자법적인 면에서는 과감함이 덜하다. "이 책의 중간에 더러 반복되겠지만, 시작하는 문턱에서 마땅히 강조해야 할 주요 사항이 있다. 이 논의와 이 논의에 붙여진 제목을 이해하는 데 필수적인 그 사항은, 여기에서는 존재성(essence)이라는 용어가 존재자(étant)와는 다른 존재(être)를 표현한다는 점이다. 독일어로는 Seiendes와 구별되는 Sein을, 라틴어로는 스콜라학파의 ens와 구별되는 esse를 나타낸다. 언어의 역사로 보면 antia나 entia에서 유래한 ance라는 접미사가 활동을 나타내는 명사형을 만들어 주므로 essance라는 용어를 쓰는 것이 옳겠지만, 그렇게까지 하지는 않았다"(*Autrement qu'être ou au-delà de l'essence*, p. IX[9쪽]). 그 책에서 essance라는 표기는 단 한 번(p. 52[94쪽]) 발견할 수 있을 것이다. 그러나 이것은 인쇄상의 실수로서, 단순한 호기심의 사안이다.
4) Vladimir Jankélévitch, *La Mort*(『죽음』), Paris : Flammarion, 1966.

우리는 죽음에 대해, 그리고 죽는다는 것과 죽음의 회피할 수 없는 도래에 대해 말하고 생각할 수 있다. 그런데 이 모든 것은 우선 우리가 그것을 간접적으로 파악한다는 점을 드러내 주는 것 같다. 우리는 그런 것을 들어서 알거나 경험적 지식을 통해 안다. 우리가 죽음에 관해 알고 있는 모든 것은 그것들을 명명하는 언어로부터, 일반적인 이야기나 속담, 시적이거나 종교적인 말들을 표현하는 언어로부터 온다.

이러한 앎은 다른 사람들에 대한 경험과 관찰로부터 온다. 즉 죽어 가는 사람들의 행동에서, 또 자신들의 죽음에 대해 인식하고 있거나 자신들의 죽음을 망각하고 있는 사람들의 행동에서 온다(여기서 망각은 이른바 관심의 전환^{divertissement5)}을 말하는 것이 아니다. 관심의 전환이 아닌 죽음의 망각이 있다). 타인과 맺는 관계에서 죽음이 분리될 수 있을까? 죽음의 **부정적** 특성(무화^{anéantissement})은 증오나 살해의 욕망 속에 새겨진다. 우리가 죽음을 그것의 부정성에서 생각하는 것은 타인과 맺는 관계 속에서이다.

우리는 진부한 앎이나 과학적인 앎을 통해서 이 같은 인식을 한다. 죽음이란 존재들을 살아 있는 것으로 나타나게 하는 이러한 표현적 운동들이 ─언제나 **응답/반응**^{réponse}인 이 운동들이─ 존재들 속에서 사라지는 것이다. 죽음이 건드리는 것은 무엇보다 운동들의 이러한 자율성 또는 표현성이다. 이 표현성은 어떤 이를 그 얼굴 속에서 포괄하는 데까지 나아간다. 죽음은 **응답/반응−없음**^{sans-réponse}이다. 이

─────────────

5) 독일어 Zerstreuung에 해당하는 말. 보통 크라카우어(Siegfried Kracauer)의 경우에는 '기분전환', 벤야민(Walter Benjamin)의 경우에는 '정신분산' 등으로 번역된다. ─옮긴이

운동들은 자율신경의 운동들을 숨기고, 알린다. 죽는다는 것은 이렇게 가려져 있는 것을 벗겨 내어 그것을 의학적 검토에 맡긴다.

언어로부터 그리고 다른 사람의 죽음에 대한 관찰로부터 이해한 죽음이 가리키는 것은 이러한 운동의 중단이며, 누군가를 분해 가능한 어떤 것으로 환원하는 것이다. 즉 죽음이 이름하는 것은 움직이지 못함immobilisation이다. 거기에는 변형이 아니라 무화가, 존재의 종말이 있다. 그토록 많은 표식을 지녔던 운동의 중단이 있다(소크라테스의 죽음에 대해 이야기하고 있는 『파이돈』*Phaidon*, 117e~118e를 보라). 그것은 모든 타자들을 지배하는 존재의 한 양태(얼굴)의 무화다. 이 무화는 비록 물질이 분해되고 흩어진다 해도 존속하는 물질의 객관적 잔여를 넘어선다. 죽음은 존재에서 더-이상-존재하지-않음(이것은 존재에 부정이라는 논리적 연산을 적용한 결과로 이해된다)으로 이행하는 것으로 나타난다.

그러나 동시에 죽음은 떠남이다. 즉 죽음은 사망이다. (그렇지만 이러한 떠남의 관념 속에는 부정성이 있다.) 알려지지 않은 것으로 떠남, 복귀 없는 떠남, '주소를 남기지 않는' 떠남. 죽음—타인의 죽음—은 이러한 극적인 특성과 분리되지 않는다. 죽음은 특별한 감정이며, 특별한 정감affection이다. 이 점에 대해서는 처음부터 끝까지 소크라테스의 죽음을 환기하는 『파이돈』을 보라. 소크라테스의 이 죽음에서 희망을 가질 온갖 이유들을 찾는 자들 옆에서, 어떤 이들(아폴로도르스Apollodorus와 '여자들')은 필요 이상으로 과하게 운다. 마치 인간성은 어떠한 기준으로도 측정될 수 없다는 듯이, 죽음에는 어떤 과잉이 있다는 듯이. 죽음은 단순한 이행, 단순한 떠남이다. 그렇지만 죽음은 모든 위안의 노력을 거스르는 감정의 원천이다.

죽음과 나의 관계는 죽음에 관한 간접적인 앎에 한정되지 않는다. 하이데거에게서(『존재와 시간』을 보라) 죽음은 진정한 의미의 확실함이다. 죽음의 **선험성**a priori이 있는 것이다. 하이데거는 확실한 죽음을 말하며, 이 죽음의 확실함 속에서 확실함 자체의 기원을 보기까지 한다. 그리고 그는 이러한 확실성을 타자들의 죽음에 대한 경험에서 이끌어 내는 것을 거부한다.

그러나 죽음이 확실함일 수 있다는 것은 확실하지 않으며, 또 죽음이 무화의 의미를 가진다는 것도 확실하지 않다. 죽음과 **나의** 관계는 또한 타자의 죽음에 대한 앎에서 오는 감정적이거나 지적인 반향으로 만들어진다. 그러나 이러한 관계는 간접적인 모든 경험에 비례하지는 않는다. 이로부터 다음과 같은 질문이 제기된다. 두려움과 불안 속에서 예감되는 죽음과의 관계, 죽음이 우리의 삶에 자국을 남기는 방식, 우리가 살아 나가는 시간의 지속에 죽음이 가하는 충격, 시간 속으로의 죽음의 침입 —또는 시간 외부로 터져 나가는 죽음의 분출—은 여전히 앎과 동화될 수 있는가? 또 그래서 경험과, 계시와 동화될 수 있는가?

죽음을 경험으로 환원하는 것이 불가능하다는 점, 죽음을 경험하는 것이 불가능하다는 사실의 자명함과 삶과 죽음이 접촉할 수 없다는 사실의 자명함은 어떤 외상外傷보다도 더 수동적인 정감을 의미하는 것은 아닌가? 마치 충격 너머에 어떤 수동성이 있는 것처럼 말이다. 현존보다 더 영향을 미치는 파열, **선험성**보다 더 **선험적인** 선험성. 죽을 수밖에 없음. 이것은 예측으로 환원할 수 없는 시간의 양상이며,

비록 수동적이지만, 경험으로, 무의 이해로 환원될 수 없는 시간의 양상이다. 무엇이 두려워할 만한 것이고 무엇이 두려운 것인가 하는 질문을 제기하지 않은 채 무無만이 두려워할 만한 것이라고 성급하게 결정할 필요는 없다. 그런 일은 인간이란 존재해야만 하는 존재자 그리고 자신의 존재 속에서 존속하고자 하는 존재자라고 보는 철학 속에서나 일어나는 것이다.

이 강의에서 죽음은 죽음의 경험과는 다른 의미를 가지게 된다. 그것은 타인의 죽음으로부터 오는 의미, 타인의 죽음이라는 바로 그 지점에서 우리에게 관계하는 것으로부터 오는 의미다. 경험할 수 없지만 두려움을 주는 죽음, 그것은 시간의 구조가 지향적이지 않다는 점을, 그리고 경험의 양태들인 미래지향protention과 과거지향rétention으로 이루어진 것이 아니라는 점을 의미하는 것이 아닌가?

우리는 죽음에 대해서 무엇을 아는가?

— 1975. 11. 14 금요일

우리는 죽음에 대해서 무엇을 아는가? 죽음이란 무엇인가? 경험적으로 보자면, 그것은 어떤 행동이 멈추는 것이다. 표현적 운동들이 멈추고 또 그 표현적 운동들에 둘러싸여 숨겨졌던 생리적 운동들이나 생리적 과정들이 멈추는 것이다. 그 행동은 자신을 드러내는 '어떤 것'quelque chose을 이룬다. 더 정확히 말하자면 자신을 드러내는 **어떤 이**quelqu'un를 이룬다. 하지만 그 행동은 자신을 드러내는 것 이상의 일을 한다. 즉 자신을 표현한다. 이러한 표현은 드러냄이나 나타냄 이상의 것이다.

질병은 이미 이러한 표현적 운동과 생물학적 운동 사이의 간격이다. 질병은 이미 치료를 요청한다. 인간의 삶은 생리적 운동을 감싸고 있으며, 그래서 인간의 삶은 정숙함이다. 인간의 삶은 '가리는 것', '옷 입는 것'이며, 동시에 '벌거벗는 것'이다(드러내고, 옷 입고, 엮이는 것 사이에는 강조상의 단계적 차이가 있다). 왜냐하면 인간의 삶은 일종의 '엮임's'associer이기 때문이다. 죽음은 회복할 수 없는 간격이다. 생물학적 운동들은 의미작용과 표현에 대한 모든 의존성을 상실한다. 죽음은 분해다. 그것은 응답/반응-없음이다.

어떤 이가 스스로를 표현하는 것은 그의 행동이 가지고 있는 이러한 표현성 때문이다. 이 표현성이 생물학적 존재에게 옷을 입히고 또 그를 모든 벌거벗음 너머로 벌거벗긴다. 즉 얼굴을 이루는 데 이르기까지 벌거벗긴다. 이렇게 자신을 표현하는 어떤 이는 나와 다른 자, 나와 구분되는 자다. 그는 내게 무관하지-않은non-indifférent 존재로, 나를 지탱하는 자로 자신을 표현한다.

어떤 이가 죽는다는 것은 얼굴이 가면이 된다는 것이다. 표현은 사라진다. 내 것이 아닌 죽음의 경험은 **어떤** 이의 죽음에 대한 '경험'이다. 그 어떤 이는 곧바로 생물학적 과정 너머에 있는 자이며, 어떤 이로서 나와 엮여 있는 자이다.

영혼은 어떤 것으로 실체화된다. 그러나 현상학적으로 보면, 영혼이란 사물화하지 않은 얼굴 속에서, 표현 속에서 자신을 드러내는 것이며, 또 이러한 나타남 속에서 어떤 이의 윤곽과 끝점을 갖는 것이다. 데카르트René Descartes가 조종실 속에 있는 항해사의 이미지에 반대해서 실체화한 것, 라이프니츠Gottfried W. Leibniz가 모나드로 설정한 것, 플라톤이 이데아들을 관조하는 영혼으로 놓은 것, 스피노자Baruch Spinoza가 사유의 양태로 생각한 것, 이 모든 것이 현상학적으로는 **얼굴**로 기술된다. 이러한 현상학이 없다면 우리는 영혼을 실체화하는 데로 떠밀리게 될 것이다. 그래서 여기서는 존재하느냐 또는 존재하지-않느냐 하는 것과는 다른 문제가, 그러한 질문에 앞선 문제가 제기된다.

얼핏 본다면 그렇게 보일지도 모르겠지만, 어떤 이의 죽음은 경험적 사실성(귀납적 추론만이 그 보편성을 제시할 수 있는 경험적 사태로서의 죽음)이 아니다. 어떤 이의 죽음은 이러한 겉모습 속에서 다 드러나지 않는다.

벌거벗음—얼굴—속에서 자신을 표현하는 어떤 이는 나에게 호소한다는 점에서, 나의 책임하에 놓인다는 점에서 유일한 자이다. 이미 나는 그에게 응답을 해야 한다. 타인의 모든 몸짓은 나에게 전달된 신호들signes이었다. 위에서 말한 단계적 차이로 다시 언급해 보자면, 타인은 자신을 드러내고, 자신을 표현하며, 자신을 엮고, **나에게 맡겨진다.** 자신을 표현하는 타인은 나에게 맡겨진다. (그렇다고 타인에 대한 빚이 있다는 것이 아니다. 왜냐하면 그 채무는 갚을 수 없기 때문이다. 우리는 결코 거기에서 면제될 수 없다.) 타인은 내가 그에 대해 지는 책임 속에서 나를 개체로 만든다. 죽어 가는 타인의 죽음은 응답할 수 있는 나moi responsable[6]라는 나의 정체성identité 자체 속에서 나에게 영향을 미친다. 이러한 정체성은 실체적인 정체성이나 동일화의 다양한 행위들의 단순한 통일이 아니라, 형언할 수 없는 책임으로 이루어진다. 타인의 죽음에 따른 나의 정감, 그것이 바로 그의 죽음과 맺는 나의 관계이다. 나와의 관계 속에서 그것은 더 이상 응답할 수 없는 어떤 이에 대한 공경이며, 이미 유죄성이다. 다시 말하자면 살아남은 자의 유죄성인 것이다.

이러한 관계는 간접적인 경험으로 치부된다. 이 관계가 동일성을 가지지 못한다는 것, 즉 체험된 바와 자신을 합치시키지 못한다는 것,

---

6) 불어에서 응답을 의미하는 réponse의 동사형인 répondre에는 책임과 연관되는 뜻이 있다. répondre à라 하면 '응답하다'를, répondre de라 하면 '누구/무엇을 감당하거나 책임지다'를 뜻한다. 이렇듯 책임과 응답 사이에는 의미론적 연관이 있다. —옮긴이

그래서 이 관계가 외적인 형식들에서만 객관화된다는 것이 그 이유다. 이것은 동일자의 자기 동일성identité du Même avec soi이 모든 의미의 원천임을 전제하는 것이다. 그러나 타인과의 관계, 그리고 그의 죽음과의 관계는 의미의 또 다른 원천으로 거슬러 올라가는 것은 아닌가? 타자의 죽음으로서의 죽음은 자아로서의 나의 동일성에 영향을 미친다. 타자의 죽음이 의미를 지니는 것은 그것이 동일자와 단절하는 가운데서고, 나의 자아와 단절하는 가운데서며, 나의 자아 속의 동일자와 단절하는 가운데서다. 타인의 죽음과 나의 관계가 단지 간접적인 앎이 아닌 것은 이 때문이며, 죽음에 대한 특권적 경험이 아닌 것도 바로 이 때문이다.

『존재와 시간』에서 하이데거는 죽음을 진정한 의미의 확실성, 확실한 가능성이라고 생각하고, 죽음의 의미를 무화로 한정한다. **확실성**Gewissheit, 그것은 본래의 것, 죽음 가운데서도 양도되지 않는 것이며, 죽음에 **고유한**eigentlich 것이다. 죽음의 **확실성**은 그토록 확실하기에 모든 **양심**Gewissen의 근원이 되는 것이다(『존재와 시간』 52절을 보라).

우리가 여기서 제기하는 문제는 다음과 같다. 타인의 죽음과의 관계는 그 죽음의 의미를 전해 주지 않는가? 타인의 죽음 앞에서 느끼는 정감의 깊이를 통해, 두려움의 깊이를 통해 그 의미를 분명하게 하지 않는가? 이러한 두려움을 **코나투스**conatus를 통해, 즉 나의-존재-안에-머물려는-집착persévérer-dans-mon-être을 통해 재는 것은 올바른 일인가? 이러한 두려움을 나의 존재를 짓누르는 위협과 비교함을 통해 —이런 위협을 정감성affectivité의 유일한 원천으로 놓으면서— 재는 것은 올바른 일인가? 하이데거에게서 모든 정감성의 원천은 불안이며, 그 불안은 바로 존재에 대한 불안이다(공포는 불안에 종속된다. 공포는 불안의 한 변형태다). 과연 두려움은 파생적인 것인가? 죽음과의 관계는 시간 속에서 무를 경험하는 것으로 생각된다. 여기서 우리는 의미의 다른 차원들을 탐색한다. 시간의 의미와 죽음의 의미에 대해서.

문제가 되는 것은 타인의 죽음과 맺는 관계에 결부된 부정적 측면에 이의를 제기하는 것이 아니다(이미 증오는 부정이다). 그러나 죽음이라는 사건은 그것이 충족시키는 것처럼 보이는 [죽이겠다는] 의도를 넘어선다. 죽음은 우리를 놀라게 하는 어떤 의미를 가리킨다. 그것은 마치 무화가 우리를 무로 한정되지 않는 어떤 의미로 이끄는 것과도 같다.

죽음이란 앞서 죽음을 부인하던 얼굴의 움직임이 움직이지 못하게 되는 것이다. 죽음은 대화와 대화의 부정 사이의 투쟁이다(소크라테스의 죽음에 대해 묘사하고 있는 『파이돈』을 보라). 이러한 투쟁 속에서 죽음은 자신의 부정적 능력을 확증한다(소크라테스의 최후의 말들을 보라). 죽음은 치유인 동시에 무능이다. 이 같은 애매성은, 죽음을 존재와 비-존재의 양자택일 속에서 사유하는 의미의 차원과는 다른 의미의 차원을 지시한다. 애매성, 즉 수수께끼.

죽음은 떠남이며 사망이고 부정성이다. 이 부정성이 도착하는 곳은 알려져 있지 않다. 그렇다면 죽음을 어떤 무규정성의 물음이라고 생각해서는 안 될까? 즉 주어진 것들에서 출발하는 문제로 설정된다고는 할 수 없는 그런 무규정성의 물음이라고 생각해서는 안 될까? 죽음이란 되돌아오지 않는 떠남, 주어진 자료 없는 질문, 순수한 물음표인 셈이다.

『파이돈』에서는 존재의 전능을 긍정하도록 요구받았던 소크라테스만이 완전하게 행복한 유일한 사람이다. 그런데 극적인 사건이 끼어든다. 죽음의 광경은 견딜 수 없는 것으로 나타난다. 또는 오직 남성적 감성만이 감당할 수 있는 것으로 나타난다. 이 모든 것은 타인의 죽음이 갖는 극적인 성격을 잘 보여 준다. 『파이돈』에서조차 죽음은 스캔들이고 위기다. 이런 위기와 이런 스캔들은 누군가가 겪는 무화로 환원되는가? 『파이돈』에는 한 등장인물, 즉 플라톤이 빠져 있다. 그는 누구의 편도 들지 않는다. 그는 거기에 없다. 이것이 애매성을 더한다.

죽음은 시간의 흐름 속에 있는 존재-무의 변증법과는 다른 것이 아닌가? 종말과 부정성으로 타인의 죽음을 다 해명할 수 있는가? 종말은 죽음의 단지 한 **계기**일 뿐이며, 이 계기의 다른 면은 의식이나 이해가 아니라 **질문**이 될 것이다. 이 질문은 문제로 제시되는 온갖 질문들과는 딴판인 질문이다.

타인의 죽음과 맺는 관계는 외적 관계지만 내면성을 포함하는 것이었다(그렇지만 이 내면성은 경험으로 되돌릴 수 없다). 그 점에서 그것은 나의 죽음과 맺는 관계와 다른 것인가? 철학에서 나의 죽음과의 관계는 불안으로 묘사되며, 무에 대한 이해로 귀착한다. 그래서 나의 죽음과의 관계를 묻는 질문을 다루는 가운데도 이해의 구조는 유지된다. 지향성은 동일자의 정체성을 유지한다. 그것은 자신의 척도를 생각하는 사유이다. 이 지향성은 주어진 것의 재현을 모델로 해서 마련된 사유, 즉 의식작용-의식대상^{noético-noématique}의 상관관계다. 그러나 죽음에 의한 정감은 정감성이고 수동성이며 척도를 벗어나는 정감, 현존하지-않는 자에 의해 현존하는 자가 가지는 정감이다. 이런 정감은 어떠한 친밀성보다도 더 친밀하지만 파열에까지 이르며, **후험적**a posteriori이지만 모든 **선험성**보다 더 오래된 것이고, 경험으로 되돌릴 수 없는 기억 불가능한 통시성이다.

죽음과 맺는 관계는 모든 경험에 앞선 것으로, 존재나 무에 대한 비전vision이 아니다.

지향성은 인간적인 것의 비밀이 아니다. 인간의 **존재**esse는 **코나투스**가 아니라 탈이해관심désintéressement이며 작별 인사adieu다.

죽음: 시간의 지속이 요구하는 바인 죽을 수밖에 없음mortalité.

타인의 죽음과 나의 죽음

— 1975. 11. 21 금요일

타인의 죽음에 대한 관계, 그리고 우리 자신의 죽음에 대한 관계를 서술하다 보면 독특한 명제들에 이른다. 오늘은 이것을 깊이 있게 다뤄 볼 것이다.

타인의 죽음과 맺는 관계는 타인의 죽음에 대한 **앎**이 아니다. 또 (사람들이 으레 생각하듯이, 타인의 죽음이라는 사건이 타인의 무화로 귀착하는 것이라 해도) 존재를 무화하는 그 방식 자체 속에서 이 죽음을 경험하는 것도 아니다. 이 예-외적 관계에 대한 앎은 존재하지 않는다 (예-외ex-ception란 붙잡아 해당 계열 외부ex-에 놓는다는 뜻이다). 이러한 무화는 현상적인 것이 아니며, 의식과 그 무화 사이의 어떠한 일치도 제공하지 않는다(그런데 바로 이것[현상 및 의식과 대상의 일치]이 앎의 두 가지 차원이다). 순수한 앎(=체험, 일치)이 타인의 죽음으로부터 취할 수 있는 것은, 이때까지 자신을 표현해 왔던 어떤 이가 그 속에서 종말에 이르게 되는 한 **과정**(움직이지 못함)의 겉모습뿐이다.

죽음이 존재나 무와 관련해 어떤 의미를 갖든지 간에, 죽음은 하나의 예외이다. 죽음의 이 예-외가 죽음에 그 깊이를 준다. 죽음의 예-

외 속에서 죽음과 맺는 관계는 봄^{voir}도 아니고 겨눠진 것^{visée}도 아니다(플라톤에서처럼 존재를 보는 것도 아니고, 하이데거에서처럼 무를 겨누는 것도 아니다). 그것은 순수하게 감정적인 관계다. 그것은 한 감정으로 우리의 마음을 움직이지만, 그 감정은 어떤 앞선 앎이 우리의 감성과 지성에 대해 반향함으로써 이뤄지는 것은 아니다. 죽음의 예-외 속에서 죽음과 맺는 관계는 **미지의 것** 속에서의 감정이고, 운동이고, 불안정^{inquiétude}이다.

이런 감정은, 후설이 바랐던 것처럼 재현을 기초로 삼지 않는다(후설은 최초로 감정에 의미를 도입했다. 하지만 여전히 앎에 기초해서였다). 또 이 감정은 셸러^{Max Scheler}가 바랐듯이 특별한 가치론적 지향성에서 활력을 얻지도 못할 것이다. 셸러에 따르면 이런 가치론적 지향성으로 인해 감정은 특별히 존재론적인 탈은폐의 열림을 유지한다. 셸러에게서 감정은 우선 가치로 향한다. 하지만 이 같은 감정은 열림을 유지하며, 다시금 (가치의) 계시로 이해된다. 그러므로 그 감정은 여전히 존재론적 구조를 가진다.

여기서 중요한 것은 **지향성 없는 정감성**^{affectivité sans intentionnalité}이다(미셸 앙리는 그의 저서 『현현의 본질』에서 이 점에 주목했다[7]). 그렇지만 여기서 기술되는 감정적 상태는 감각적 경험론이 말한 비활성의 감각적 상태와 근본적으로 다르다. 비-지향성이긴 하나 정태적 상태는 아닌 것이다.

감정의 불-안정^{in-quiétude}은 죽음에 가까이 다가갈 때 뚜렷이 생

---

7) Michel Henry, *L'Essence de la manifestation* (2 Vols.), Paris : P.U.F., 1963.

겨나는 의문이지 않겠는가? 죽음에 대한 공경으로서의 감정, 다시 말해, **질문**으로서의 감정이지만 질문을 제기하는 가운데 그 질문에 대한 답의 어떤 요소도 포함하지 못하는 그러한 감정. 무한과 맺는 더욱 심오한 이 관계에 부가되는 질문. 즉 시간(무한과의 관계로서의 시간)에 부가되는 질문. 타인의 죽음에 대한 감정적 관계. 공포 또는 용기이기도 한 것, 타자에 대한 동정과 연대 너머의 것 —미지의 것에 속한 타자에 대한 책임. 이 미지의 것은 그 자신의 편에서조차 대상이 되지도 주제가 되지도 않으며, 겨눠지지도 보이지도 않는다. 그것은 응답으로 바뀔 수 없는 물음이 던져지는 불안정이다. 이 불안정 속에서 응답은, 의문을 던지는 것의, 또는 의문을 던지는 자의 책임으로 돌려진다.

타인은 이웃으로 나와 관련을 맺는다. 모든 죽음 가운데서 이웃의 근접성이, 살아남은 자의 책임이 부각된다. 근접성의 다가옴이 그 책임을 자극하거나 야기한다. 주제화가 아니며 지향성 —의미지시적 signitif 지향성이라 할지라도—이 아닌 불안정. 그래서 모든 나타남에, 모든 현상적인 측면에 저항하는 불안정. 그 양상은 이럴 것이다. 감정은 질문에 따라—아무런 본질 quiddité 도 만나지 못한 채—죽음의 이 첨예함을 향해 나아가며, 미지의 것을 순전히 부정적으로가 아니라 앎 없는 근접성 속에 수립한다. 그 질문은 현상하는 것들의 형식 너머로, 존재와 나타남 너머로 나아가며, 바로 그렇기에 심오하다고 일컬어진다.

따라서 감정적인 것의 의미 문제가 여기서 다시 제기된다. 하이데거는 이 문제가 불안 속에서 무에 직면하는 일로 귀착한다고 가르쳤다. 그러나 감정적인 것이 이런 식으로 환원될 수 없다는 것은 『파이돈』에서 보이는 소크라테스의 노력에도 잘 나타나 있다. 그 대화에서 소크라테스는 죽음 속에서 심지어 존재의 광채를 확인하고자 한다(죽음=모든 장막이 벗겨진 존재, 존재가 철학자에게 약속한 존재, 신체성의 종말과 함께 비로소 자신의 신성 속으로 터져 나오는 그러한 존재). 하지만 그 자리에서도, 죽어 가는 소크라테스의 다가옴은 그 정감적 울림을 상실하지 않는다. 반면에 죽음 속에서 존재의 이러한 고지^{告知}(소크라테스는 결국 죽음 속에서 가시적이 되리라는 것)를 확인하는 것은 앎의 합리적 담론, 즉 이론이 되고자 하는 것이다. 이것이『파이돈』의 전체 의도다. 이론이 죽음의 불안보다 더 강하다는 얘기다. 그러나 이 대화 속에도 감정의 과잉이 있다. 아폴로도로스는 다른 사람들보다 더 슬퍼한다. 그는 과도하게 슬퍼한다. 게다가 사람들은 슬피 우는 여자들을 쫓아내야 했다.

이러한 정감성과 눈물의 의미는 무엇인가? 우리가 하지 말아야 할 일은 이 감정을 곧바로 지향성으로 해석하는 일, 또 그럼으로써 이 감정을 무에 대한 열림 — 또는 무와 결합된 존재에 대한 — 으로, 존재론적 차원의 열림으로 환원하는 일이다. 후설에게서 정감성-재현의 결합이 문제가 되었듯이, 여기서 물어보아야 할 것은 과연 모든 정감성이 무의 임박함으로 이해된 불안으로 거슬러 올라가는지의 여부다. 모든 정감성이 자신의 존재에 머무르고자 집착하는 존재자(코나투스) 속에서만 깨어나는 것인지, **코나투스**가 인간의 인간성인지, 인간의 인간성이 그가 존재해야-함인지를 물어보아야 하는 것이다. 이것은 불가피하게 우리를 하이데거에 대한 논쟁으로 이끈다.

만약 감정이 불안에 뿌리내리고 있지 않다면, 감정의 존재론적 의미는 다시 의문시될 것이고, 더욱이 지향성의 역할도 의문시될 것이다. 지향성이 심성psychisme의 궁극적 비밀이라 주장할 필요는 없다.

시간은 존재의 제한이 아니라 무한과 맺는 존재의 관계다. 죽음은 무화가 아니라 질문이다. 무한과의 관계 즉 시간이 생산되는 데 필수적인 질문이다.

우리가 죽음을 나의 죽음으로 이야기할 때도 동일한 문제가 제기된다. 나 자신의 죽음과의 관계는 비록 그것이 예감이나 예지의 차원에서라 할지라도 앎이나 경험을 의미하지 못한다. 우리는 알지 못하며, (죽음이 무화라고 해도) 그 무화에 대해 관여할 수 없다. 이것은 단지 무가 주제화 가능한 사건으로 주어질 수 없기 때문에 그러한 것이 아니다("네가 거기에 있다면 죽음은 거기에 없을 것이고, 죽음이 거기에 있다면 너는 거기에 없을 것이다"라는 에피쿠로스의 주장을 보라). 내가 나의 죽음과 맺는 관계는 죽는다는 것 그 자체에 대한 무지無知이지만, 그렇다고 해서 이런 무-지가 관계의 부재는 아니다. 우리는 이 관계를 기술할 수 있는가?

언어가 죽음이라 부르는 것 ─그리고 어떤 이의 종말로 지각되는 것─ 은 자기 자신에게 옮겨질 수 있는 사건성이기도 할 것이다. 이 옮김은 기계적인 것이 아니다. 오히려 그것은 차아-자신Moi-même의 얽힘intrigue 또는 뒤얽힘에 속하는 것이며, 나의 고유한 지속의 선을 절단하는 것, 또는 이러한 선에 매듭을 만드는 것이다. 마치 내가 지속하는 그 시간이 어떤 길이만큼 끌리는 것처럼.

여기 제시된 시간 이해에 관해 잠시 여담을 해보자.

무한과의 관계, 포함할 수 없는 것과의 관계, 다른 것le Différent과의 관계로서의 시간의 지속. 이 다른 것과의 관계는 그렇지만 무관하지-않음non-indifférent이다. 여기서 통시通時; diachronie는 '동일자-안의-타자'l'autre-dans-le-même라고 할 때 '안'dans와 같다. 그렇다고 해서 타자가 동일자 안으로 들어갈 수 있다는 것은 아니다. 기억할 수 없는 것에서 예견할 수 없는 것에 이르는 공경. 시간은 이 동일자-안의-타자Autre-dans-le-Même이며 또한 동일자와 함께 있을 수 없는 타자, 공시적共時的; synchrone일 수 없는 타자이다. 그러므로 시간은 타자에 의한 동일자의 불안정일 것이다. 동일자는 결코 타자를 포괄할 수도, 에워쌀 수도 없다.

이 옮김의 첨예함은 타자의 죽음이 내포하는 의미들의 총체와 관련되어 있으며, 죽음이 옮겨지는 맥락과 관련되어 있다. 하지만 이 옮김은 무관심한 방식으로 행해지지 않는 옮김이며, 자아의 얽힘에, 자아의 동일화에 속하는 옮김이다.

어떻게 자아를 그의 동일성 속에서, 그의 유일성 속에서 생각할 것인가? 또는 어떻게 자아의 이 유일성을 생각할 것인가? 자아를 동일화된 사물로 생각해야 하는가? (사물의 동일성이란 서로 합치된 일련의 목표이며, 지향들의 일치일 것이다.) 아니면 자아란 타자를 자기로 동화시키는 자기로 되돌아옴 속에서 행해지는 동일화라고 생각해야 하는가? 이때의 대가는 자아가 이렇게 형성된 전체성과 구별할 수 없게 된다는 것이다. 이 두 가지 해결책 중 어느 것도 적합하지 않다. 제3의

해결책이 필요하다.

자아—또는 나의 독특성 안의 나moi—는 그 개념을 빠져나가는 누군가이다. 자아는 책임 가운데 타인에 응답함으로써만 자신의 유일성 속에서 나타난다. 이때의 책임은 결코 회피할 수 없는 것이며, 나는 그 책임으로부터 결코 면제될 수 없다. 자아는 자신의 대체 불가능성으로 이뤄지는 자기-자신의 동일성이다. 즉 자아는 모든 빚 너머의 의무이며, 그래서 어떠한 떠맡음도 그 수동성을 부인할 수 없는 인내다.

자아의 유일성이 이러한 인내에 있는 것이라면, 즉 무-의미의 사건성 속에서 위험을 무릅써야만 하는 인내 속에, 자의적인 것의 드러남 앞에서조차 요구되는 인내 속에 있는 것이라면, 그때 가능한 인내는 도저히 다할 수 없는 인내가 될 것이다. 인내의 고귀함이나 순수함을 조롱하고 더럽히는 드러남인 어떤 차원을 향한 열림이 필요하다. 만약 인내가 피할 수 없는 의무로서 의미를 갖는다면, 그런 의미는 무-의미에 대한 어떤 의심도 존재하지 않는다는 조건 아래서 자기충족과 제도가 될 것이다. 그러므로 자아의 자기중심성 속에 무-의미나 광기의 위험이 있어야 한다. 만일 이러한 위험이 거기 없다면, 인내는 어떤 지위를 가질 것이고, 자신의 수동성을 상실하고 말 것이다.

무-의미의 가능성은 인내의 수동성 속으로 들어갈 수 있을 법한 모든 기획을 쫓아 버릴 수 있다. 이 무-의미의 가능성은 죽음에 대한 공경이다. 의미도 아니며, 위치 지어질 수 없고, 장소를 갖지도 않고, 대상이 될 수도 없는 죽음에 대한 이러한 공경이다. 죽음은 사유될 수 없고 의심받을 수 없는 차원의 사면斜面이다. 죽음에 대한 무-지, 무-

의미, 죽음의 무-의미에 대한 공경, 바로 이런 것이 자아의 유일성 자체에, 그 유일성의 얽힘에 필수적이다. 내가 죽을 날을 모른다는 사태를 통해 경험되는 무-지. 이 모름 덕분에 나는 영원히 쓸 수 있을 것처럼 무담보 수표를 발행한다. 이런 점에서, 이 같은 모름과 이 같은 염려치 않음insouciance은 관심의 전환으로 또는 퇴락 속에 빠지는 것으로 해석되어서는 안 된다.

죽음은 죽음이라는 고유한 사건 속에서 묘사되기보다, 그 자신의 무-의미를 통해 우리와 관계한다. 죽음이 우리의 시간(=무한과 우리가 맺는 관계) 속에서 자국을 남기는 것처럼 보이는 그 지점은 순수한 물음의 지점, 곧 순수한 물음표다. 즉 그것은 어떠한 응답 가능성도 제공하지 못하는 것에 대한 열림이다. 그것은 이미, 존재 너머와 맺는 관계의 한 양상인 물음이다.

위의 주장들은 우리가 명확히 해야 하는 몇몇 전제들에 근거한다.
• 죽음을 경험할 수 없다면, 죽음을 지향성으로 해석하는 것도 재고되어야 한다.
• 타인의 죽음과의 관계에서 그리고 나의 고유한 죽음과의 관계에서 정감성을 내세우는 것은, 이러한 관계들을 다른 것과의 관계 속에 위치시키는 것이다. 어떠한 상기想起나 예상도 공시성으로 모을 수 없는 공통의-척도-없음과의 관계 속에 위치시키는 것이다.
• 이러한 관계 가운데서 죽음과의 관계는 타인 앞에서의 물음으로, 그의 과도함 앞에서의 물음으로 우리에게 다가온다. 바로 여기서 우리는 죽음과 시간의 관계를 탐색한다.

- 후설에게서 시간의 레이스를 짜는 지향성은 심성의 궁극적 비밀이 아니다.
- 인간 **존재**^{esse}는 원초적으로 **코나투스**가 아니라 볼모, 타인의 볼모다.
- 정감성은 무의 불안과 같은 그러한 불안 속에 그 뿌리를 내리지 않는다.

이 모든 것들은 하이데거와 대화하는 가운데 다시 다루어져야 한다. 하이데거는 죽음과 시간의 긴밀한 관계에 대한 주장을 다른 양상으로 펴고 있다.

반드시 거쳐야 할 길 : 하이데거

— 1975. 11. 28 금요일

죽음, 이것은 불안정을 초래하는 질문이다. 그 질문이 문제를 제기하는 탓이라기보다는 그 질문이 휴식을 주지 않는 탓이다. 불안정은 휴식-없음을 뜻한다. 불안정은 지향성의 한 양상이 아니다. 반대로 지향성이 그 자신-안에서-휴식하지-못함이라는 불안정의 한 양상이다. 이 질문이 일으키는 감정을 즉각적으로 존재-무의 쌍과 관련해서 해석해서는 안 된다. 그런 사유는 인간의 존재 속에서 **코나투스**를 보고 죽음을 **코나투스**에 대한 위협으로 간주하며 불안 속에서 모든 정감성의 원천을 찾는다. 이러한 사유에 반하는 것으로 그 감정을 해석해야 한다.

여기 **코나투스**보다 더 인간적인 인간의 사안이 있다. 그것은 깨어-버팀tenue-en-éveil이고, 경계('~에 대한 경계'가 아닌 경계)다. 이것은 자신의 동일성 속에서 스스로를 충족하는 대-자對自; pour-soi가 타자의 흡수 불가능한 타자성에 의해 깨어나는 것이고, 자기에 취해 있던 동일자가 끊임없이 일깨워지는 것dégrisement이다. 이런 깨어남은 깨어남 속에서의 깨어남으로 생각되어야 한다. 깨어남éveil 그 자체가 하나의 상태가 되며, 그래서 이러한 깨어남으로부터 깨어나는 일이 필요하다. 여기에 깨어남의 반복이 있다. 타자의 과도함 또는 타자의 무한에 의한 깨어남.

이러한 깨어-버팀을 구체적으로 그리고 더욱 강조하여 생각해볼 때, 그것은 타인에 대한 책임, 볼모로서의 책임이다. 결코 중단되지 않는 깨어남. 우리는 타인에게 빚^{dette}을 갚아야 하는 것이 아니다. 무한에 의한 깨어남. 그러나 이 깨어남은 책임에 대한 저항할 수 없는 호소로서 구체적으로 생산된다. 이로부터 수동성이 비롯한다. 즉 그 어떤 순간에도 나는 이제 평온하게 나-혼자만^{pour-moi} 있을 수 없게 되는 것이다.

수동성 또는 인내. 인내는 시간의 길이로 이어진다. 시간은 무한을 결코 포함하거나 포괄하지 못하는 가운데 무한을 공경하는 한 방식일 것이다. 이 '결코'는 시간의 항상에 해당하며, 시간의 지속에 해당할 것이다. (그러한 수동성, 볼모로서의 수동성은 조직화된 사회, 국가 등등에서는 존재할 수 없다.)

깨어남, 그 깨어남 속에서 미지의 것은, 그 깨어남 속에서 죽음의 무의미는, 인내를 미덕으로 확립하는 것을 방해한다. 또 그 깨어남 속에서 두려움은 나와 무한 사이의 불균형으로, 신-앞의-존재^{être-devant-Dieu}로, 신을-향함^{à-Dieu} 자체로 나타난다.

이러한 논의들은 시간과 죽음의 관계를 한 특정한 방식으로 생각하는 데서 성립한다. 이 관계를 다른 취지로, 그러나 극단적으로 엄격하고 강렬하게 내세웠던 사람이 하이데거다. 우선 문제가 제기되는 맥락, 즉 『존재와 시간』의 1절에서 44절까지를 연구해야 한다(죽음의 문제는 하이데거의 후기 저작에서는 자주 언급되지 않는다). 이 책의 1장은 이 철학자가 새롭게 제기한 문제, 즉 존재의 **동사적** 의미를 다루는 기초존재론의 문제를 소개한다. 그것을 통해 하이데거는 존재의 동사적 반향을 존재자와 존재의 차이 속에서 일깨운다. (존재자: 존재의 실체적substantif 의미, 우리가 보여 줄 수 있고, 주제화할 수 있는 것. 문법적인 용어로 명사, 실사實辭;substantif.[8])

'존재하다'라는 동사는 이제 어떤 명시적 존재론보다 앞서 사람들에게 이해된다. 그것은 선-존재론적으로 이해되며, 그래서 완전한 의미에 이르지 못한다. 오히려 질문의 영속성과 더불어 이해된다. 이렇듯 존재의 선-존재론적 이해 속에 존재의 문제가 있다. 존재의 문제는 따라서 선-응답先-應答;pré-réponse을 가지고 있는 문제이다. 그러므로 존재를 이해하고 질문하는 존재자인 인간, 존재에 대해 스스로 묻는 존재자인 인간으로부터 출발해서 존재의 의미에 접근해야 한다. 그러나 존재에 대해 질문한다는 것은 어떤 존재자의 구성에 대해 진부한 문제를 제기하는 것이 아니다. 이러한 물음은 심리학적인 특수한 사태가 아니다. 반대로 그것은 인간에게 본질적인 것이다(하지만 스피노자가 말하는 본질적인 속성이라는 의미에서 그런 것은 아니다). 이 질문은 인간의 존재 방식 자체로서 본질적이다. 인간의 본질적 속성은 특정한 방식으로 존재하는 데서 성립한다.

인간이 존재하는 방식, 인간이 존재한다는 자신의 본분을 행하는 방식, 인간 존재의 대열을 끌고 가는 방식, 그것은 이 말의 동사적 의

---

8) Levinas, *Autrement qu'être ou au-delà de l'essence*, pp. 49~55[90~100쪽] 참조.

미에서 그의 존재다. 이것은 바로 '존재하다'라는 동사의 의미를 스스로 묻는 데서 성립한다. 그러한 물음은 재현이 아니다. 그것은 존재한다는 그의 대열을 끌고 감, 존재해야-함이다. 이해해야 할 존재와 자신을 혼동하지 않고, 존재로부터 가능성들을 포착해 내는 일이다.

존재와 존재의 의미는 거기에 인간의 고유한 관심사가 있다고 할 정도로 중요하다. 질문에 처해 있는 것과 질문함 사이의 관계는 하나뿐인 관계다. 그것은 고유한 관심사를 가진다는 사실 자체, 나만의 것임, **각자성**jemeinigkeit이다. 질문에 처해 있는 것과 질문함 사이의 관계가 이토록 긴밀한 까닭에, 처음으로 이렇게 엄격하게, 자아를 존재론으로부터 '연역'하고 존재로부터 '연역'하는 일이 가능해졌다. 인격적인 것을 존재론적인 것으로부터 '연역'하는 일이 가능해졌다. 『존재와 시간』 9절을 보라. 거기서 **현존재**Dasein는 **각자성**을 지니고 있다. 그리고 현존재가 **각자성**을 가지고 있기 때문에, 현존재는 **나**Ich이다. 나만의 것임이라는 이 사태가 존재와 관련된 존재 방식의 척도가 된다. 이 방식은 구체적으로는 존재-가능pouvoir-être[9][10]을 뜻한다.

인간은 행하고 성취할 존재, 자신의 존재 대열에 따라 끌고 갈 존재를 (**사태**Sache라는 의미에서) 고유한 관심사로 갖고 있다(비록 이 사태라는 말이 『존재와 시간』에는 나오지 않지만). 인간의 본질은 존재해야-함에서 성립한다. 따라서 인간은 그의 질문함 속에서 존재할 것이고, 인간은 질문할 것이다. 그의 존재와 그가 포착하는 그 존재 사이에 거

---

9) Levinas, *De Dieu qui vient à l'idée*, pp. 81~82 참조.
10) 이 표현은 하이데거의 'Sein-Können'에 해당한다. —옮긴이

리가 있어야 한다. 그래서 인간은 탈-존ek-sistence이 된다.

　인간은 자신의 존재 가운데 자신의 존재 자체가 문제가 되는 존재, 자신의 존재를 포착해야 하는 그러한 존재이다. 그러므로 인간은 **현존재자**Daseiende가 아니라 **현존재**Dasein로 일컬어진다. 존재를 이해한다는 것은 존재해야 한다는 것이다. 따라서 그의 존재와 이해해야 할 존재는 거의 동일한 존재이다(『휴머니즘 서간』*Über den Humanismus*을 보라[11]).

　이러한 각자성, 자신의 존재를 성취해야 함, 포착할 가능성으로서 또 실존할 가능성으로서 자기에 앞서 존재를 가짐 등을 묘사하여야 한다. 이러한 실존을 묘사하는 것은 존재에-대한-물음을 묘사하는 것이다. 또는 거꾸로 인간의 인간성을 그의 실존으로부터, 그의 **현존재**로부터 묘사하는 것은 정확히, 존재가 관건인 인간에 대한 물음을 묘사하는 것이다.

　"현존재는 그의 존재 속에서 자신의 존재가 문제가 되는 존재다"는 문장은 『존재와 시간』에 나오는 유혹적인 표현이다. 『존재와 시간』에서 이 문장은 **코나투스**를 의미했다. 그러나 **코나투스**는 실제로는 이런 존재자가 존재로 내몰리는 단계에서 연역된다. 여기에는 어떠한 실존주의도 없다. 여기서 인간은 이해관심을 끄는/존재 가운데 있는interessant 것이 되는데, 왜냐하면 그는 존재로 내몰렸기 때문이다. 그가 존재로 내몰림은 그의 질문함이다. **코나투스**는 존재에 대한 복종을 재는 척도가 되며, 인간의 책무인 이 존재에-봉사하는-존재의 전

---

11) 마르틴 하이데거, 「휴머니즘 서간」, 『이정표』 2, 이선일 옮김, 한길사, 2005. ―옮긴이

체를 재는 척도가 된다(『휴머니즘 서간』). 존재의 관심사는 이 존재의 의미가 **인간의 관심사인** 바로 그 점에서만 인간의 것이 된다.

인간은 또한 여기/현Da이다. 왜냐하면 존재를 자기 짐으로 삼는 이러한 방식은 인간의 지적인 사안이 아니라 구체적 태도이기 때문이다. 이 여기는 세계 속에서 여기-존재하는 방식이다. 그것은 존재에 대해 질문하는 것이다. 존재의 의미에 대한 탐색은 아리스토텔레스와 동일한 방식으로 일어나지 않는다. 하이데거도 아리스토텔레스처럼(『형이상학』, A.2장) 경이에 대해 말하지만, 아리스토텔레스에게 경이는 자신의 무지에 대한 의식 이외의 것이 아니다. 따라서 앎은 내가 알고자 하는 것에서 비롯한다. 여기에 **염려**Sorge와 질문함의 완전한 분리, 즉 앎의 전적인 무사심함이 있다. 하이데거에서는 사정이 다르다.

『존재와 시간』은 기초존재론의 질문에 답하기 위해 **현존재**Dasein의 현/여기Da를 설명하는 책으로 읽을 수 있다. 이 현존재는 존재에 몰두하고 있는 존재자이자 존재의 질문을 제기하기 위해 우선 밝혀야 하는 존재자이다. 이곳에서 **현존재**에 대한 분석이 나온다. 실제로, 인간의 **현존재**가 존재를 그의 관심사로, 그의 질문으로 삼는다는 사실은 그 존재에 고유한 것이다. 그가 질문하기의 짐을 진다는 사실은 그 존재에 고유한 것이다. 즉 그것은 스스로를 질문 속에 놓는 존재에게 고유한 것이다. 따라서 **현존재**에 대한 분석은 이미 존재를 묘사하는 한 걸음이다.『존재와 시간』은 존재론의 준비가 아니라 존재론 그 자체의 한 걸음인 셈이다.

존재의 첫 번째 특징은 그것이 이미 질문 속에 있다는 것이다. 그 자신이 유한하다는 것이고, 질문 속에 있다는 것이며, 의문의 여지가 있다는 것이다. 질문 속에 있음, 다시 말해 언제나 앞으로 존재해야 할 것이라는 방식으로 존재함 ─ 이것은 존재해야 하는 존재자 덕분이다. 그것은 존재를 자신의 고유한 것으로 삼는 존재자의 방식으로 존재하는 것이다. 즉 생기해야^{sich zu ereignen} 하는 존재자의 방식으로 존재하는 것이다. 질문 속에 있다는 것은 사건/생기^{Ereignis}이다. (이 점이 1930년대의 프랑스에는 알려지지 못했다. 고유함이나 생기와 관련되는 'eigentlich'가 '진정한'이라는 뜻의 'authentique'로 번역되었기 때문이다.) 그래서 다음과 같은 물음이 제기된다. 동사적 의미에서의 존재는 결국 그 자신을 전유^{專有}하는 데 이르는 것은 아닌가. 그러한 존재가 사건이 되며 따라서 인간적인 것과 인격적인 것을 야기하는 것은 아닌가. (현존재의 모든 양태들은 본래적^{eigentlich}이며, 비본래적^{uneigentlich}이라고 말해지는 것들을 포함한다.『존재와 시간』의 9절을 참조하라.)

　　『존재와 시간』에서 하이데거는 존재가 이해되고^{compris}, 포착되며^{pris}, 전유되는^{approprié} 곳인 현-존재가 구체적으로 의미하는 바를 설명한다. 이러한 현상학적 분석은 다음과 같은 표현에 이른다. 현-존재, 그것은 우리가 마음을 써야 하는 사물들 곁에 존재하는 것으로서의 세계 내 존재이다. 여기에서 염려가 나오고, 실존범주들이 나온다. 염려는 어떻게^{comment}라는 물음의 구조를 가지고 있는 것이지, 무엇을^{quoi}이라는 물음의 구조를 가지고 있는 것이 아니다. 실존범주들은 다음과 같은 독특한 표현 속에서 다시 모인다. 자기를 앞질러 이미 세계 내에(=사물들 곁에서) 있음. 거기에서 다음과 같은 문제가 제기된다. 이러한 실존범주들은 전체성인가? 그것들은 온전하고 근원적인 어떤 것을 형성하는가?

  '세계 내 존재로서 자기를 앞질러 이미 존재한다'는 표현은 '이미', '앞질러', '곁에서'와 같은 시간적인 표현들을 포함한다. 여기에 순간들의 흐름을, 흐르는 시간을 개입시키지 않고 시간을 묘사하고자 하는 시도가 있다. 흐르는 강물로 정의되지 않는 본래적 시간을 찾고자 하는 관심.

  『존재와 시간』 이전에 저술된 미출간 강의록[12]에서, 하이데거는 "시간은 무엇인가"라는 질문을 하는 것은 불가능하다고 지적한다. 만일 이러한 질문을 제기한다면, 우리는 이미 그것은 한 존재자라고 답하는 셈이다. 그래서 그 질문은 시간이 **누구인가**라는 질문으로 대체된다. 다른 한편, 하이데거는 "시간은 운동의 수數다"[13]라고 말한 아리스토텔레스를 다시 언급하면서, 우리가 시간을 측정하는 가운데 시간에 접근한다는 점, 시간에 대한 우리의 접근은 원래 시계로부터 출발한다는 점에 주목한다. 여기서 하이데거는 '이미', '곁에서', '앞질러'와 같은 시간적 표현들을 통해, 시간을 측정하는 것에서 출발하는 것과는 다른 방식으로 시간에 접근하고자 한다. 그는 측정 가능한 시간을 근원적 시간에서부터 도출해 낼 것이다.

---

12) 이 책의 「첫 번째 질문들」, 16쪽, 각주 1 참조.
13) 아리스토텔레스, 『자연학』(*Physics*) IV, 11, 219b 참조.

현존재 분석
― 1975. 12. 5 금요일

여러분은 이 강의에서 밝히는 언명들과 과학에서 행하는 연구 사이에 어떤 관계가 있는지 물어볼 수 있을 것이다.

자연에 대한 개념들과 자연과학의 개념들은 과학에 내재하는 개념적 정교화 밖에서 생겨난다. 그것들은 일종의 메타-과학이나 이해 가능성에서 생겨나며, 인간이 맺는 구체적 관계와 인간들 사이의 관계 속에서 의미를 부여하는 의미함^{signifiance}에서 생겨난다. 과학은 이해 가능성이나 의미함이라는 기초적 구조들의 반향 없이는 결코 작동하지 않는다. 이 의미 지평을 설명할 필요가 있다.

삶과 죽음이 문제라면 ―객관적으로 해석된 삶과 죽음이 문제라 해도― 이 의미 지평들을 인간과 죽음의 관계 속에서, 또 죽음이 인간의 시간에 미치는 충격 속에서 도출하는 것이 합당할 것이다. 죽음의 충격은 언제나 열려 있는 죽음의 가능성 속에 있다. 그 다가오는 시간이 알려져 있지 않은, 죽음의 에두를 수 없는 필연성 속에 있다. 이러한 상호-규정을 인식하는 것은, 인간을 단순히 육화한 혹은 개별화한 보편적 이성이 아니라, 고유한 얽힘과 단절을 의미하는 것으로 인식하는 것이다. 이런 단절 속에서 존재의 행적은 의미를 갖춘다. 이 속에서 아마 존재의 행적은 의미로 해체될 것이다. 단절, 이것이 없다면 객관적인 것은 부당한 특권 얻음^{subreption}(후설의 용어로 표현하면 '의미의 미끄러짐')의 위협을 받게 될 것이다.

'의미로 해체됨': 인간적인 것의 출현은 아마 존재 서사敍事의 단절일 텐데, 이 단절은 일자와 타자의 관계(윤리적 영역)에 의해 이루어진다. 이 관계는 존재 위의 한 단계가 아니라, 그 속에서 **코나투스**가 해체되는 무상無償일 것이다. 존재에 대한 집착이 해-체^{dé-faire}되는 대가 없음일 것이다.

정리해 보자.

• 시간은 기다려짐을 겨냥함이 없는 시간의 기다림 속에서 생각되어야 한다. 시간은 기다림이라는 자신의 지향성을 삼켜 버린다. 시간은 인내로서 또는 순수한 수동성으로서 기다린다. 떠맡음 없는 순수한 겪음(이것은 떠맡음이 있는 고통과는 반대다)으로서 기다리는 것이다. 떠맡지-못함, 어떤 내용에도 견줄 수 없는 것을 떠맡지-못함. 무한을 떠맡지-못함, 불안정. 이것은 자신의 척도에 따르는 의지인 지향성의 의지가 없는 관계다. 그리하여 있게 되는 것은 공경이지만, 우리는 그 궁극적인 지점에 결코 도달할 수 없다. 인내의 이 **결코**는 시간의 **항상**일 것이다.

• 불안정 안에서의 공경, 그렇게 해서 깨어남, 이웃에 대한 책임 속에서 이웃에 대해 깨어남인 깨어남. 피할 길 없는 책임. 타인에 대한 책임 속에서 대체될 수 없다는 사실이 나를 나로, 유일한 나로 규정한다. 깨어남, 이 깨어남 속에서 깨어남은 자신이 깨어났다는 상태에 만

족하는 것이 아니고, 서서 자는 것도 아니다.

• 자연주의적 개념들에 대한 현상학이 필요하기 때문에, (비록 공부하고 주석을 다는 정도겠지만) 우리는 하이데거가 정교하게 해놓은 현상학을 다루어 볼 것이다.

이전 강의는 **현존재** 분석이 존재론의 문제에 대해 갖는 의미를 보여 주는 것을 목표로 삼았다. 이것은 단순히 예비 과정이 아니다. 존재는 **현존재** 안에서 물음에 놓인다. 질문에 놓임은, 말하자면, 존재하다라는 동사의 **지위**고, 존재의 서사와 존재의 행적이 행해지는 방식이다. 질문에 놓임은 이러한 존재성에 본질적이다. 존재하다라는 동사의 질문인 동시에 그것의 이해이기도 한 **현존재**의 현은 바닥 없는 근거이며, 염려의 구조 속에서 정교해진 것이다.

인간의 실존(또는 **현-존재**)은 세계-내-존재가 갖는 세 가지 구조에 의해 그의 **여기**(세계-내-존재)에서 묘사된다. 그 구조는 **자기를-앞질러-있음**(기투企投; projet), **이미-세계-내에-있음**(현사실성), **사물들-곁에-있음**(사물들 곁에, 세계 내부에서 만나는 것 곁에 있음)이다.

여기에 염려의 구조가 있다. 염려의 구조 속에서 우리는 시간적인 기준이 오로지 **현존재** 속의 관계들에 바탕을 두고 그려져 있음을 보게 된다.

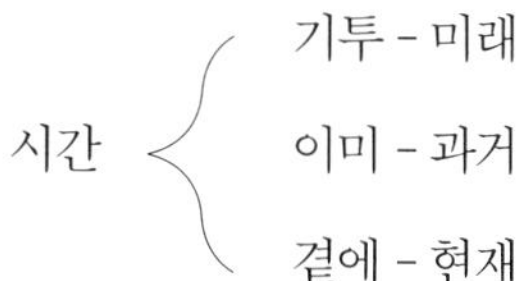

(하이데거는 이 구조를 **동-근원적인 것**으로, 동일한 **원천**^{Ursprung}과 동일한 원^原도약에서 나온 것으로 제시한다. 통시성의 역설적 동시성.)

존재 이해에 해당하는 존재 물음은, 아리스토텔레스가 (신에게 어울리는 무관심이라고) 『형이상학』^{metaphysics}(A, 2)에서 말한 것과 같은, 이해관심을 벗어난^{désintéressé} 앎이 아니다. **현존재** 분석은, 어디에서 오는지 우리가 알지는 못하지만 알고 싶어 하는 어떤 인간적 특성을 통해, 존재라는 단어의 동사적 의미에 이러저러하게 접근하는 일이 아니다. 이 인간학은 존재의 모험이 자신의 대열을 끌고 가는 정확한 방식을 드러낸다. 이런 모험은 대지에 기초해 있는 사건이 지니는 안전함을 갖지 못한다. 또는 자기 자신으로부터 부과되는 어떤 원리, 즉 절대적('절대적'이라는 말이 『존재와 시간』의 어느 곳에서도 나타나지 않는다는 점을 주목하라) 원리나 신적 원리가 지니는 안전함을 갖지 못한다. 정작 문제가 되는 모험은 존재가 노는 무대다. 이 모험에 이끌려 맞닥뜨리게 되는 위험은 **현존재** 안에서 스스로를 물음에 놓는 이 방식이 초래하는 것이다. 현존재는 그 고유한 관심사가 **나만의 것임**('내 것'과 모든 '소유'의 가능성)을 요구하는 데까지 이르기 때문이다. 이러한 존재 모험은 모험 안에서의 모험(불확실함)과도 같다. 존재는 여기서 극단적인 관대함 안에, 대가 없음 안에, 극단적인 탈이해관심 안에 주어진다. '소크라테스 이전의' 존재 속에는 기독교의 수많은 미덕들(관대함, 수치, 겸손 등)이 있다는 점에 주목할 수 있을 것이다. 그러니 하이데거는 이러한 구조들이나 미덕들이 존재 자체 안에 뿌리를 두고 있다고 가르치고자 할 법하다. **단 하나의 물음은 다음과 같은 것이다.** 이러한 윤리적인 의미작용들은 인간적인 것을 존재의 **단절**(인 바의 것)

의 의미 안에 **전제하지** 않는가?

염려의 구조는 여기에서의 존재 이해를 가리킨다. 이 존재 이해는 언제나 사물들과의 만남과 관계하며 이런 사물들로부터 이해를 한다. 하이데거에게서 그것은 그 모든 진부함 안에서 이루어지는 일상적 삶, 낮과 밤, '일과 날'[14]의 연속 가운데 펼쳐지는 삶의 그 진부한 스타일 안에서의 일상적 삶, 일거리와 소일거리들로 가득 찬 일상적 삶(푸시킨^Aleksandr Pushkin이 말했듯이 끝없는 일련의 끼니들로서의 삶)에 상응한다. 이러한 실존 양상이 삶의 현실 자체로 간주된다. 이 같은 존재 방식, 이 같은 일상적 삶은 하나의 가능성이다. 이 가능성은 하이데거에서 나만의 것임, 고유한 관심사, 본래성 등과 (따라서 이해 및 질문함과) 무관치 않다. 이 가능성은 거기에서 비롯하고 거기로 돌아간다. 그런데 이 가능성이 존재의 관심사 ─ **물음** ─ 를 향한 이 최초의 도약(이 원도약)과 실존의 이 **원천**을 잘못 이해하도록 하는 것 같다.

『존재와 시간』에서 행해지는 분석은 일상적 삶에서, 나의 것이 아닌 이 실존에서 (비록 이 실존이 고유한 나의 것에서 유래한다고 해도) 출발한다. 염려 구조들의 동-근원성은 일상적인 것의 동시성에서가 아니라면 어떤 것에서 발견할 수 있는가?

만약 일상적인 것이 **현존재**에 의미를 주는 특권을 가로챘다면, 우리는 기투, 즉 '자기를 앞질러'의 구조를 이해할 수 없다. 이 구조에 따라 우리는 **현존재**를 존재의 과제로, 파악되기 이전의 가능성으로 묘사하는 것이다. 일상적 시간에서 나의 단일성은 각자의 삶의 시간이 흘

---

14) 헤시오도스의 시 「일과 날」(『신들의 계보』, 천병희 옮김, 숲, 2009). ─ 옮긴이

러가 버린 때에만 나타난다. **현존재**는 사망자 명부에 기입될 때만 전체적이다. "이렇듯 영원함이 마침내 그를 그 자신으로 바꾸어 놓는구나."[15] 전체성은 인격적 개인이 인격적 개인으로 존재하기를 그만두는 바로 그 순간에 완성될 것이다. 하이데거는 이 점에 대해서 다음과 같이 쓰고 있다. "**현존재**의 구조 전체의 전체성을 형성하고 있는 염려는 그 존재론적 의미상 분명히 이 존재자의 가능한 전체-존재와는 모순된다."[16]

염려의 첫 번째 계기인 '자기를-앞질러-있음'은 **현존재**가 ~을 위해(자기 자신을 위해) 있다는 것을 의미하는 것이 아닌가? 현존재는 자신의 종말과 관계하는 한에서 **자신의 존재 가능**과 관계한다. 심지어 현존재가 자기 앞에 더 이상 아무것도 가지고 있지 않을 때라도 그가 아직 실존한다면, 그의 존재는 여전히 '자기를-앞질러'에 의해 규정된다. 절망, 희망-없음조차 그 가능성들에 대한 존재의 고유한 한 양태일 뿐이다. 자신의 미래에 거리를 두지 않고 아무런 환상도 없이 모든 것에 대해 각오가 되어 있는 상태 역시 '자기를-앞질러'를 여전히 간직하고 있다.

염려에 대한 서술에서는 전체성이 배제된다. "염려의 이러한 구조계기는 분명하게, **현존재**에게는 언제나 자기 자신의 존재 가능으로서 아직 현실적이 되지 않은 어떤 것이 **남아 있음**을 말한다."[17] 그러므

---

15) 스테판 말라르메(Stéphane Mallarmé)의 시 「에드가 포의 무덤」("Le tombeau d'Edgar Poe")의 한 구절. —옮긴이

16) Martin Heidegger, *Être et Temps*, trans. Emmanuel Martineau, §46, p. 176[『존재와 시간』, 이기상 옮김, 까치, 2006, 317쪽].

로 염려의 구조에는 **현존재**의 항구적인 미완결성이 있다. 비–전체성은 **현존재**의 '바깥'을 의미한다. 거리의 사라짐, 이 거리의 사라짐은 **현존재**의 사라짐과 같다. **현존재**의 구조 속에는 전체를 포착하는 것의 불가능성이 있다. 언제나 가능적인 것 안에 있는 존재자에게는 하나의 전체가 존재할 수 없다는, 그런 불가능성이 있는 것이다.

그러나 하이데거는 여기서 자신이 **눈앞의 것**Vorhandenes에 맞닿은 현실을 모델로, 순수하게 현전하는 현실을 모델로 **현존재**를 다루는 것은 아닌지 자문한다. 그런데 문제가 되는 것은 **현존재**다. 그렇다면 **현존재**에게 하나의 전체가 존재한다는 것은 무엇을 의미하는가?

있는 그대로의 **현존재**에게 어떤 것이 결핍되어 있다. 그 어떤 것은 여전히 결핍 가운데 있다. 이것은 존재 자체에 속하는 결핍에서 비롯한다. 그리고 이 결핍, 그것은 바로 죽음이다. 그러므로 바로 이 죽음과 맺는 특정한 관계에 의해 시간이 가능해질 터이다. 그리고 이 시간과 관련하여 전체의 가능성에 대한 물음이 제기될 것이다.

두 가지 물음이 동시적으로 제기된다.

- '진정한'authentique 시간은 무엇을 의미하는가?
- 전체는 가능한가?

다음 강의는 이 두 가지 질문을 검토해야 할 것이다. 어떻게 **현존재**를 하나의 전체로 사유할 수 있는가? 이것은 우리로 하여금 진정한 시간을 사유하도록 인도할 수 있는가?

---

17) *Ibid.*

현존재와 죽음
— 1975. 12. 12 금요일

시간에 대한 일상적인 이미지가 있다. 거기서 죽음은 시간의 단절 없는 흐름 속에서 한 존재의 지속이 맞게 되는 **종말**로 나타난다. 그럴 경우 죽음은 사물의 파괴가 된다. 하이데거에게서는 종말의 명확한 의미가 죽음과 결합되어 있다. 하이데거의 공헌은 시간 그 자체를 이러한 무화에 기반해서 다시 사유하고, 그럼으로써 시간과 죽음에 대한 통속적인 개념들을 철학적 개념들로 대체했다는 데 있다. 하이데거에게서 이런 개념들이 맺는 관계를 여기서 드러내 보인 것은 그 때문이다. 비록 우리에게는 죽음이 무화로, 또 『파이돈』에서처럼 순수한 존재의 제시로 축약되는 것처럼 보이지 않는다 해도, 하이데거에 대한 강의를 통해 반드시 거쳐 가야 할 길이 있는 것이다. 아무런 소여도 없는 질문, 한 배제의 양상, 즉 (존재-무의 양자택일 바깥에 있는) 배제된 제삼자를 사유하도록 하는 질문. 죽음이 어려운 혹은 불가능한 사유를—사유 또는 불-안정을—요구하는 듯 보이는 것은 바로 이 질문에서다. 그렇지만 우리는 이러한 불가능한 사유에 매달려야 할 것이고, 소여 없는 질문으로 그러한 사유에 접근해야 할 것이며, 그러한 사유를 지탱해 내야 할 것이다.

하이데거에게는 인간학의 문제가 우선적이지 않다. 하이데거는 인간적 실존 그-자체의 의미에 관심을 갖지 않는다. 인간적인 것이 자신의 반성 속에서 떠오르는 것은 존재로서 존재 서사의 물음에 놓일 때뿐이다. 존재^{Sein}는 인간에게서 물음에 놓인다. 존재가 물음에 놓이기 때문에 인간이 필요한 것이다. 인간은 존재의 한 양상이다. 현존재는 존재가 물음에 놓이는 이러한 사태 자체다.

하이데거가 죽음에 접근하는 방식은 전적으로 존재론적 선취에 의해 지배된다. 인간의 죽음이 갖는 의미는 존재가 자신의 서사에서 미리 차지하는 자리에 의해 지배된다. 그러므로 하이데거에게서 현-존재에 대한 분석은 존재가 물음에 놓이는 그 물음에 대한 분석으로 수행되는데, 이 분석은 존재^{esse}를 전개하는 것이라는 점을 확실히 해야 한다. 그 존재란 자신의 고유한 의미 속에서의 존재, 자신의 고유한 의미에 따른 존재이지 어떤 파생된 변형에 따르는 존재가 아니다(사람들은 '고유한'^{propre}을 '진정한'이라는 뜻의 'authentique'로 옮겼다. 이 역어는 'propre', 즉 독일어 아이겐틀리히^{eigentlich}에 들어 있는 의미를 가려 버린다).

존재 물음에 대한 현-존재의 승인 자체에서가 아니라면, 어디에서 이 원래성과 이 '진정성'의 기준을 발견할 수 있는가? 그것은 전유^{appropriation} 속의 고유한 의미에서다. 그 전유를 하이데거는 뒤에 생기^{Ereginis}라고 부른다. 이 경우 존재의 관심사가 현-존재에게 부여되는 것은 자기의 것이 성립할 때다. 즉 어떤 이가 일인칭으로 이 일은 나의 것이라고 말할 때다. 이렇듯 고유한 것이 그 처음의 충동으로부터 출현하는 것은 나만의 것임으로서다. 여기서 물음에 처한 존재의 관심사는 이 물음을 고유한 것으로 삼는 데 힘입어 나의 물음이 된다. (「시간과 존재」[18]에 나타나는 생기라는 개념은 『존재와 시간』에 이미 있다.) 존재의 물음을 이렇게 떠맡는 것이 종말을 포함한다든가, 그래서 죽음이 더욱 나의 것으로 나타날 수 있는 것이 된다든가 하는 따위가 그 뒤의 분석에서 하이데거가 하게 될 얘기들이다. 고유함이 출현할 때 이미 죽음이 언급되는 것이다.

이 전유, 이 생기, 전유 그 자체가 기원적으로 출현하는 이 존재해야-함. 이 존재해야-함에서 전유가 기원한다. 즉 자신의 원도약으로부터 전유가 출현한다. 이 존재해야-함에서 존재에 대한 관계는 고유한 자기 것으로 성립하는 현존재와 관련을 맺는다. 현존재가 자신의 고유한 의미로 모아지는 것은 여기서[이 전유, 이 생기, 이 존재해야-함에서]다. 바로 이곳에서 고유한 것과 파생된 것의 구분이 의미를 갖는다.

그런데 『존재와 시간』 1~44절에서 나타나는 염려로서의 여기/현(=이해하는 존재의 질문함)에 대한 모든 분석은, 이러한 자기 것이 전제하는 존재 형식들로부터 수행되었다. 여기/현이 분석된 것은 일상적인 것 안에서다. 그래서 현-존재는 자신의 전유 속에서 드러나는 것이 아니라 자신의 소외 속에서 드러나게 되었다. 즉 그러한 현-존재는 존재한다는 자신의 과제를 회피하고 거기에서 벗어나, 존재한다는 과제에 대한 거부할 수 없는 들러붙음에서 멀어져 가는 가운데 드러난다.

이렇게 묘사되는 현-존재가 과연 자신의 존재 의미로 돌아갈 수 있겠는가? 반대로, 하나의 전체로 모아진 현존재는 그렇게 스스로를

---

18) 마르틴 하이데거, 『사유의 사태로』(문동규·신상희 옮김, 2008, 길)에 수록. ―옮긴이

모을 수 있다 해도, 존재해야-함이라는 자신의 구조를, 자기를-앞질러-있음이라는 자신의 구조를 잃어버리게 되지 않겠는가? 그래서 현존재는 진열창vitrine(눈앞에 있음Vorhandenheit에 대한 말디니[19]의 번역어)에 자신을 드러내기 위해 자신의 실존 자체(존재해야-함)를 잃어버리게 되지 않겠는가? 모아져서 자신의 종말에, 그리고 자신의 종말들에 이른 **현존재의 존재**esse, 자신의 삶의 시간들을 거쳐 온 한 순간, 그것은 죽음이 아니겠는가? 사물과 아주 가깝고, 그렇게 진열창 속에 전시된, 박물관의 초상화 같은 것이 아니겠는가?

있는 그대로의 **현존재**에게는 어떤 것이 언제나 결핍되어 있다. 정확히 말해서, 현존재가 그것일 수 있고 그것이 될 수 있는 것이 결핍되어 있다. 종말 자체는 이 결핍에 속한다. 그러나 세계-내-존재의 종말, 그것은 죽음이다. 여기서 중요한 점은, 세계-내-존재의 종말, 그것이 죽음이라고 할 때, **현존재**가 하나의-전체로-존재-가능한가라는 질문이 단번에 풀려 나온다는 데 있다. **현존재**가 전체일 수 있는 것은 죽음과 맺는 특정한 관계를 통해서다.

이로부터 다음과 같은 질문이 제기된다. 종말을 향한 존재는 여전히 자기와 거리를 둔 존재로 생각될 수 있는가? 그 삶의 기록 너머에 있는 전체로서의 현-존재의 의미가 있을 수 있는가? 전체로서의 한 인격이란 가능한 것인가?

죽음에 대한 관계로서의 시간을 순간들의 물결이나 단순하고 순

---

19) Henri Maldiney, *Regard, parole, espace*(『시선, 말, 공간』), Lausanne : L'Âge d'homme, 1973.

수한 흐름 따위와 다르게 생각하지 않는다면, 여기에 답하기 어렵다. 우리는 시간 개념을 다시 생각함으로써만 이 아포리아를 벗어날 수 있을 것이다.

"어떤 방식으로 **현존재**는 전체성으로 파악될 수 있는가, 그리고 자신의 대열을 고유하게 끌고 가는 것으로 파악될 수 있는가?"라는 질문은,『존재와 시간』의 체계 속에서는, 존재를 물음에 놓인 것으로서 궁구하게 했다. 이제 이 질문은 우리를 시간성 혹은 시간의 지속 문제로 이끈다. 이 시간의 지속에서 전체로서의 자기성^{ipséité}은 그가 시간적 역사를 겪는다는 사실에 의해 파괴되지 않는다. 여기서 이 전체성은 시간적 삶이 없는 사물의 전체성을 의미하는 것이 아니다(이것은 인격을 지닌 어떤 것에 관한 문제다. 삶의 기록 혹은 자신의 삶의 기록에 참여하는 실체라는 두 가지 해결책은 여기서 기각된다).

이제 드러나는 사실은 다음과 같다. **현존재**의 이 자기성, 인간에게서 현-존재가 존재의 관심사를 전유하는 것에서부터 마련된 이 자기성은, 이런 전유가 (결코 피할 수 없는 존재의 지점에서) 가장 고유한 것, 가장 양도 불가능한 것, 곧 죽음이 되는 가능성을 전유하는 가운데 진정한 것이 된다. 시간이란 다름이 아니라, '자기를-앞질러'인, 죽음의 이 같은 전유 또는 직면이다. 여기서 **현존재**의 자기성은 온전해진다. 이렇게 하여 **현존재**는 고유해질 것이다. 또는 고유하게 사유될 것이다. 그것이 존재에 대한 염려다. 이 염려는 자신이 염려하는 자신의 존재 속에서 무로 향한다. 결국 존재를 위해^{pour} 불안해하는 동시에 존재 앞에서^{devant} 불안해한다(두렵게 하는 이 무는 또한 우리가 원하는 무이다). ~을 위해서, 그리고 동시에 ~ 앞에서의 불안. 우리가 불안해

하는 이 **무엇을 위한**은 동시에 우리가 불안해하는 이 **무엇** 앞에서다. 이
것은 내가 개에 대해 두려워하고 **나를 위해** 두려워하는 그 두려움과는
다르다(『존재와 시간』 30절 참조).

이렇듯, 인간 존재의 전체성과 그의 고유한 현-존재의 전체성은
타인의 어떠한 개입도 없이 오로지 세계-내-존재로서의 **현존재** 안에
서 탐구된다. 죽음의 의미는 출발에서부터 세계-내-존재의 **종말**, 즉
무화로 해석된다. 수수께끼는 현상으로부터 지워진다.[20] 시간성, 즉 시
간의 지속은 일상적 해석(흐름)과 동일시되지 않으며, '자기를-앞질
러'로, 존재해야-하는 존재로 해석된다. 존재해야-하는 존재란 선-이
해로서의 질문, 즉 소여와 더불어 던지는 질문이기도 하다. 따라서 처
음부터 끝까지, 존재론, 즉 존재와 무에 대한 이해가 모든 의미의 원천
으로 남는다. 이러한 분석은 어떤 방식으로도 무한(이 무한은 아마 통시
성, 인내 그리고 시간의 길이 등을 통해 사유에 접근하게 될 텐데)을 고려
하지 않는다. 칸트 이후로 철학은 무한 없는 유한함이 되어 버렸다.

죽음의 현상 속에서 종말과 무화를 읽어 내지 않는 것은 불가능
하다. 그러나 죽음은 어떤 무생물 또는 생명체의 파괴와 일치하지 않
는다. 또한 돌의 침식이나 물의 증발과 같은 것도 아니다. 그 경우에는
언제나 외형이 파괴된 이후에도 물질들이 남으며, 파괴 그 자체는 이
전과 이후 사이에 놓인다. 이 이전과 이후는 파괴와 함께 시간의 동일

---

20) 우리는 여기서 레비나스의 중요한 논문인 「수수께끼와 현상」("Énigme et phénomène",
1965)의 제목을 떠올리지 않을 수 없다. 이 논문은 『후설과 하이데거와 함께 존재를 찾
아서』(*En découvrant l'existence avec Husserl et Heidegger*, Paris: J. Vrin, 1967, 2ᵉ éd)에
재수록되었다.

한 선에, 동일한 나타남에, 동일한 세계에 속한다. 죽음의 종말이란 어떤 형식이나 어떤 장치의 파괴와 일치하는가? 그게 아니라, 인간의 죽음이 문제가 될 때 우리는 의미의 과잉이나 의미의 결핍 탓에 불안정해지지 않는가? 인간의 죽음, 이 인간의 죽음으로부터 출발해서 아마도 모든 생명체의 죽음이 이해될 것이다(이 경우에도 무화와 관련해서 의미의 과잉이나 의미의 결핍과 같은 것이 있을 수 있겠다).

여기에 언제나 애매성을 갖는 종말이 있다. 그것은 복귀 없는 떠남, 사망이지만, 또한 스캔들("그가 죽었다는 게 있을 수 있는 일이야?"), 즉 무-응답과 내 책임의 스캔들이기도 하다. 내가 그에게 어떠한 맞아들임의 자리도 제공할 수 없는 떠남. 이것은 부정과 다른 배제다. 존재-무의 모순을 배제하는 배제 자체. 배제된 제삼자(무엇으로도 지향할 수 없는 세계)로서의 배제. 이것은 질문의 제기 자체다. 이 질문은 어떤 방식으로든 존재의 양상으로부터 연역되지 않는다. 그것은 응답 없는 탁월한 의미의 질문이고, 모든 질문이 물음의 양상을 빌려 오는 그런 질문이다.

이 정도로 그치자. 그러나 문제로 정립되지 않는 이 질문을, 역-설적인 이 질문을 사유로 지탱해야 한다. 죽음과 시간에 대해 이야기하기 위해서는 이러한 질문에 골몰할 필요가 있다. (여기서 그러한 역설이 가능해진다.) 그럼으로써 피안에 대한 어떤 정보에도 근거하지 않는 모든 의미작용을 기술해야 할 것이다.

유한이 그 자신으로부터 이끌어 낼 수는 없지만 생각할 수 있는 무한.

죽음에 사로잡힌 우리 삶의 시간은 자신의 의미를 우선 이 감정

(불안)에서 가져오는가? 아니면 이 감정이 응답 가능성 없는 앞의 질문에서 기인하는가? 바로 그 질문을 견뎌 내야 한다. 그 질문은 다음과 같은 물음을 던진다. 이 종말이 우리의 시간에 영향을 미치는 것은 그것의 무 때문인가, 이 불안은 죽음의 참된 감정인가, 시간은 지속이라는 자신의 의미를 이런 종말에서 빌려 오는가? 아니면 이 물음이 대답 없는 미지의 것에서 기인하는 것인가?

죽음과 현존재의 전체성
— 1975. 12. 19 금요일

죽음이라는 현상 그 배후에 웅크리고 있는 것은 소여 없는 질문인 죽음이다. 이 죽음은 칸트적 범주들로 이루어진 어떤 통념적 양상으로도 환원될 수 없다. 그것은 질문이라는 자리조차 넘어서거나 그 자리에서 벗어난다. 비록 죽음에 대해 말하기 위해서는, 또 이 불가능한 것이 가능해지는 시간에 대해 생각하기 위해서는 질문의 자리에 머물러야 하지만. 죽음이라는 양상은 피안에 대한 어떤 정보로부터 아무것도 빌려 오지 않는다. 오히려 이 양상으로부터 출발해서 '피안에 대한 정보들'이 의미를 가지게 될 것이다. 시간은 그것의 지속과 통시성 속에서 미지에 대한 공경으로 이해되어야 한다.

하이데거는 현-존재를 전체성으로서 경험하는 일이 다른 사람의 죽음을 경험함으로써 주어질 수 있지 않을까를 묻는다. 다른 사람의 죽음은 나에게 주어진다는 이점을 갖는다. 반면에 나의 고유한 죽음은 내가 죽음에 대해 가질 수 있을 법한 경험을 제거해 버린다. 그러나 다른 사람을 통해 죽음에 접근하려는 이러한 시도는 나의 고유한 죽음이 만나는 어려움과 동일한 어려움들에 직면하게 된다. 타자의 죽음은 실제적인 종결이며, 우리는 **현존재로서의 현존재**의 전체성에 대한 이 경험에 접근할 수 없다(여기서 경험은 우리에게 일어날 수 있는 가장 심오한 것인 양 여겨진다).

딱히 해결책이 있는 건 아니지만, 타자의 죽음을 통한 이러한 우회는 탐구할 때는 긍정적인 면을 갖는다. 이런 우회 속에서, 우리는 죽음의 경험을 모든 사람에게 일어나는 어떤 일의 경험 가운데서 찾을 수 있다고 생각하는 듯하다. **그러나 그때 우리는 고유한 죽음을 갖지 못한다.** 따라서 사람들은 죽음 안에서 가장 고유한 가능성을 보지 못한다. 죽음은 각자의 가장 고유한 가능성으로서 각자에게 결합되지 못할 것이다. 그래서 죽음은 가능한 대신함이 없는 가능성으로 나타난다. 사람들은 의심할 나위 없이 "타인을 위해 죽을" 수 있다. 그렇지만 사람들은 "**타인에게서 그의 죽음을 대신 맡을**"[21] 수는 없다. 나만의 것임, 즉 **각자성**인 존재론적 구조는 죽음에서 나타난다.

(타자를 위해 고통을 당하거나 타자를 위해 '천 번이라도 죽는다'는 공감과 동정은 타인에 대한 가장 근본적인 대신함의 가능 조건이다. 그것은 타인의 불행이나 타인의 종말을 짊어지는 타인에 대한 책임이다. 자신이 거기에 대해 죄가 있다는 듯이. 이것이 궁극적인 근접성이며, **죄 있는 자로 살아감**이다. 이러한 점에서, 타인에 대한 희생은 타인의 죽음과 더불어 다른 한

---

21) Heidegger, *Être et Temps*, §47, p. 178[322쪽]. "어느 누구도 타인에게서 그의 죽음을 대신 맡을 수는 없다. 물론 누군가가 '타인을 위해서 죽을' 수는 있다. 그렇지만 이것은 언제나 '어느 **특정한 일에서**' 타인을 위하여 자기를 희생함을 말한다. 그러나 그러한 누군가를 위하여 죽음은 결코, 그로써 타인에게서 그의 죽음을 조금이라도 덜어 주었음을 의미하지 않는다."

관계를, 아마 우리가 죽을 수 있는 이유가 될 책임을 만들어 낼 것이다. 살아남은 자의 죄책감 안에서 타자의 죽음은 내 일이 된다. 나의 죽음은 타인의 죽음에서의 나의 몫이고, 나의 죽음에서 나는 나의 잘못인 이 죽음을 죽는다. 타자의 죽음은 나의 존재론적 기능인 각자성의 한 계기에 불과한 것이 아니다.)

사실 죽음이 자신의 실존적 의미를 배반하지 않는 개념으로 사유될 수 있는 것은 나의 고유한 **현존재**와 관련해서다. 하이데거는 일군의 파생된 개념들(종말과 전체성)로부터 현-존재 개념을 한정한다. 어떻게 종말이 **눈앞의 것**으로서 아니라 현존재의 질서 자체 안에서 사유될 수 있는가, 즉 어떻게 종말이 현-존재라는 자신의 양태 속에서 사유될 수 있는가, 어떻게 그런 끝남이 하나의 전체를 구성할 수 있는가, 어떻게 이 전체가 모아질 수 있는가를 설명하기 위해서 말이다.

1) **현존재**는 그 자신에 대한 거리를 포함한다(회수되지 않은 돈이 있다는 의미로, '바깥을 가짐', 미완^{Ausstand}).

2) 자신의 끝-에-있음, 자신의 종말-에-이름은 더 이상 여기 있지 않은 것처럼 보인다(자신의 **현존재**의 구조를 상실).

3) 분석의 결과는 다음과 같다. 종말-에-이름은 **현존재**의 가장 고유하고 가장 양도 불가능하며 가장 침해될 수 없는 가능성이다.

하이데거의 독창성은, 자기를-앞질러-있음이라는 발상을 (회수되지 않은 돈이 있다는 의미에서) 바깥을-가짐으로 보는 것을 문제 삼은 데 있다. **현존재**인 존재자를 그 자신의 여정 속에서 모으는 것은 함께 존재하거나 존재했던 조각들을 덧붙임으로써 이뤄지지 않는다. 현존재는 자신의 '아직-아님'이 그에게 속하지만 그 '아직-아님'이 아직 있지 않은 그런 방식으로 있다. 이것은 '다른 곳'에 있는 돈, '바깥에' 있거나 '회수되지 않은' 돈의 방식이 아니다. 더욱이 이것은 만월에서 '결여'된 달의 한 귀퉁이와 같은 방식으로 있는 것도 아니다(사실 그 귀퉁이는 결여된 것이 아니라, 포착되지 않은 것이다).

그렇다면 현존재를 유기체적인 생성, 즉 과일에 속하는 무르익음의 모델에 따라 생각해야 하는가? 하이데거는 이런 유사성에 반대하지 않는다. 과일은 무르익어 간다. 과일은 푸르기 때문에 아직 무르익은 것은 아니지만, 무르익음은 과일에 속한다. **현존재**의 비-전체성을 구성하는 것은 과일에서의 무르익음처럼 **현존재**가 되어야 하는 아직-아님이다. 그러나 죽음은 무르익음이 아니다. 생성을 통한 과일의 완성은 그 완성을 능가하는 죽음이 아니다. 죽어 가는 와중의 **현존재**는 무르익어가는 과일처럼 모든 자신의 가능성을 소진시키지 않았다. 그가 죽을 때, 그의 가능성들은 그에게서 **박탈된다**. 끝남, 이것은 완성됨이 아니다. 죽음의 종말이 반드시 햇수에 따라 오지는 않는다.[22]

그렇다면 어떤 점에서 죽음을 **현존재**의 종말로 간주할 수 있는가? 죽음의 종말을 완수나 사라짐으로 이해해서는 안 되며, 비가 멎을 때의 그침이나 작업을 이룩할 때의 끝남, 빚의 회수와 같은 의미로

---

22) 이 말은 코르네유(Pierre Corneille)의 극작품 「르 시드」("Le Cid") 2막 2장의 등장인물 로드리고(Rodrigo)의 대사 "가치가 햇수에 따라 오지는 않는다"에 나온다. ―영역자

이해해서도 안 된다. **현존재**에게 종말은 한 존재의 종결점이 아니라 그의 존재 자체에서 종말을 떠맡는 방식이다. 종말은 **현존재**가 붙잡는übernimmt[23] 가능성이지 유괴가 아니다. "죽음은, 현존재가 존재하자마자, 현존재가 떠맡는 그런 존재함의 한 방식이다."[24] 죽음이 사유되는 것은, 낮과 밤, 분과 초라는 일련의 계열 속에서 펼쳐지는 시간에 따른, 아직 완성되지 않은 미래 속에서가 아니다. 반대로 실존의 존재해야-함에 기초해서 **현존재**인 죽음을-향함을 포착해야 한다. "인간은 태어나자마자 이미 죽기에 충분할 만큼 늙어 있다."[25] 존재해야 함은 죽어야 함이다. 죽음은 시간 안에 있는 어떤 부분이 아니다. 오히려 시간이 근원적으로 **존재해야 함**zu sein, 즉 **죽어야 함**zu sterben이다.

　　죽음이 **현존재**를 완성한다면, **고유성**Eigentlichkeit과 전체성은 함께 간다. 우리는 여기서, 물화된 모든 개념들을 제거하는 가운데, 전체적인 것과 고유한 것의 일치를 본다. 죽음은 존재 방식이고, 이 존재 방식에 기반해서 아직-아님이 생겨난다.

---

23) 독일어 übernehmen은 보통 '잡다', '포착하다'라는 뜻으로 쓰이지만, '저편으로 가져가다', '소유하다', '떠맡다' 등을 의미하기도 한다. ─영역자

24) Heidegger, *Être et Temps*, §48, p. 182[329쪽].

25) Johannes von Tepl(요하네스 폰 테플), *Der Ackermann aus Böhmen*(『보헤미아 출신의 농부』), trans. Alois Bernt & Konrad Burdach, Burdach, Bd. Ⅲ, Teil. 2, 1917, Kp. 20, S. 46[『존재와 시간』, 329쪽에 수록]에서 인용.

시간의 근원으로서의 죽음을-향한-존재

— 1976. 1. 9 금요일

죽음은 종말이지만, 그런 만큼 질문이기도 하다. 이것이 우리의 탐구 방향이다. 이런 방식의 질문함은 경험의 실증성이나 나타남의 현상성, 이해, 소여의 포착 따위와 뚜렷이 구분된다. 나의 정신 속에서만이 아니라, 온갖 실증성의 실증적인 면을 확증해 주는 그 모든 현시 속에서 뚜렷이 대조된다. 그 질문은 세계와 관련된 믿음—**통념**doxa—을 근본적으로 뒤집는 방식, 이 **통념**을 질문으로 바꾸는 방식이다. 그것은 판단의 양상이 아니라, 판단을 넘어서 있는 질문이다. 어떤 다른 판단이 아니라, 문제 제기가 없는 질문이다. 타자로 향함이 이뤄지는 질문이다(모든 질문은 요구고 기도다). 이 타자로 향함 속에서, 이론적 사유나 통념적 사유는 스스로 묻는 한에서 존립한다. (영혼이 그 자신과 나누는 대화는 타인의 물음 때문에 가능한 것이 아닌가? 비록 이론적 사유가 작용할 때 이러한 차원을 고려하지 못한다 하더라도 말이다.) 타자로 향함은 타자와 협력하기 위한 것이 아니다. 또 그것은 질문하는 가운데 실존의 우선적인 질문을 던지는 것도 아니다(실존은 질문에 선행하지 않는다).

종말이 의미하는 죽음은 타인에 대한 책임이 됨으로써만 죽음이

미치는 모든 범위를 측정할 수 있을 것이다. 실제로 타인에 대한 책임을 통해서만 우리는 자기 자신이 된다. 우리는 양도 불가능하고 위임 불가능한 이러한 책임을 통해서 자기 자신이 된다. 타자의 죽음에 대해 내가 지는 책임은 타자의 죽음에 나를 끌어넣을 지경에까지 이른다. 이 점은 다음과 같은 매우 수긍할 만한 명제 속에 드러나 있는 것 같다. "나는 타자가 죽을 수밖에 없다는 점에서 그에게 책임이 있다." 타자의 죽음, 그것이 여기서는[현존재에게는] 첫째가는 죽음이다.

이러한 관계로부터, 타자의 죽음에 대한 이러한 공경으로부터, 무한과의 관계인 이러한 질문함으로부터 시간을 해명해야 할 것이다. 하이데거를 넘어서 말이다. 하이데거는 죽음의 경험을 탐구하고 죽음의 종말을 무라고 주장했다. 그러나 이때 죽음의 무가 **현존재** 안에서 작동하는 방식 안으로 무의 저편에서부터 침투해 들어가는 것은 아무것도 없었다.

하이데거는 현-존재, 즉 인간을 파악하고자 한다. 다시 말해 존재가 물음에 놓이는 사태를 파악하고자 한다. 그는 현-존재를 그것의 전체성 안에서 파악하고자 하지, 현-존재가 가지고 있는 여러 측면들 중의 하나에서만 (특히 **현존재**가 일상적인 것 안에서 자기 상실로 존재한다는 측면에서) 파악하고자 하지 않는다. 하이데거는 현-존재가 자기 소유로 존재하는 측면에서, 현-존재가 **고유하게**eigentlich 존재하는 측면에서 현-존재를 파악하고자 한다. 그리고 이러한 자기의 소유는 죽음을-향한-존재 혹은 죽음에-**이르는**-존재être-à-la-mort 로 나타날 것이다 (여기서 '**이르는**'ª은 우리가 미치도록ª la folie 사랑한다고 말할 때의 '~도록'ª에 해당한다. 이것은 이성을 잃어버리는 데까지 나아감을 함의하는 사랑의 한 방식을 뜻한다).

죽는다는 것, **현존재**에게 그것은 자신의 존재의 마지막 지점에 도달한다는 것이 아니라 그 존재의 매 순간 자신의 종말에 가까이 있다는 것이다. 죽음은 그 존재의 한 순간이 아니다. 죽음은 한 순간이 아니라 **현존재**가 존재하자마자 떠맡게 되는 존재 방식이다. 따라서 '존재해야 함'이라는 방식은 또한 '죽어야 함'을 의미한다. 미완의 미래 속에서 죽음을 사유해서는 안 된다. 오히려 이 존재해야-함 — 이것은 또한 죽어야-함인데 — 으로부터 시간을 근원적으로 사유하여야 한다. **현존재**인 전체는 그가 존재하는 한에서 언제나 '아직 아님'이다. 또한 그것은 언제나 그것의 종말이다. 현존재로서의 전체는 그것의 종말이다. 또는 그것의 종말을 **향해**[a] 있다. 이것이 있다/이다^{être} 동사가 지닌 타동사성의 의미이다. (있다/이다 동사의 이러한 타동사성은 하이데거의 가장 위대한 발견이다.)

시간은 죽을 수밖에 없는 존재의 존재 양태이며, 따라서 우리는 죽음을-향한-존재를 분석함으로써 새로운 시간 개념의 기원을 얻을 수 있을 것이다. 시간은 죽음을-향한-존재의 미래며, 죽음에-이르는-존재의 독특한 관계가 배타적으로 규정하는 미래다. 죽음에-이르는-존재는 자기 바깥의 존재인데, 이것은 또한 전체인 존재, 고유하게 자기인 존재다.

죽음을 통해 이해해야 하는 끝남은 **현존재**가 끝에 있다는 것을 의미하지 않는다. 그것은 이 존재자가 종말을-향해-있음의 방식으로 있다는 것을, 이 존재자에서의 사건은 자신의 종말로 감이라는 것을 의미한다. 에너지 또는 존재의 가능 자체는 이미 자기 종말의 가능이다.

여기에 새롭고 환원 불가능한 관계가 있다. 외부에 머무는 것에 대한 거리로 환원 불가능한 관계, 무르익음과 구분되는 관계가 있다.

　무르익음과 구분되는 죽음을-향한-존재는 무엇을 의미하는가? 근원적으로 미래는 죽음의 다가옴이다. 죽음과의 관계는 현-존재의 (자신의 존재로 존재해야 하는 가운데 존재하는 존재자의) 고유한 양상인 염려의 형식적 구조로부터 사유된다. 이러한 존재 방식은 세 가지 구조로, 즉 앞질러 있음과 이미 세계 내에 있음(현사실성), 사물들 곁에 있음(사물들 속에서 세계는 망각된다)이라는 형식으로 표현된다. 이 세 가지 구조는 어떻게 **죽음을 향한 존재** 안에서 합쳐질 수 있는가?

　종말을 향한 존재는 아직-아님이다. 그러나 이 아직-아님은 현-존재가 그것을 다가올 것으로 **받아들이면서** 관련을 맺는 아직-아님이다. 현-존재는 아직-아님을 재현하는 것도, 그것을 고려하는 것도 아니다. 더욱이 다가올 것을 받아들임은 어떤 기다림이 아니다. 이것은 후설의 미래지향protention과 조금 닮아 있지만, 그러나 위협의 측면을 갖고 있다. 하이데거는 여기서 가능에 대해 말한다. 나는 다가올 가능을 행할 수 있다. 이제 죽음은 **현존재가** 스스로 떠맡아야 하는 양도 불가능한 가능성이다. 나는 여기서 나의 고유한 가능을 가진다. (하이데거에게 '가능'이란 단어는 죽음에도 적용된다.) 죽음과 더불어, **현존재는** 그 자신의 가장 고유한 가능성의 다가옴 쪽으로 자신을 내민다pro-tendre. 죽음을-향한-존재 속에서 다가올 가능성은 위협받는 세계-내-존재 자체와 관계한다. 그런데 이 위협은 이 세계-내-존재이자 죽음에-이르는 존재에 의한 것이다. 다가옴이 **현존재와** 관계하는 양상인 가능/능력은 더 이상 여기 있지 않음의 가능성 —또는 사건성 —이다. 죽음을 향한 존재, 그것은 **현존재**에게는 자기를 앞질러 있음이다. 여기에[현존재의 '현'에] 각 **현존재**가 자신의 고유한 입장에서 헤아릴 수 있는 가능성이 있다.

극단적이고 넘어설 수 없는 이 가능성은 비-존재의 다가옴이다. 죽음은 현-존재의 근본적 불가능성의 가능성이다. 그래서 죽음의 다가옴은 특권적이다. 즉 내가 이러한 다가옴을 행할 수 있는 방식에서 특권적이다. 여기서[현존재의 '현'에서] 죽음의 양도 불가능하고 배타적이며 넘어설 수 없는 특성이 가리키는 가능성을 행할 수 있다. 가능성으로서의 죽음에 대한 관계는 예외적인 **이르름**un à이며, 예외적이고 특권적인 **향함**un pour이다.

그런데 이러한 관계는 자신의 존재로 존재해야 하는, 즉 이 자기를-앞질러-있음으로부터 존재하는 **현존재**의 구조에 의해서만 가능하다. 이 자기를-앞질러-있음은 죽음을-향한-존재 안에서 구체적이다. 마찬가지로 현사실성과 사물들-곁에-있음은 죽음을-향한-존재에 포함되어 있다. 나만의 것임에 함축된 그의 자기성 안에서 **현존재**는 죽을 수밖에 없음으로만 가능하다. 불멸하는 개인은 그 용어상 모순적이다.

죽음, 불안 그리고 두려움
— 1976. 1. 16 금요일

시간과 죽음, 이 주제들은 존재자의 존재가 지닌 의미를 탐구하는 데 속한다. 이 탐구는 그 자체가 탐험가의 호기심에서 기인하는 것이 아니다. 이 탐구는 인간에 본질적인 것이고, 인간의 존재성^{essence}에, 인간의 **존재**^{esse}에 특징적인 것이다. 존재로서의 존재, 그것은 이미 물음에-놓인-존재다. 물음에 놓인 이 존재성은 인간의 인간성인 현-존재에 해당한다. 인간은 그의 존재가 물음에 놓인 존재성인 그런 존재자다. 이 물음에 놓임은 존재에 대한 하나의 선-이해이기도 하다. 또 그것은 부담 짐으로서, **현존재** 안에서의 부담 짐으로서 이루어진다. 그것은 가장 거부할 수 없는 방식으로 부여된 부담이기에, 고유한 나의 것이 된다. 이렇듯 ['가장 거부할 수 없는'이라는] 이 최상급은 나만의 것임이라는 의미를 가지며, 따라서 물음에-놓인-존재인 존재는 자기성의 사안이 된다. 이 부담 짐, 그것은 인간의 존재해야-함이 보이는 양태다. 인간은 현-존재로, 바로 그-현-존재^{être-le-là} 로 밝혀지며, 바로 그-현-존재는 세계-내-존재로 밝혀지고, 이 세계-내-존재는 염려로 밝혀진다. 그리고 이 염려는 자기를-앞질러-있음(탈-존), 이미-세계-내에-있음(현사실성), 사물들-곁에-있음(사물들 안에 흩어져 있음 또는 내던져져 있음)이라는 세 가지 구조에서 분석된다.

나아가 하이데거는 이러한 분석으로 드러난 다양한 계기들의 전체성이나 통합을 다시 발견하고자 한다. **현존재**의 구조 전체를 사유하고자 하는 이러한 관심 속에서 우리는 시간이나 죽음과 같은 개념들을 재발견하게 된다. 인간 존재의 전체성은 탄생으로부터 죽음에 이르는 인간 존재의 삶이 아닌가? 따라서 그것은 그 전체성이 채우는 시간이 아닌가? 그리고 이 전체성이 채우는 이러한 시간은 흘러간 순간들의 합이 아닌가? 시간의 종말을 가리키는 죽음, 그것은 **현존재**의 전체성이고 현존재의 고유한 존재인가? 아니면 우리가 여기서 통속적인 개념들(비본래적인 양태와 관련해 고안된 것이지, **현존재**의 고유한 양태와 관련해 고안된 것이 아닌 개념들)을 사용해 온 것은 아닌가?

우리는 죽는다는 것을 일련의 시간 단위들의 종점으로 이해하는 것이 현-존재의 엄밀하게 실존적인 구조들에는 적용되지 않는다는 점을, 심지어 그 구조들과 모순된다는 점을 보여 주었다. 이렇게 이해된 죽는다는 것에서는 현-존재가 이미, '진열대'에 전시된 한 실재의 존재로, 내부-세계적 존재자의 존재 방식에 맞추어 해석되는 것이다. 그래서 현존재의 실존론적 구조에 따라 존재를, 즉 **현존재**의 종말을 다시 사유하려는 시도가 생겨난다. 여기서 죽음은 낮과 밤으로 이루어진 어떤 지속의 끝맺음이 아니라 언제나 열려 있는 하나의 **가능성**이다. 언제나 열려 있는 이 가능성은 가장 고유한 가능성이다. 그것은 타인을 배제하는, 고독한 가능성이다. 또 그것은 극단적인 또는 넘어설 수 없는 가능성이다. '가장 고유한'이 가리키는 것은, 존재해야-함에서 자기성으로 나아가는 나만의 것임과 엮인 관계다. 끝까지 생각해 볼 때, 나만의 것임은 죽을 수밖에 없음이다. 그 나le Moi만이 죽는다. 또 죽을 수밖에 없는 자만이 나Moi다.

'가장 고유한' 이러한 가능성은 '경우에 따라' 현존재에게 일어나는 일이 아니다. 그것은 **현존재**가 이미 따르지 않을 수 없는 가능성이다. 이 이미는 **기분**Stimmung에 의해 입증된다. 죽음에-내맡겨진-존재는 이미 세계-내-존재에 속해 있다. **현존재**가 이것을 재빨리 의식하지 않더라도 그렇다. 이미 지나간 이 과거는 **불안** 속에서 입증된다.

불안은 감정이다. 하이데거에게서 감정은 언제나 ~에 대해와 ~을 위해라는 두 가지 지향성을 갖는다. 나는 개에 대해 두려워하고, 나를 위해 두려워한다. 그런데 불안에서는 이 두 측면이 일치한다. 불안은 죽음에 대한 불안인데, 이 죽음에 대한 불안은 바로 죽음을-향한-존재인 한 존재를 위한 불안인 것이다. 존재 가능은 죽음의 위험 속에 있지만, 위협하는 것이 바로 이 존재 가능이다.

이러한 감정은 삶을 끝낸다는 데 대한 공포가 아니다. 이것은 존재 안에 던져진 것으로서의 **현존재**가 종말을 향해 실존한다는 사태의 열림이다. **현존재**는 존재해야 한다. 하지만 이 존재해야-함은 또한 죽어야-함이다. 현사실성은 이렇게 재발견된다. 그러나 우리는 다시 퇴락의 계기를 발견한다. 일상적인 삶을 특징짓는 죽음에 대한 무지는 죽음을-향한-존재의 한 양상이며, 불안과의 관계를 입증해 주는 일종의 도피다. **현존재**는 실제로 죽는다. 그가 실존하는 한에서, 하지만 도피와 퇴락의 양태로. 사람들은 사물들 곁에 머묾으로써, 또 일상적인 삶의 사물들에 근거하여 자신을 해석함으로써 죽음에서 도피한다.

이렇게 하이데거는 죽음을-향한-존재를 통해 현-존재의 근원적 규정을 제시한다. 그는 죽음 앞에서 도피하는 일상적 존재에서 출발하여 이 분석을 더 밀고 나간다. 일상적 존재는 바로 이 도피로 말미암아 죽음을 진실로 인식하게 되기도 한다. 그러한 도피는 사람들이 평정한 상태로 죽음을 사유하는 방식보다 죽음을-향한-존재에 더 고유한 것이다.

죽음을-향한-존재는 어떻게 일상적인 것 안에서 스스로를 드러내는가? 자기 자신은 도피 속에서 사라지지 않는다. 현-존재 그 자체는 사라질지라도 자기 자신은 자기 상실(이것은 여전히 자기로 존재하는 한 방식, 즉 나만의 것임으로 존재하는 한 방식이다) 속에, 세인^{世人; das Man} 속에 있기 때문이다. 세인은 나만의 것임과 관련을 맺지 않고서는 불가능하다. 세인은 그것의 한 변형태다.

이제 물음은 확장된 형태로 다시 제기된다. 고유한 것이 고유하지 않게 되는 [영역인] 세인은 여전히 죽음을-향한-존재인가? 하이데거는 죽음에서 도피하는 것, 죽음을 은폐하는 것, 그것은 죽음을-향한-존재의 실정성^{實定性; positivité26)}을 함의하는 불완전한 양태라고 답한다. 세인은 그가 **잡담한다**는 사실로 특징지어지는데, 그의 **잡담**^{Gerade}은 이 죽음을-향한-존재의 한 해석이다. 그것이 죽음으로부

---

26) 'positivité'는 문맥에 따라 긍정성, 실증성, 적극성 등으로도 옮길 수 있는 다양한 함의를 가진 말이지만, 이것이 주어진 것(어떤 사물이나 제도 또는 가치 따위)을 그 근거에 대한 물음 없이 긍정하는 태도나 그렇게 긍정되는 성질을 의미하는 경우에는 실정성(實定性)이라고 번역하기도 한다. 여기서 이 말은 죽음을-향한-존재인 현존재가 자신의 근본적인 존재방식인 죽음에 대해서 질문하지 않은 채 죽음을 하나의 일상적 사건으로 간주하는 태도를 가리킨다. — 옮긴이

터의-도피이고 관심의 전환이다. 이러한 도피를 특징짓는 특별한 정감성이 존재한다. 두려움으로 귀착하는 불안이 그것이다. 불안은 두려움이 된다. 죽음은 죽음의 **사례**가 된다. 누군가는 죽는다. 그러나 누구도 죽지 않는다. 다른 이들은 죽지만, 그것은 내부-세계적 사건이다(하이데거에게는 타인의 죽음 역시 내부-세계적 사건이다). 죽음은 일어날 수 있는 어떤 것, 그러나 지금은 아직 오지 않은 어떤 것이다. 누군가는 죽지만 나는 아니며 지금 당장은 아니다. 이것은 애매한 말이다. 여기서는 자신의 나만의 것임 속에서 죽는다는 것이 중립적인 공공의 사건, 즉 하나의 작은 기삿거리가 되어 버린다. 세인은 죽음에게 대상의 사실적인 실재성을 부여함으로써, 언제나 가능하다는 죽음의 특성을 지워 버린다. 사람들은 자신들이 죽음을 피할 수 있다는 듯이 스스로를 진정시킨다. 공공의 삶은 자신이 손댈 수 없다고 여기는 죽음에 의해 방해받기를 원치 않는다. "세인은 죽음 앞에서 느끼는 불안에 맞설 용기가 빛을 보지 못하도록 한다"[27]고 하이데거는 말한다.

일상적인 것이 갖는 정감성의 **기분**은 사건 앞에서의 두려움이다. 세인은 죽음 앞에서 도피하는 가운데 죽음의 필연성과 확실성에 대해 말한다. 그러나 이러한 확실성은 순전히 경험적이다. 반면 죽음과 맺는 본래적 관계의 확실성은 **선험적**이다. 이런 확실성에 비해 경험적 확실성은 도피에 불과하다. 죽음은 절대적으로 확실한 가능성이다. 죽음은 모든 가능성을 가능케 하는 가능성이다.

---

27) Heidegger, *Être et Temps*, §51, p. 187[340쪽].

죽음으로부터 사유된 시간

— 1976. 1. 23 금요일

죽음은 나타남의 전복이다. 그것은 나타남과는 반대로, 존재가 그 자신으로 회귀하는 것인 셈이다. 신호를 주던 것이 그 자신으로 돌아가서, 더 이상 응답할 수 없게 된다. 이것은 현상학에 대립되는 운동이다. 그러나 죽음 그 자체는 종말, 즉 존재의 무화라는 절대적인 의미에서의 존재의 종말로, 그 현현顯現의 종말로 여겨져야 하는가? 아니면 죽음 그 자체는 실정적으로 주어지는 것이 없는 질문으로 여겨져야 하는가? 즉 그 질문에서 아무것도 통념으로 귀착하는 바가 전혀 없는 그런 질문으로 여겨져야 하는가? (**통념**으로 귀착하는 바가 있다면 질문은 통념의 변형태가 되고 말 것이다.)

죽음은 현상의 종말인 한에서 종말의 현상이다. 죽음은 우리의 사유에 충격을 가하여, 사유로 하여금 질문하게 한다. (하이데거에서처럼 우리 자신의 고유한 죽음을 특권화할 경우) 죽음이 다가올 미래에서나 아니면 현재에서 말이다. 죽음은 종말의 현상으로서 우리의 사유와 관계한다. 사유되는 우리의 삶과 관계한다. 다시 말해, 그 자신에 스스로를 드러내는 현현에, 시간적인 혹은 통시적인 현현에 관계한다.

문제는 다음과 같은 점을 묻는 데 있다. 이 종말은 현현의 시간성

에게 과연 무엇인가? 죽음은 시간에게 과연 무엇인가? 삶의 필멸성은
과연 무엇인가? 이것이야말로 우리가 탐구하고자 하는 참된 질문이
며, 죽음이 시간에 대해 갖는 의미다.

하이데거에게서 죽음은 나의 **무화**라는 의미에서 **나의** 죽음을 뜻
한다. 하이데거에게 죽음과 시간의 관계를 탐구하는 일은, 존재가 물
음에 놓이는 곳인 **현존재**에 대한 분석에서 현-존재가 그의 본래성이
나 그의 완전성 속에서 포착되고 기술된다는 점을 확증하려는 노력에
의해 유발된다. 죽음은 우선 현-존재의 완성을 가리키는데, 바로 이
죽음에 의해 현-존재는, 또는 존재자로서 이 현-존재의 사건인 인간
은, 자신이 있는 바대로의 전체성이 되는 것이다. 달리 말하면, 바로 이
죽음에 의해 현존재 또는 인간은 고유하게 여기/현[la]에 존재하게 되는
것이다.

하이데거는 여기[la]에서 출발하여, 죽는다는 것은 **현존재**의 어떤
최후의 순간을 가리키는 것이 아니라, 인간이 자신의 존재로 존재하
는 방식을 특징짓는 것이라는 점을 보여 준다. 이로부터 죽음을-향
한-존재라는 개념이 나온다. 이 죽음을-향한-존재는 더 이상-여기
에-있지-않음의 가능성과 관련한 존재를 의미한다. 이 '~과-관련한-
존재'는 나인 존재에 덧붙여지는 종말에 대한 어떤 숙고가 아니다. 죽
음을-향한-존재, 그것은 바로 나인 이 존재 자체에 의해 죽음과 관계
하는 것이다.

여기에 죽는다는 가능성에 대한 실존적 관계가 있다. 이 관계는
환원할 수 없는 관계 또는 특권적 관계다. 하이데거는 이 관계를 죽는

다는 가능성의 특권적인 특성으로부터 기술하는데, 그는 죽는다는 가능성을 능력의 가능성, 포착할 수 있는 가능성이라 여긴다. 이 가능성은 다음과 같은 가능성이다.

- 가장 고유한 가능성. 그 자체로 고유한 것이 생산되는 가능성.

- 양도 불가능한 가능성. 그래서 나이며 자기성인 가능성.

- 고독한 가능성. 가장 고유한 것으로서, 타인과의 모든 끈을 끊어 버리는 가능성이므로.

- 극단적 가능성. 모든 타자를 능가하며 그 옆에서는 모든 타자가 빛이 바래는 그런 가능성. 무의미한 것이 되고 마는 다른 모든 가능성에서 **현존재**가 벗어나게 되는 가능성.

이러한 가능성을 행사할 수 있는 능력은 **염려**로 밝혀지는 **현존재**의 구조들을 다시 결합시킨다. 자기를-앞질러-있는-존재는 정확히 말해 더-이상-세계-내-존재가-아닌-이러한-가능성을-향해-기투되어-있음이다. 그러나 다른 한편으로 염려, 그것은 현사실성, 즉 선택하지 않았어도 이미-세계-내에-있다는 사실이다. 마지막으로 이러한 죽음에-이르는-존재는 이미 퇴락이며, 이미 일상 속에서 사물들-곁에-있음이다. 이 일상 속에는 죽음에 관한 위안이 있고, 관심의 전환이 있다. 이 일상 속에서 죽음은 세계 내부에서 생산되는 사건(타자의 죽음)으로 보인다.

하이데거가 종말에-이르는-존재의 다른 특징, 즉 죽음의 확실성을 해명하기 위한 새로운 방식을 행하는 것은 이 회피하는 운동에서부터다. 죽음의 확실성은 그 확실성을 피하는 일상성에서부터 그려진다.

일상적인 존재 양태 가운데 무엇보다도 잡담이 있다. 이 잡담은 죽음에 대한 태도를 이렇게 요약한다. 우리는 한 번 죽는다. 그러나 지금 당장은 아니다. 그러니까 죽음의 확실성이 있기는 하지만, 그 확실성은 이 유예를 통해 심각하지 않은 것이 된다. 이러한 것이 잡담이 갖는 애매함이다. 이 잡담 속에서의 확실성은 죽음의 본래적인 확실성이 아니다. 왜냐하면 확실성은 그 자체 드러냄이자 탈은폐인 진리의 양태이기 때문이다. 이때 탈은폐되는 것이 본래적으로 탈은폐되려면, **현존재**가 그 자신에게 열려야만 한다. 그런데 일상적 삶 속에서 **현존재**는 정확히 그 자신에게 열리지 않는다. 확실성은 우선 **현존재**의 확실한 행동을 의미한다. 일상적 **현존재**는 자신의 가장 고유한 가능성을 감춘다. 따라서 일상적 현존재는 비-진리 속에 있다. 일상적 현존재가 갖는 죽음의 확실성은 부적절한 것이어서 그 확실성은 은폐된다. 죽음은 내부-세계적 사건이 된다. 이와 관계되는 확실성은 경험으로부터 온다. 그 확실성은 타자들이 죽는다는 사실과 합치한다.

퇴락의 양태 속에서 **현존재**는 죽음의 확실성에서 도망치는가? 그것의 담론은 현존재가 그러한 확실성에서 도망치게 하는가? 현존재는 죽음을 회피한다. 바로 이 회피한다는 사실이 죽음과 맺는 실제 관계다. 현존재가 어쩔 수 없이 죽음으로부터 도피하는 한에서, 현존재는 죽음의 확실성을 입증한다. **죽음 앞에서 현존재가 도피한다는 것이 죽음을 입증해 준다.**

이렇게 하여 우리는 여기서 죽음을 특징짓는 한 완전한 방식에 다다른다. 죽음은 확실하다. 이것은 죽음이 언제나 가능하고, 매 순간 가능하다는 것을, 그러나 그 때문에 죽음의 '언제'는 정해져 있지 않다는 것을 의미한다. 이러한 것이 죽음에 대한 완전한 개념일 것이다. 즉 가장 고유한 가능성, 극복할 수 없고 고독하며 확실하고 무규정적인 가능성.

이제 죽음을-향한-존재의 본래적 방식을 보여 주는 일이 남아 있다. 죽음의 가능성의 능력은 진부한 능력이 아니라는 점을 보여 줄 필요가 있다. 즉 그 능력은 그 무엇도 실현하지 않는다는 점에서 다른 능력들과 같은 하나의 능력이 아니라는 점을 보여 주어야 한다. 이러한 가능성과의 관계는 무엇을 의미하는가? 이러한 가능성을 가능성으로 유지하는 것이 관건이다. 이 가능성을 현실로 바꾸지 않으면서 유지해야 한다. 다른 모든 가능성과의 관계를 특징짓는 것은 이 가능성의 실현에 의해서다. 이 예외적인 가능성과 더불어, 다른 가능성과의 관계는 **선구**Vorlaufen로 특징지어진다. 이 임박함의 선구는 이 가능성을 유지하는 데서 성립한다. 죽는다는 것의 가능성은 그 자신을 실현하지 않는다(그리고 어떠한 것도 실현하지 않는다). 죽음은 죽음의 순간이 아니라, 가능한 것으로서의 가능적인 것과 관계하는 사태다. 자신의 실현에 이르지 못하는 가능적인 것에 대한 특권적 관계, 가능한 것으로서의 가능적인 것과 관계하는 유일한 이 가능성, 이것이 죽음을-향한-존재다. "가능성으로서의 죽음은 **현존재**에게 아무런 '실현되어야 할 것'도 내주지 않는다. 현존재가 현실적인 것으로서 스스로 **존재**할 수 있을 아무런 것도 내주지 않는다."[28]

실존이 실존의 가능성에 대한 한 행동이라면, 또 실존이 가능성에 대한 그의 실존 속에서 전체로 존재한다면, 실존은 죽음을-향해서

---

28) Heidegger, *Être et Temps*, §53, p. 192[350쪽].—강조는 레비나스

만 존재할 수 있다. 존재가 존재해야-함이라면, 존재, 그것은 죽음을-향한-존재다. 자기를-앞질러-있음, 그것은 정확히 말해 죽음을-향해-있음이다. (만약 죽음을-향해-있음이 제거된다면, 동시에 자기를-앞질러-있음도 제거된다. 그리고 **현존재**도 더 이상 전체성이 아니게 된다.) 이것이 바로 인간이 그의 전체성 속에서 사유되는 방식이며, **현존재**가 매 순간 전체로 존재하는 방식이다. 이는 죽음과의 관계 속에서 일어난다.

이러한 설명을 통해, 우리는 이 분석 전체에 걸쳐 시간이 시간의 길이로부터 어떻게 추론되는가를 본다. 그 시간은 측정 가능하며 측정되는 시간 이편의^{en deçà de} [그것보다 심원한] 시간이다. 우리는 측정 가능한 시간이 어떻게 해서 근원적 시간이 아닌지를 보며, 현실이 아니라 가능성과의 관계인 미래와의 관계가 어떻게 해서 우선적인지를 본다. 이러한 관념이 사유되는 구체적인 방식은 그러므로 죽음에 대한 분석이다. 죽음으로 인해 시간이 있고 **현존재**가 있다.

하이데거의 이편 : 베르그송
— 1976. 1. 30 금요일

무화로서의 죽음은 현-존재에게 깊은 영향을 준다. 이 죽음이 지시대상으로 가리키는 것은 태어나기 이전과 죽은 다음으로 무한히 연장되는 어떤 길이와 유사한 시간일 것이다. 이러한 시간은 셈해진다. 사람들은 이 시간을 일상적 삶 속에서 셈한다. 그것은 일상성 자체다. 이 시간은 존재가 펼쳐지는 차원이다. 그것은 존재의 존재성의 생산일 것이다. 하이데거에게서 무화로서의 죽음은 현-존재에 영향을 주어, 일상적 시간이 현-존재의 한 귀결이 되게 한다. 일상적 시간 속에서 죽음이라는 궁극적 계기가 갖는 궁극성은 죽을 수밖에 없음에서 비롯한다. 그래서 직선적인 시간 배후에는 더 심오한 시간 또는 근원적인 시간이 있게 된다. 이 근원적인 시간은 죽을 수밖에 없음으로부터만 이해되는데, 이 죽을 수밖에 없음은 한 가능의 능력으로, 그 능력이 **가능으로서** 발생한 것으로 여겨진다. 다시 말해, 이 가능을 떠맡는다고 해서 그것에서 가능의 사건성이 사라지지는 않는다고 여겨진다.

현-존재, 그것은 **존재해야-함**^{Zu-sein}이 분명해지는 방식이며, 이 존재해야-함은 존재 일반이 물음에 놓인다는 점과 존재 일반이 선-이해된다는 점을 표현하는 한 구조다. 그런데 존재해야-함, 이것은 하나의 가능과 관련된 것인 나의 존재, 달리 말해 아직-존재하지-않음인 나의 존재와 관련해 존재하는 존재다. 이 아직-아님은 직선적인 시간의 아직-아님이 아니다. 이 아직-아님은 가능으로서의 한 가능과 관련된 존재인 셈이다. 이것이 바로 죽음에-이르는-존재다. 그러므로 죽음에 다가가는 것, 그것은 실현에 다가가는 것이 아니다. 오히려 이 가능을 가장 고유한 가능으로서 보다 잘 드러나게 하는 것이다. 죽는다는 것은 실현이 아니라 모든 현실의 없음無이다. 여기에 독특한 하나의 관계가 있다. 거기서 존재해야-함이 죽어야-함이 된다.

모든 기획이 기투되는 방향인 미-래à-venir가 죽을 수 있는 능력 속에서 기투되는 것은 가장 고유한 가능성을 무릅쓰는 가운데서다. 이렇게 하여, 시간에 대한 양적 개념들에 의존하지 않은 채, 미래가, 그리고 일상적 시간보다 더 고유한 시간의 근원적 개념이 모습을 드러낸다.

베르그송에게서 그렇듯 여기에서도 시간의 다양한 수준이 있다는 생각이 뚜렷하다. 모든 서양 전통은 측정으로 시간에 접근한다(시간은 운동의 수라고 아리스토텔레스는 말했다). 베르그송에게 직선적 시간은 시간의 공간화인데, 이것은 지성의 소산인 물질에 작용을 가하기 위한 것이다. 근원적 시간은 **지속**, 생성이라 불린다. 여기서 매 순간은 모든 과거의 무게를 가지고 있으며, 모든 미래의 두터움을 지니고 있다. 지속은 자기로 내려감으로써 체험된다. 각 순간은 여기에 있고, 아무것도 한정되지 않는다. 매 순간이 과거를 다시 만들기 때문이다.

하이데거에게서 근원적 시간, 인간 속에서 실행되는 현-존재의 시간은 현-존재의 유한함을 묘사한다. 이 시간은 불안 속에서 실행되며, 일상적인 것 속으로 흩어지는 모습을 보인다. 하이데거에게서 무한한 시간은 원초적 유한함으로부터 연역된다. [반면에] 베르그송에게서는 유한함과 극복 불가능한 죽음이 지속 속에 기입되지 않는다. 죽음은 에너지의 감소 속에 기입된다. 죽음은 물질의 특징이며, 지성과 행위의 특징이다. 죽음은 하이데거가 **눈앞에 있음**이라고 본 것 안에 기입된다. 반대로 삶은 지속이고, 생의 약동^{élan vital}이다. 지속과 생의 약동, 그리고 창조적 자유를 함께 생각해야 한다. "모든 생명체는 그 같은 놀라운 추진력에 버티기도 하고 굴복하기도 한다. 동물은 식물 위에서 거점을 취하며 인간은 동물성 위에 올라타고 있다. 그리고 시간과 공간 속의 인류 전체는, 모든 저항을 넘어뜨릴 수 있고, 많은 장애물, **아마 죽음까지도** 극복할 수 있는 열광적인 돌격 속에서 전후좌우로 질주하는 거대한 군대다."[29]

무는 잘못된 관념이며, 죽음은 무와 동일한 것이 아니다. 인간적인 것은 그러므로 죽음에-이르는-존재가 아닌, 하나의 방식이다.

그러나 생의 약동은 베르그송의 지속의 시간이 갖는 궁극적 의미는 아니다. 『창조적 진화』에서 생의 약동으로 사유되는 지속은 『도덕과 종교의 두 원천』*Les deux sources de la Morale et de la Religion*에서는 인간-사이의 생이 된다. 지속은 한 인간이 다른 인간의 내면성에 호소할 수 있다는 사태가 된다. 이러한 것이 물질의 역할을 넘어서 있는 성인의 역할이고 영웅의 역할이다. 이 영웅과 성인은 죽음이 더 이상이 의

---

29) Henri Bergson, *L'Évolution créatrice*, in *Œuvre*, Paris : P.U.F., 1970, pp. 724 ~725[『창조적 진화』, 황수영 옮김, 아카넷, 2005, 402쪽].

미를 지니지 않는 열린 종교로 인도한다.

이러한 시간의 공감은 존재로서의 존재의 드라마가 아니다. 이는 생성의 철학이 관건이기 때문이 아니라, 존재해야-함이 지속의 의미를 다 채우지 못하기 때문이다. 반대로 하이데거에게서 존재는 과업이고, 사태Sache다. 존재가 자신의 고유한 무와 관계하여 존재하는 방식이 자기 자신이다. 존재해야-함의 '해야 함'은 그의 존재로부터 이해된다. 질문함은 존재의 그 행적이 보이는 한 양상이다.

근본적 질문: 하이데거를 거스르는 칸트
― 1976. 2. 6 금요일

죽음과 시간을 근본적으로 사유하기 위해서는 존재론 가운데, 즉 존재를 존재로서 사유하는 가운데 그것들의 궁극적 전거를 가져야 하는가? 하이데거에게서는 그렇다. 하이데거에게서 죽음과 시간은 존재로서의 존재의 양상들로 사유된다. 죽음은 세계-내-존재의 종말이며, 이러한 종말로서의 죽음은 인간이 죽음을-향한-존재임을 통해 해석된다. 이 죽음을-향한-존재는 인간 안에서 본질적으로 물음에 놓이는 존재를 미리 이해한 것이다. 세계-내-존재의 종말로서의 죽음은 죽음을 불안으로 특징짓는다. 이 죽음을 불안 속에서 무릅쓰는 것이 문제다. 순수한 수동성으로서가 아니라 용기로서 말이다. 죽음, 그곳에서 죽음에-이르는-존재는 존재해야-함으로, 아직-아님 속에서 자신의 존재로 존재함으로 그려진다. 여기에 존재의 서사와 다른 서사는 없다. 존재는 물음-속에-놓임이고, 물음-속에-놓임은 존재해야-함이며, 존재해야-함은 현-존재고, 현-존재는 죽음에-이르는-존재로서 세계-내-존재다. 이것은 가능적인 것으로 자신을 기투하는 것이며, 가능적인 것으로 자신을 기투하는 가운데 현-존재-로서-자신의-전체성-안에-존재하는 것이다. 이것은 **눈앞의 것**으로 있는 것이 아니다.

이로부터 시간, 즉 근원적 시간의 특징이 규정된다. 우리의 일상적 시간은 단지 근원적 시간의 퇴락일 뿐이며, '가치평가'를 하지 않는 단어를 사용하자면, 단지 근원적 시간의 파생물일 뿐이다. 가능한 것으로서 불안 속에서 무릅씀, 그것은 근원적인 미-래(이것은 존재해야-함 자체인데)며, 과거에 연루된 미래다. 왜냐하면 불안이란 이미와 이미-여기를 포함하는 정감성이기 때문이다. 시간의 구조 전체는 존재의 한 양상인 죽음과의 관계로부터 도출된다.

현-존재의 자기성 자체는 자신의 고유한 무와 등가적인 자신의 고유한 존재로부터 이해된다. 이 자기성은 자신의 고유한 유한함에서 도출된다. 이것은 존재의 한 양상이다(이 말은 내가 존재 속에 있다는 것을 뜻할 뿐 아니라, 인간의 양상들은 존재의 양상들이라는 것을 뜻한다). 모든 인간적인 것은 존재론으로 환원된다. **현존재**의 특권은 현존재가 존재론적으로 실존한다는 것에 있다. 인간이라는 것 전체, 인간의 모든 양상들은 부사副詞다. 즉, 고유한 특성들이 아니라 존재의 양식들에 불과하다. 인간의 인간성은 존재로 귀착된다. (이런 점에서 『휴머니즘 서간』을 보라. 거기서 인간으로 존재한다는 것은 존재에 봉사한다는 것이고, 존재 모험의 일부를 이루는 것이며, 존재의 목자, 존재의 파수꾼이 된다는 것이다.[30]) 인간의 인간성은 온전한 의미에서의 죽음에 대한 염려와 관련된다. 인간의 시간은 죽음에-이르는-존재라는 이 의미가 된다.

---

30) 하이데거, 「휴머니즘 서간」, 157~158쪽 참조. —옮긴이

여기서 근본적인 의문이 제기될 수 있다. 의미는 언제나 존재의 사건인가? 존재, 그것은 의미의 의미함인가? 인간성은 존재론으로 환원되는가? 의미 있는 질서로서의 인간성, 이성으로서의 인간성, 의미나 합리성 또는 지성으로서의 인간성, 정신으로서의 인간성은, 또 인간의 표현으로서의 철학은 존재론으로 환원되는가? 모든 물음의 물음표는 "존재란 무엇인가?"라는 물음에서 기인하는가? (하이데거는 여기에 긍정적으로 답한다. 그에게 다른 물음은 없다. 이러한 물음이 당장 죽음에 대한 불안이 된다고 해도 말이다.) 존재 속에서 작용하는 그 모든 것은 존재 자체인가? (이러한 의문으로 우리는『존재와 시간』의 첫 부분들에 이의를 제기한다.) 인간에게 묻는 모든 것은 "존재란 무엇인가?"라는 물음으로 귀착하는가? **그게 아니라** 이 물음 배후에 한층 더한 질문을 던지는 물음이 있는 것은 아닌가? 그래서 죽음은 그 확실성에도 불구하고 물음이나 존재·비-존재의 교체로 환원되지 않는 것은 아닌가? 죽음은 오로지 존재의 얽힌 매듭을 묶는 데로만 귀착하는가? 죽음은 자신의 탁월한 의미를 타자의 죽음 안에서 갖는 것은 아닌가? 그리하여 자신의 존재로 환원되지 않는 사건 속에서 의미를 주지는 않는가? 우리 자신인 이 존재 안에서, 우리 존재가 우선적인 중요성을 갖지 않는 '어떤 것들'이 생겨나지 않는가? 그리고 만일 인간성이 존재에 대한 봉사로 고갈되는 것이 아니라면, 타인에 대한 나의 책임(강조하자면 타인의 죽음에 대한 나의 책임, 살아남은 자로서의 나의 책임)은 "존재란 무엇인가?"라는 물음 배후에서, 나의 죽음에 대한 불안 배후에서 떠오르는 것이 아닌가? 그래서 시간은 미래에 대한 기투와는 다른 해석을 요구하는 것이 아닌가?

이제 우리는 존재론이 다 담아내지 못한 의미작용들, 오히려 (인간성을 포섭하는 시도라고 주장하는) 존재론을 의문시할 수 있는 의미작용들을 입증해 주는 철학사의 몇몇 측면들을 연구할 필요가 있다. 하이데거를 통해 우리는 철학의 역사 속에서 존재의 역사를 탐구하는 데 익숙해졌다. 그의 모든 저작은 형이상학을 존재의 역사로 환원하는 데서부터 성립한다. 그러나 존재의 행적의 자리가 무엇이든 간에, 철학의 역사는 또 다른 불안정을 가리키지 않는가? 존재 너머는 존재의 행적 속에 기입되는가? 존재자와 관련한 존재의 초월(하이데거가 그 의미를 일깨워 주었던 초월)은 존재를 철저히 사유하게 하는가? 신의 불안정은 철학에서 존재 망각이나 존재-신-론의 방황과는 다른 의미작용을 갖는 것이 아닌가? 존재-신-론의 신 ―아마도 죽은 신 ―이 유일한 신인가? 신이라는 말의 또 다른 의미작용이 있지 않은가? (이른바 '신자들'은 이렇게 생각할 것이다. 최소한 신자라고 여겨지는 사람들, 또 신자라는 이름으로 자신을 나타내는 사람들 말이다. 이들은 존재-신-론보다 더 사려 깊은 신앙, 더 깨어 있으며 더 미망을 벗어나는 신앙을 염두에 둔다.)

모든 철학적 노력을 존재-신-론의 잘못이나 방황으로 돌리는 것은 철학사를 읽는 단지 가능한 하나의 해석일 뿐이다.[31]

---

31) Levinas, *Autrement qu'être ou au-delà de l'essence*, p. X[11쪽]. "그러나 존재에 의해 오염되지 않은 신의 소리를 듣는 것은 형이상학과 존재-신학 속에 떨어지게 될 망각으로부터 그 존재를 끄집어내는 것 못지않게 중요하고 또 그것 못지않게 불확실한 인간적 가능성이다."

이렇게 해서 칸트의 철학은, 무엇보다『순수이성비판』을 중시했던 하이데거에 의해, 존재의 유한성에 대한 최초의 근본적인 설명이라는 식으로 축소되었다. 그러나 칸트에 따르면 철학에 제기되는 네 가지 물음(나는 무엇을 알 수 있는가? 나는 무엇을 행해야만 하는가? 나는 무엇을 희망해도 좋은가? 인간은 무엇인가?[32])에서 두 번째 물음은 뒤이은 두 물음의 전적인 풍부함으로 첫 번째 물음을 넘어서는 것처럼 보인다. 나는 무엇을 알 수 있는가라는 물음은 유한성으로 인도하는 반면, 나는 무엇을 행해야만 하는가와 나는 무엇을 희망해도 좋은가라는 물음은 더 멀리, 그리고 어떻든 유한성의 방향과는 다른 곳으로 나아간다. 이러한 물음들은 존재의 이해로 환원되는 것이 아니라, 인간의 의무와 구원에 관계한다.

두 번째 물음에는, 우리가 이 물음을 형식 면에서 이해한다면, 존재를 가리키는 것은 아무것도 없다. 존재를 가리키지 않으면서, 존재에 의지하지 않으면서, 주어진 존재에 대한 이해 없이도 의미가 의미를 줄 수 있다는 것, 이것이 한편으로는『순수이성비판』의 초월론적 변증론의 위대한 공헌이다.

현상(= 주어진 존재)을 구성하는 조건들 가운데는 공간과 시간뿐 아니라 범주들을 따르는 지성의 종합 활동이 있다. 범주들은 주어진 것을 구성한다. 우리가 알 수 있는 것은 범주들이 구성하는 주어진 존재다. 그러나 주어진 것이 있기 위해서는 또한 실재의 **전체**, 결코 주어

---

32) 칸트의「형이상학 강의」XXVIII,『논리학』IX, 25, 533 참조(『순수이성비판』2, 백종현 옮김, 아카넷, 2006, 933쪽의 각주 75에서 재인용). ─옮긴이

지지 않는 초월론적 이념인 이 전체에 호소해야 한다. 이 전체는 결코 '있다'라는 술어의 대상이 되지 않는다. 이 전체에 비해, 경험에 주어지는 대상들은 전적으로 규정된 것으로 사유된다.

이러한 초월론적 이념은 유의미하고 필연적인 개념이다. 그러나 우리가 이것을 존재로 생각하는 것은 잘못일 것이다. [초월론적 이념을] 존재로 생각하는 것은 신의 실존을 증명하는 것인데, 이런 증명은 변증론적이다. 즉 경험을 벗어난다. 초월론적 이념은 **구체적으로**inconcreto 사유되지만, 칸트는 여기에 존재를 부여하지 않는다. 존재의 원형에 의해 존재하는 것은 현상이라고 보기 때문이다. 이런 점에서 이성은 존재 너머로 나아가는 관념들을 갖는다.

실천이성은 모든 유효한 감관으로부터 주어진 존재의 한정된 특성을 인정하는 이 정립을 반박한다. 칸트는 실천적인 평면으로 이동하면서 유한성을 다시 문제 삼는다. 존재에 대한 이론적 접근 외에, 반박할 수 없는 어떤 의미에 대한 접근으로 남아 있는, 실천적 의미작용의 한 방식이 있다. 여기서 사후死後는 죽음 이전에서 죽음 이후로 시간이 확장되는 것으로 생각될 수 없다. 사후는 자신의 고유한 동기들을 갖는다. 실천적인 것은 존재에 대한 인지적 접근에 대해 전적으로 독립해 있다. 그래서 존재의 유한성 속에 포함된 죽음은 하나의 **문제**가 된다. 시간은 상대적 개념임이 드러난다.

도덕성과 행복의 화해라는 문제가 있다. 『순수이성비판』의 존재론적 진리들이 무엇이든 간에, 이 문제는 자신의 고유한 의미를 갖는다. 이렇듯 칸트가 실존을 제시하는 것은, 존재의 서사로 환원되지 않은 채 자신들의 의미를 갖는 의미작용을 사유하는 가운데서다.

비록 이론적으로는 내가 필연성의 세계에 속해 있다 하더라도, 나는 도덕법에 대한 존경 속에서 자유롭다. 덕과 행복의 일치를 사유할 수 있기 위해서, 이성은 신과 영혼의 불멸성을 요청한다. 이러한 일치는, 존재론적 모험과는 독립적으로, 그리고 존재론이 우리에게 가르치는 모든 것을 거슬러, 이후un après를 요청한다. 여기에 고유한 동기가 있다. 스스로를 전개하는 존재의 품 안에 말이다. 물론 칸트는 제한된 시간 너머로 시간이 확장되는 사태를 사유할 필요가 있다고 생각하지 않는다. 그는 '삶의 연장'을 원하지 않는다. 그러나 희망이 있고, 희망에 다가갈 수 있는 세계가 있다. 의미를 주는 희망의 고유한 동기가 있다. 죽음으로 규정된 실존 속에는, 이러한 존재의 서사 속에는, 이러한 서사로 편입되지 않는 어떤 것이 있다. 즉 존재로 환원되지 않는 의미작용들이 있다. 이러한 희망은 이론적인 답을 가질 수 없다. 그러나 희망은 하나의 고유한 동기다. 이러한 희망은 시간 속에서 일어나며, 시간 속에서 시간 너머로 나아간다.

이렇듯 칸트의 실천철학에는 두 번째, 세 번째 물음에 대한 답이 있다. 이 답은 그 속에서 존재와 주어진 것이 작동하고, 그 속에서 주어진 것이 나타나는 그러한 용어들로 환원되지 않는다. 즉 첫 번째 물음의 용어들로 환원되지 않는다. (그런 식이 답이 있다고 해서 칸트가 신의 실존과 영혼의 불멸성을 증명하는 데 성공했다는 것은 아니다.)

칸트의 실천철학은 하이데거 식의 환원이 불가피한 것이 아님을 보여 준다. 철학의 역사 속에는 유한함과는 다른 의미작용이 있을 수 있음을 보여 준다.[33]

33) 이 강의와 다음 강의에 견주어, 『존재와 달리 또는 존재성을 넘어』에 나오는 다음 내용
을 다시 읽어 보자. "만일 우리가 어떤 철학 체계로부터 그 건축의 모든 세부를 무시하
는 가운데 하나의 특징을 도출할 권리를 갖는다면(발레리의 심오한 표현에 따르면, 건축
물에 세부란 없는 것이겠지만. 오직 세부에 의해서만 돌출의 불안정을 막아 내는 철학적 구성
에 대해 발레리의 이 말은 탁월한 가치가 있다), 우리는 여기서 칸트주의를 떠올릴 수 있
다. 칸트주의는 존재론으로 인간적인 것을 측정하지 않은 채, 또 '그것은 무엇에서 비
롯하는가?'라는 미리 묻고 싶을 법한 질문 바깥에서, 즉 여러 존재론이 부딪히는 불
멸성과 죽음의 바깥에서, 인간적인 것에 대한 하나의 의미를 찾아낸다. 불멸성과 신
학이 정언명령을 규정할 수 없다는 사실은 코페르니쿠스적 혁명의 새로움을 나타낸
다. 즉 그것은 의미가 존재나 비-존재에 의해 측정되지 않는다는 것, 거꾸로 존재가
이 의미로부터 규정된다는 것을 뜻한다"(*Autrement qu'être ou au-delà de l'essence*,
p. 166[282~283쪽]).

칸트 강의(계속)
— 1976. 2. 13 금요일

하이데거의 사유는 죽음을-향한-존재의 분석과 근원적 시간성에 대한 기술 속에서 번뜩이며 두드러져 보인다. 죽음과 시간은 존재 의미에 대한 물음을, 존재로서의 존재의 의미에 대한 물음을, 다시 말해 존재론의 물음을 궁극적으로 지시한다. 시간성은 미래로 향한 탈-자^{脫自};ek-stase다. 이 탈-자가 첫째가는 탈-자다. 이 미래로 향한 탈자, 그것은 죽음으로 선구함으로써 죽음을 무릅쓰는 것이다. 죽음을 향한 이러한 경향, 그것은 가능성을 가능성으로 짊어지는 것이다. 가능성을 향한 이러한 경향, 그것은 자기를-앞질러-있음이고, 여기-있음/현-존재이며, 존재해야-함이고, 존재 의미에 대한 선-이해 또는 존재 의미에 대한 물음이며, 물음 속에 있음이고, 곧 존재다. 이것들이 『존재와 시간』의 여정이다.

따라서 모든 인간적인 모험, 의미를 가질 수 있는 모든 것, 모든 기투, 모든 이해는 존재로서의 존재로 환원된다. 그리고 죽음은 궁극적이고 확실하며 가장 고유한 것이고 넘어설 수 없는 가능성이 된다. 또한 시간은 죽음에-이르는-존재인 존재로서의 존재의 서사로 (사변적으로) 거슬러 올라간다. 시간의 차원은 이러한 모험으로 거슬러 올라간다. 심지어 무시간성 또는 이념의 차원도 이러한 모험으로 거슬러 올라간다(이미 후설에게서 영원한 이념성은 전숲; omni-시간성을 뜻한다). 영원은 없다. 영원이란 직선적인 시간으로서, 유한한 시간의 한 양상이며, 근원적 시간에서 유래한다. 인격은 그의 단일성 속에서, 본래성(고유함) 자체인 그의 자기성 속에서 이러한 존재의 행적으로 거슬러 올라간다.

근본적인 문제를 제기하는 것, 그것은 인간의 인간성이, 그리고 의미가 존재로서의 존재의 얽힘으로 환원되는지 아닌지를 묻는 것이다. 의미는 존재의 이러한 사건인가? 존재 속에서 엮이는 모든 얽힘은 단지 존재의 행적을 펼쳐가게 할 뿐이고, 존재의 서사시만을 적게 할 뿐인가? (시를 이해하는 것, 그것은 존재에 대한 사유로 거슬러 올라감이라는 트라클의 설명을 보라.[34]) 이것은 하나의 근본적인 물음이다. 이것이 근본적인 물음인 이유는 이 물음이 『존재와 시간』의 첫 주장들과 연관되기 때문이다.

이렇게 모든 물음을 존재로 환원시키는 것은 모든 가치철학과 관련하여 하이데거가 벌이는 싸움과 아이러니에서 분명하게 드러난다. 여기서 중요한 것은 가치들을 발견하고 복원하는 것이 아니다. 오히려 가치에 도달하려는 노력 너머에서 어떤 것이 사유에 자신을 드러낼 수 있다는 점이 관건이다. 우리가 지난 강의에서 칸트를 읽은 것은

---

34) Georg Trakl, "La Parole dans l'élément du poème"(「시의 요소에서 언어」), in *Acheminement vers la parole*(『언어로의 도상에서』), trans. Jean Beaufret & Wolfgang Brockmeier & François Fédier, Paris: Gallimanrd, pp. 39~83을 보라.

이러한 이유에서다. 문제는 칸트에게서 죽음 앞에 선 우리의 불안을 진정시킬 수 있는 신 존재 증명을 발견하는 것이 아니라, 주체성과 현상의 **유한한** 존재(『순수이성비판』은 유한함의 철학이다) 가운데 합리적인 희망, **선험적인** 희망이 있다는 점을 보여 주는 것이었다. 칸트는 [죽음 이후에도] 계속 살려는 욕구를 만족시키는 것이 아니라 의미의 전적으로 다른 접속을 만족시킨다. **선험적인** 희망, 그것은 유한한 이성에 내재하는 희망이며, 또 그래서 죽을 수밖에 없는 만큼이나 유의미하고 합리적인 희망이다. 그 의미는 존재로서의 존재(유한한 존재) 안에서 드러나는 필멸성을 거부할 수 없다. 그렇다고 불멸성의 희망이 단지 죽음을-향한-존재의 파생물 가운데, 따라서 현-존재의 근원적 시간성의 파생물 가운데 놓이는 것도 아니다. 여기에는 전적으로 다른 동기가, 합리적 동기가 있다.

이러한 의미의 방향은 죽음을-향한-존재를 거부하지 않는다(하이데거에 따르면 이 죽음을-향한-존재는 유한함의 전제다). 여기에 칸트 실천철학의 위대한 힘이 있다. 그것은 바로 희망을 통해 시간 너머를 사유할 가능성이다. 그러나 이 너머는 분명 시간을 연장시키는 너머가 아니며, **존재하는**(존재하게 될) 너머가 아니다. 이것은 근원적 시간의 일상적 파생물이 아니다. 이것은 합리적인 희망이다. 유한한 시간 속에서 근원성의 또 다른 차원이 열리는 듯하다. 이 차원은 유한한 시간에 가해지는 반대가 아니다. 그것은 유한한 **또는** 무한한 시간과는 다른 의미를 가진다. 절망 속에서의 이 희망이 갖는 의미는 죽음의 무를 해체하지 않는다. 이 의미가 나타내는 것은 죽음이 존재의 무로부터 도출하는 의미작용과는 다른 의미작용이다. 이 희망이 응답하는 것은 [죽음 이후에도] 계속 살려는 욕구가 아니다.

마치 무한과 맺는 하나의 다른 관계가 이러한 희망에 의미를 주는 듯하다. 이 희망 속에서 죽음과 죽음의 무는 궁극적인 강도強度; intensité인 셈이다. 또 그것들은 이 관계에 필수적이다. 마치 인간적인 것 속에서 그리고 **죽음을 향한 존재** 뒤에서 불멸성의 희망의 얽힘이 엮이는 듯하다. 이 불멸성은 시간의 길이나 영속성으로 측정되지 않으며, 따라서 이 항상 속에서 죽음을-향한-존재의 시간성과는 **다른** 시간성을 갖는다. 이와 같은 얽힘은 '희망'으로 불리지만, 그것은 시간 속에서의 기다림을 의미하는 그 말의 일상적 의미에서가 아니다. 이 희망은 모든 인식에, 모든 그노시스gnose에 저항하는 희망이다. 이러한 관계와 관련해서 시간과 죽음이 다른 의미를 가지게 된다.

현상의 존재에 대한 이론적 접근은 유한한 존재의 시간과 공간 속에서만 행해지며, 우리로 하여금 범주들로 연결되는 현상에만 접근하게 할 뿐, 본체noumène에는 다가서지 못하게 한다. 이런 이론적 접근과는 달리, 칸트가 인간 실존 혹은 합리적 주관성을 검토하는 것은 도덕적 행위의 함의 속에서다. 이 도덕적 행위의 함의들은 존재의 어떤 인식 대상도 되지 않은 채 해명될 수 있다.

도덕적 행위의 특징은 그것의 보편적 준칙에 있으며, 법에 따라 행위하면서도 자유롭게 행동한다는 의지의 규정에 있다. 이 자유는 이성으로, 준칙의 보편성으로 거슬러 올라간다. 자신의 자유 속에서 행해지는 도덕적 행위는 모든 신성과 모든 피안에 대한 독립성을 의미한다(칸트는 **자유로운** 행위에서 **출발**하여 신적인 것을 서술한다). 우리는 당위의 도덕적 의무에 따라 **내적으로** 매여 있다고 칸트는 말한다. 신은 도덕적 행동에 필수적이지 않다. 반대로 도덕적 행동에서 출발하여 우리는 신을 기술할 수 있다. 만약 우리가 도덕적 행동 너머에서 **행복**을 바란다면, 신은 필수적이 된다.

희망은 행복과 합치하는 덕의 합리적 특성에서 연유할 것이다. 행복이 받아들일 수 있는 것이 되는 경우는 오직 그것이 행복할 만한 자격이 있는 것과 합치할 때며, 또 도덕성만으로는 더 이상 최고선이 성립할 수 없을 때다. 따라서 행복만 있어서도 안 되며, 덕만 있어서도 안 된다. 이 둘은 이성의 아픈 곳을 찌른다. 선이 완벽하기 위해서는, 행복해질 자격이 있는 방식으로 행동하는 자는 행복해질 희망을 가질 수 있어야 한다. 죽음 이후의 '다른 삶' 속에서('삶과 달리' 속에서, '존재와 달리' 속에서), 덕과 행복의 합치를 희망하는 것은 신에 의해서만 가능하다. 마치 영혼이 불멸하고 신이 실존하는 듯이 행동할 필요가 있다. 이것은 모든 앎을 거스르는 희망이지만, 그럼에도 불구하고 합리적인 희망이다. 신의 실존과 영혼의 불멸성에 대한 인정을 요청하는 것은 이성이다. 그러나 최고의 선은 **희망될** 수 있을 뿐이다.

여기서 중요한 점은 희망이 일어나야 할 어떤 것에 대한 기다림 따위를 지시하는 것이 아니라는 점이다. 그런 기다림은 앎 속에 포함될 수 있는 어떤 것에 대한 접근이다. 반면 여기서의 희망은 예지豫知; prescience와도 다른 것이고, 계속 살려는 욕망과도 다른 것이다(칸트에게서 죽음은 알려질 수 있는 것의 한계다). 그러나 이러한 희망은 결코 주관적 향수가 아니다. 그것은 인간의 행동 이상이고 존재 이하인 어떤 영역을 가리킨다. 그러나 우리는 다음처럼 물어볼 수 있다. 인간의 어떤 행동 이상이며 존재 이하인 희망이란 존재 **이상**의 것이 아닌가?

시간이 죽음으로 나아가는 그런 방식으로 시간이 죽음 이후로 연장되는 것은 아니다. 인식은 언제나 인식이 아는 것의 정도에 상응한다. 그 **정도를 넘어선** 어떤 것과의 관계가 희망이다. 따라서 희망은 이 시간성 자체로 분석되어야 한다. 존재 이상인 것과의 관계로서의 희망은 결코 실존하는 것으로 확증될 수 없고, 앎과 상관적인 것으로 의미를 가질 수도 없다. 여기에서 출발하여, 실현될 수 없는 것과의 관계 속에 있을 수 있는 주체성이 사유될 것이다. 그러나 이 실현될 수 없는 것이란 낭만적인 의미에서 실현 불가능한 것이 아니다. 그것은 존재 위의 또는 존재 너머의 질서를 가리킨다.

사람들은 칸트주의로부터, 존재와 맺는 관계에 의해 규정받지 않는 의미를 이끌어 낸다. 이 전거가 도덕에서 나오는 것은 우연이 아니다. 확실히 이 도덕은 준칙의 보편성으로 말미암아 합리적인 것이라고 칭해진다. 그리고 존재 너머의 의미를 사유하는 이러한 방식이 어떤 윤리학[칸트 윤리학]의 따름정리^{corollaire}에 해당한다는 점도 우연이 아니다.

어떻게 무를 사유하는가?

— 1976. 2. 20 금요일

칸트의 요청들은 시간 이후의 시간을 요청하지 않는다. 합리적 희망이란 시간 속에서 기대의 빈 곳을 채워 줄 사건들을 기다리는 이들로부터 오는 것이 아니다. 후설에게서는, 의미지시적으로 겨눠진 바를 직관이 채운다. 마치 희망하는 바가 언젠가는 알려져야 한다는 듯이. 칸트의 경우, 이것은 불가능한 일이다. 시간은 감성의 형식이며, 지성이 현상의 객관성을 구성하는 데 참여한다. 만약 합리적 희망이 이뤄진다면, 만일 이 희망이 어떤 순간에 알려져야 한다면, 이것은 불멸성이 시간적으로 성취되어 현상의 양태로 알려진다는 것을 의미하게 될 것이다. 그러나 『순수이성비판』에 따르면 절대적인 것과의 이러한 접촉은 배제된다. 합리적 희망은 시간 속에 있는 희망과 비교될 수 없는 희망이다.

영혼의 불멸성과 신의 실존에 대한 요청은 일종의 희망을 규정해 내지만, 칸트는 이 희망을 감각하고 사유하는 존재의 주관적 성향으로부터 도출하지 않는다. 이러한 요청은 (칸트적 의미에서) '병리적인' 욕망의 결과로 생겨나는 것이 아니다. 칸트는 희망을 **존재하려는 자기보존 경향**conatus essendi 으로부터 도출하지 않는다. 또 칸트는, 정신 속에는 그리고 이성 속에는 존재의 사태와 다른 어떤 것이 존재를 위해 있다는 듯, 희망을 존재론적 모험으로부터 도출하지도 않는다. 덕과 행복의 화해라는 합리적 희망. 이 희망은 초월적인 희망이지만, 그 초월은 시간의 차원에서와는 다른 방식의 초월이다. 인간의 합리성은 (자신의 존재에서 자신의 존재가 문제가 되는 하이데거의 **현존재**에서처럼) 자기 존재에 매이는 데서 고갈되는 것도, 존재에 봉사하는 데서(존재의 '수호자'가 되는 데서) 고갈되는 것도 아니다. 여기서는 오히려, 존재에 대한 고집이 합리성에 봉사하는 것으로 드러난다. 즉 덕과 행복의 화해를 요구하는 이성에 봉사하는 것이다. 행복도, 덕도, 의무도 존재가 자신의 존재에 집착함을 의미하지 않는다. 또 이것들은 그런 집착함에 의해 규정되지도 않는다. 합리적 희망은 의미를 **순수 무의 영역** (이것은 시간 밖의 그리고 주어진 존재 밖의 순간적 탈자 상태가 아니다)으로 던지는 특별한 투사投射와도 같다.

(덧붙이는 말: 이러한 논의가 성립하는 것은 존재의 확장이나 존재의 모험으로 간주되는 순간적 탈자 상태를 받아들이지 않는 한에서다. 즉 [우리가 하이데거에서 보았듯] 일상적 시간성 —우리가 존재하는 존재의 지평 또는 차원으로서의 시간— 자체에서 포착되는, 불가능성을 무릅쓰는 가능성의 선구라는 시간적 탈자를 받아들이지 않는 한에서다. 또 이러한 논의가 성립하는 것은 시간이 일어나는 것과의 관계가 아니라 **일어날 수 없는 것**과의 관계라는 생각을 받아들이지 않는 한에서다. 그런데 시간을 일어날 수 없는 것과의 관계라고 보는 이유는, 기다림이 헛되어서가 아니라 기다려지는 것이 기다림에 비해 너무 크기 때문이며, 시간의 길이는 자신이 담을 수 있

는 것 이상을 담는 관계이기 때문이다. 기다림이 된 희망, 시간적인 길이가 된 희망은 이미 (부정적이지 않은 의미의) 관계이며, 어떤 잉여surplus의 맞아들임이다. 핑크Eugen Fink는 이런 합리적 희망의 중요성을 보여 주었는데, 그는 이 희망이 어떤 행위 이상이지만 존재 이하라고 말한다.[35] 이렇듯 핑크에게는 존재가 궁극적인 개념으로 남아 있어서, **존재-너머**를 말할 수 없다. 왜냐하면 그에게 존재-너머란 신화이기 때문이다.)

합리적 희망은 순수 무의 영역으로 비시간적으로 투사된다. 죽음을-향한-존재의 체험 속에서 순수 무를 인식하지 못할 수는 없다(정감성 속에서, 그리고 불안 속에서 죽음의 부정적 특징을 지워 버릴 수는 없다). 그러나 순수 무를 인식하는 것도, 순수 무와 동등해지는 것도, 순수 무를 포함하는 것도 불가능하다. 이 영역에서 관계는 결코 합치가 아니다. 사유 불가능한 무. 우리가 무를 사유할 때, 그 즉시 그것에 대한 말을 되물리지 않을 수 없으며, 그것을 '따옴표 속에서'나 생각할 수 있는 노에마라는 의미로 새기지 않을 수 없다.

우리는 죽음의 무를 무시méconnaissance할 수는 없지만 그것을 인식할 수도 없다. 비록 죽음이 자신의 무 속에서 **우리의 존재와 다른** 방식으로 문제 삼는 것을 이런 무시할 수-없음이 측정하지 못한다 할지라도 말이다. '아무것도 아닌 것 이하의 것' 속에서 체험되는 어지러움이나 위험과 같은, 무보다 더 부정적인 죽음의 부정성을 측정하지 못

---

35) Eugen Fink, *Metaphysik und Tod*(『형이상학과 죽음』), Stuttgart : W. Kolhammer, 1969, p. 72를 보라.

한다 할지라도 말이다. 이 부정성은 사유되지도 감각되지도 않는다. 이것은 무시할 수 없는 순수한 무다. 이것에 대한 **접근 불가능성**은 아리스토텔레스로부터 베르그송에 이르는 서양의 사유를 대부분 특징 짓고 있다.

그래서 베르그송은 『창조적 진화』에서 무의 관념을 비판한다. "모든 것을 없앤다는 의미에서 절대 무의 관념은 자기 파괴적인 관념, 거짓 관념, 단순한 말에 지나지 않는다. 만약 한 사물을 제거하는 것이 다른 것으로 대치하는 것이라면, 사물의 부재를 생각하는 것이 다른 어떤 사물을 표상하는 것에 의해서만 가능하다면, 그래서 없앰이란 무엇보다 대체를 의미한다면, '모든 것을 없앰'이라는 관념은 사각의 원이라는 관념만큼이나 부조리하다."[36] 베르그송에게서 죽음이란 에너지의 감소, 즉 엔트로피이고(19세기의 물리학을 보라), 잠재적 차이가 없는, 완벽한 평형 상태에 도달한 물질이다. 무를 사유하는 것은 불가능하다.

그에 반해 하이데거에게는 무에 접근하는 것이 가능하다. 이것은 비非지성적인 접근이다. 즉 그것은 불안 속에서 죽음에 접근하는 것이다. 하이데거는 무의 관념을 거부하는 것을 거부한다. **무는 무의 경험인 불안 속에서 접근 가능하다.**

현상학은 지향성 관념에 힘입어 무에 대한 사유를 가능하게 하는 것처럼 보인다. 지향성이란 자기 자신과 다른 것으로의 접근이고,

---

36) Bergson, *L'Évolution créatrice*, p. 734[420~421쪽].

이론적이지 않은 방식으로 (따라서 냉철한 표상으로 환원될 수 없는 느낌, 행위 등등 속에서) 이뤄질 수 있는 접근이다. 가령 셀러에게서 감정은 가치에 대한 접근이다. 하이데거에게서 손으로 하는 활동은 도구를 도구로서 드러내는 것이다(하이데거에게서 모든 기술은 드러내는 기능을 가진다. 기술은 발견하고 드러내는 방식이다). 마찬가지로 하이데거에게 기분은 존재에 연루되어 있는 방식들이다(세계 안에 있다는 것, 그것은 세계 안에서 **정감을 받는다**는 것이다). 기분이 나의 세계-내-존재를 잰다. 동일한 방식으로, 어떠한 대상도 갖지 않는 불안은 그것의 대상으로 비-대상, 즉 무를 갖는다. 그러므로 하이데거가 행한 죽음에 대한 묘사는 하나의 가능성을, 즉 비-가능성의 가능성을 보여 준다. 무는 죽음 속에서 **사유 가능**하다. 하이데거가 죽음에 매혹된 이유는 죽음 속에서 무를 사유할 수 있는 가능성을 발견했기 때문이다.

　　그러나 사유와 경험의 관념들은 무에 접근하는 이러한 방식들에 적용되는가? 주체가 정립될 때, 우리는 사유에 대해서 말할 수 있다. 반면, 이 물음이 일으키는 현기증은 죽음에 대한 사유를 피해 가며, 죽음이 사유를 피해 가게 해준다. 삶이 지향적 삶이라 할지라도, 사유하는 것이 단순히 살아간다는 것인가? 후설에서처럼 삶의 지향성은 그 토대에 표상(테제적 억견doxa thétique)을 간직하고 있지 않은가? 후설 현상학이 비⁺표상적인 지향성에 제공한 자리는 지식에서 비롯하지 않는 의미 부여를 약속했지만, 그러나 그 약속은 지켜지지 않았다. 정감적이고 실천적인 지향, 쾌락 또는 욕망은 지향으로서 정립되는 것처럼 보인다. 이 모든 정립은 술어적인 명제로 표현할 수 있는 억견적 테제thèse doxique를 담고 있다. "모든 활동, 또는 모든 활동의 상관자는 그 자신 속에 명시적이거나 암시적으로 '논리적인' 요소를 지니고 있다."[37] 모든 활동은 존재론적이며, 사유로서의 모든 사유는 그 의미와 상관적이다. 그러나 무는 그 자신이 **동등**해져야 할 사유 속에서 정녕 사유될 수 있는가?

무를 사유하는 것이 불가능하다는 입장은 아리스토텔레스로 거슬러 올라간다. 아리스토텔레스에게서는, 불안 속에서 무가 자신을 알리는 예리함 가운데 무화를 사유하는 것은 불가능하다. 죽음의 변화를, 변화를 운동으로 간주하는 아리스토텔레스에게서 사유하는 것은 불가능하다. [아리스토텔레스에서 변화를 뜻하는] **메타볼레**metabolē 는 존재가 무로 되돌아가는 것이다. 이러한 점에서 아리스토텔레스는 무와 존재를 분리해서 사유할 가능성을 인정하는 것처럼 보인다. 그러나 그의 분석에서 소멸, 무로의 이행은 언제나 발생과 관련하여 생각된다. 변형과 확실히 구분되는 발생과 소멸은 동일한 방식으로 구조 지어져 있다. 아리스토텔레스는 무를 그 자체로 사유하는 것을 거부했던 셈이다.

그래서 아리스토텔레스에게서는 무가 본질의 계기로, 유한한 본질을 가진 존재에 속하는 부정성으로 나타난다. 아리스토텔레스에게 **아직-존재하지-않음**과 **더-이상-존재하지-않음**은 부정적인 것이다. 시간적 무는 **현재**가 존재의 척도인 한에서 사유될 수 있다. 무는 시간에 의한 늙음, 낡음, 소멸이다. 그러나 무는 또한 존재에 의해 포괄되

---

37) Bergson, *L'Évolution créatrice*, p. 734[420~421쪽].

고, 존재로 가득 차 있으며, (베르그송이 생각한 것처럼) 존재에 의해 지탱된다.

죽음 속에서, 즉 순수한 무이며 어떠한 근거도 없고 매우 극적으로 느껴지는 죽음 속에서, 존재의 무라는 관념에서보다 죽음에서 더 크게 느껴지는 이 무의 예리함과 더불어(**그저 있음**il y a은 없어짐보다 덜 상처를 입힌다), 우리는 유럽 철학이 사유하지 못했던 어떤 것에 이르게 된다.

우리는 소멸, 변형, 분해를 이해한다. 우리는 어떤 것이 유지되는 동안에 형태들은 사라져 버린다는 것을 이해한다. 죽음은 이 모든 것과 뚜렷한 대조를 이룬다. 죽음은 우리의 이해력을 넘어서고, 사유에 저항한다. 그렇지만 죽음은 거부할 수도, 부인할 수도 없다. 죽음은 현상이 아니며, 주제화가 거의 불가능하고, 사유될 수도 없다. 비합리가 여기서 시작된다. 불안 속에서든, 불안을 통해서든, 죽음은 사유되지 않은 것으로 남아 있다. 불안을 체험한다는 것이 죽음을 **사유**하게 허락하지는 않는다.

무는 서양의 사유에 도전장을 던졌다.

헤겔의 응답 : 『논리학』

— 1976. 2. 27 금요일

죽음의 무를 부인할 수는 없다. 하지만 무인 죽음과의 관계는 전반적으로 그리스 철학, 특히 아리스토텔레스가 사유한 부정성과는 근본적으로 다른 부정성이다. 메타볼레에 이르는 변화를 사유할 때, 무를 존재와 별개로 다룬다고 생각할 수도 있을 것이다. 그러나 실제로 아리스토텔레스에게서는, 메타볼레조차 달라짐이라는 방식을 유지한다. 여기서는 무 가운데 존재가 존속하며, 결국 무는 순수 무로 사유되지 않는다.

인식 가능하며 사유하기에 자연스러운 것, 그것은 분해로서의 무이고, 해체로서의 무화다. 이 경우 형태들은 사라진다 해도 무엇인가는 존속한다. 상대적인 사라짐은 어려움 없이 자신을 드러낸다. 이렇듯, 무로부터 존재로의 이행에 대한 아리스토텔레스의 두 모델(출산과 제작)에서 자연phusis과 재료는 전제된다. 출산은 생성이지, 무에서 존재로의 도약이 아니다(배胚가 거기 있었던 것이다).

그런데 죽음의 무와 같은 무는 엄밀히 생각해 볼 때 아무것도 품고 있지 않다. 이 무는 절대적으로 무규정적이어서 어떤 존재도 암시하지 않는다. 또 그것은 형태를 열망하는 혼돈도 아니다. 죽음은 어떤 이의 죽음이며, 그 누군가가 [과거에] 존재-했다는 사실을 담지하는 것은 죽어 가는 자가 아니라 살아남은 자다.

아리스토텔레스의 경우, 무 속에서 유지되는 것은 존재, 잠재적 상태의 존재다. 문제가 되는 것은 언제나, 한 존재자가 다른 존재자가 되는 방식이다. 그런데 존재자가 겪는 존재적 기원 및 쇠락과 **존재성**essance의 기원이나 무화는 완전히 다르다. 모든 것은 죽음에서 일어난다. 인간이란 사멸하는 단순한 존재자가 아니다. 인간은 우리에게 끝남 혹은 사멸이라는 사건 자체를―이 사건이 갖는 미지의 애매성 속에서이긴 하지만―제공해 준다.

타인의 죽음 속에서, 죽음에 노출되는 그의 얼굴 속에서 알려지는 것은 한 본질quiddité에서 다른 본질로 이행하는 사태는 아니다. 죽음 속에는 **이행**passer의 **사건 자체**(일상적 말로 우리는 죽음을 "그가 세상을 떠났다"il passe는 식으로 표현한다)가 있다. 여기에는 죽음 고유의 예리함이 함께 한다. 그것은 죽음의 스캔들이다(각각의 죽음은 최초의 죽음이다). 죽음에는 살해의 면이 있다는 것을 언제나 생각해야 한다. 모든 죽음은 살해이고, 모든 죽음은 너무 이르다. 살아남은 자의 책임이 있다.

아리스토텔레스는 이러한 방식으로 무를 사유하지 않는다. 그에게서는 무가 세계를 '파괴'하지 않는다. 세계는 남아 있다.

헤겔에게서는 어떠한가? 이를 알기 위해서는 『논리학』*Wissenshaft der Logik*의 도입부를 읽어야 한다(1권의 「학의 시원은 무엇으로부터 마련돼야 하는가?」).

우리는 우선 죽음의 무를 그것의 완전한 순수성 속에서 사유하는 것이 불가능하다는 점을 말해야 한다. 철학이 그 시원으로 간주했던 다양한 실체들(존재자들: 물, 정신 따위)을 검토한 이후에, 헤겔은 우선 시원이 규정된 것으로 생각될 수 없다고 말한다. 무규정성 속에서 그리고 비매개성 속에서 시원을 포착해야 한다. 철학의 시원은 이렇게 해서 시원의 철학이 된다. 거기서 사유는 규정하게 될 것이고, 규정이 함축하는 것을 헤아리게 될 것이다. [다시 말해 사유는] 무규정적인 것에 덧붙여지는 다양한 술어들을 규정하게 될 것이다.

그러므로 우리는 공허하고 무규정적인 순수 존재로 시작해야 한다. 시원에 요구되는 것은 어떤 것이 되어야 하는 무다. "그것은 아직 무이며, 어떤 것이 되어야 한다. 시원은 순수한 무가 아니라, 그로부터 어떤 것이 비롯해야 하는 무다. 그러므로 존재는 이미 시원에 포함되어 있다"[38]고 헤겔은 기술하고 있다. 따라서 시원의 모델 —비록 그것이 공허하고 순수한 것으로 자신을 나타낸다 할지라도— 은 여전히 세계 내적인 시원이다. 그것은 시작하는 어떤 것, 즉 하나의 어떤 것이지, 존재 일반의 시원이 아니다. 시원에는 이미 존재가 있다. 이 시원은 존재와 무의 통일이다. 혹은 존재이자 동시에 비-존재인 어떤 비-존재다.

이렇게 해서 우리는 아리스토텔레스가 생각한 상황과 유사한 상

---

38) Georg W. F. Hegel, *Science de la logique*(éd. de 1812), trans. Pierre-Jean Labarière & Gwendoline Jarczyk, Paris : Aubier-Montaigne, p. 45[『대논리학』 1, 임석진 옮김, 벽호, 1997, 63쪽].

황 속에 있게 된다. 무가 있기는 하지만, 그 무는 존재를 기다리며 존재를 원하고 존재로 이행하게 될 무다. 그러므로 우리는 다음과 같이 물을 수 있다. 이런 방식으로 우리는 이미 거기에 존재자가 있다는 것을 전제하는 것은 아닌가? 이렇듯 시원은 어떤 것의 시원, 즉 시작하는 **어떤 것**의 시원이 아닌가? 탈레스에게서처럼 물이라고 규정되는 시원이 아니라 어떤 것이라는 구조를 갖는 그런 시원이 아닌가?

시원은 아직 존재하지 않는다. 그것은 존재하게 될 것이다. 시원은 비-존재로부터 멀어지는 존재를 포함한다. 달리 말해 비-존재를 그것의 대립물로 지양하는aufheben 존재를 포함한다.[39] 그러므로 여기서 무와 존재는 시원이 그로부터 나오는 것과 시원이 목표하는 것으로 구분된다. 시원은 구분되는 두 단계를 포함한다. 시원은 두 단계의 무차별적 통일이다.

그러나 우리는 여기서 성장인 생성을 절대적 출현이라는 의미의 절대적 생성과 혼동하지는 않았는가? 이러한 설명 속에서는 상대적인 생성과 절대적 생성이 혼동되는 것 아닌가? 헤겔이 속았던 것인가? 헤겔은 어떤 것에 속을 수 있는 사람이었던가!

사실 헤겔의 사유는 훨씬 더 근본적이다. 절대적 시원이란 상식적인 개념이다. 우리가 사유할 때, 우리는 존재와 무는 분리될 수 없음을, 그것들이 동일한 것임을, 그것들의 통일이 생성임을 알게 된다.

---

39) 우리가 알고 있듯이, 번역하기 까다로운 'Aufhebung'을 'relève'로 번역한 것은 데리다다. 이에 대해서는 Jacques Derrida, "Le puits et la pyramide"(「우물과 피라미드」), *Marges*(『철학의 가장자리』), Paris : Minuit, 1972 참조.

아리스토텔레스는 모든 지적인 의미는 부동의 원동자로 거슬러 올라가야 한다고 전제한다. 모든 생성이 절정에 달하는 곳은 존재의 이러한 정지 속에서다. 따라서 절대적 무를 말하는 것은 아무 의미가 없다. 아리스토텔레스에게서는 사물들의 운동으로부터 부동의 원동자로 거슬러 올라가야 한다. 반면에 헤겔은 그의 입장에서 **존재 안에** 운동을 도입하고, 전적으로 존재를 운동에 내맡긴다. 이런 의미에서 헤겔은 다음과 같이 말한 것이다. "내가 『논리학』에서 받아들이지 않은 헤라클레이토스의 명제는 하나도 없다."[40]

절대적 출현과 상대적 출현 사이의 차이, 그것은 사실 억견에 의해 존재를 거칠게 이해한 것이다. 헤겔은 이 차이를 의식적으로 거부할 뿐만 아니라, 이 차이를 뒤집는다. 우리에게 상대적인 생성으로 보이는 것이 바로 출현이고 근원이다. 다시 말해 **생성은 절대적이며**, 결국 우리는 그 앞을 생각할 수 없다.

만약 시원이 사유되어야 한다면, 우선 시원의 공허와 무규정성을 감내해야 한다. 이건 아주 고역스러운 일이다. 왜냐하면 우리는 존재가 가장 강하고 가장 충만한 지점에서 시작하는 데에 익숙하기 때문이다. 그러나 존재에 대하여 진술되어야 할 것은 처음에는 하나의 공허한 단어, 즉 '존재'뿐이다. 이 공허는 그러므로 철학의 시원 자체다. 존재는 합리적인 사유에 의해 사유되는 첫 번째 것이다.

그러나 그것을 어떻게 사유해야 하는가? 바로 여기서 가장 중요

---

40) Georg W. F. Hegel, *Leçons sur l'histoie de la philosophie*(『철학사 강의』), trans. Pierre Garniron, Paris: J. Vrin, 1971, t. I, p.154(p. 344 de l'éd. Hermann Glockner).

한 것이 말해진다.

철학의 전통은 존재와 비-존재를 분리시켰다. 플라톤과 아리스토텔레스에 따르자면, 엘레아학파의 구분은 생성의 세계에서는 유효하지 않다. 거기에는 순수 무가 없다. 그러나 그 구분은 유지된다. 사물들은 '둘 사이에', 존재와 무 사이에 존재한다. 그렇다면 무를 **사유**하는 것은 가능한가? 헤겔은 무에 대해 모든 신비적인 접근을 멀리한다. 그렇기에, 무는 **사유**될 것이다. 그런데 무를 사유하는 것은 존재와 무의 동일성을 주장하는 것이다.

규정되지 않고 내용이 없는 순수 존재는 공허하다. 그 속에는 볼 수 있는 어떠한 것도, 직관할 수 있는 어떠한 것도 없다. 그러므로 그것은 "순수하고도 공허한 직관함 그 자체일 따름"[41]이다. 그래서 순수 존재 속에는 사유할 어떠한 것도 없다. 순수 존재는 사실상 아무것도 아닌 것이다. 아무것도 아닌 것 그 이상도, 그 이하도 아니다. 순수 존재는 무와 같다. 결국, 존재와 무는 같은 구조를 가지고 있다. 그것들은 동일한 것이다.

그러나 어떻게 규정되지 않은 것이 그 자신과 동일할 수 있는가? 그 자신과 동일한 것은 사실 언제나 어떤 내용을 지닌 것이다. 실제로 "순수 존재는 순수 무이다"라는 명제는 동일성이라는 특별한 평면을 가지고 있다. 그것은 사변적인 동일성, **생성**이라는 데서 성립하는 동일성이다. 존재와 무는 생성 속에서 동일하다. 대립물의 일치는 사실적인 상태가 아니다. 그것은 생성으로 생산된다. 대립된 것들의 동시

---

41) Hegel, *Science de la logique*, p. 58[『대논리학』 1, 75쪽].

성은 생성이다. 여기서 중요한 것은 어떤 하나의 생성이 아니다. 모든 사유가 이러한 생성 속에 있으며, 우리는 이런 생성 밖에서는 사유할 수 없다.

"순수 존재와 순수 무는 동일한 것이다. 진리인 것은 존재도 아니고 무도 아니며, 존재가 무로 그리고 무가 존재로 ― 이행한다는 것이 아니라 ― 이행했다는 사실이다." (독일어 표현은 "Nicht übergeht ―sondern übergegangen ist"인데, 이것은 이미 이행했다는 뜻이다. 우리는 무 속에서 존재를 생각한 것이며, 존재는 이미 생성인 것이다. ―레비나스) "……그러나 또한 못지않게 진리는 이 양자의 무구별성이 아니라, 이들이 동일한 것이 아니라는 점이다. 즉 이들은 절대적으로 구별되어 있지만, 마찬가지로 분리되어 있지 않고 분리될 수 없으며 직접적으로 각각은 자신의 반대물 속으로 소멸한다. 그러므로 이 양자의 진리는 하나가 다른 하나 속에서 직접적으로 소멸하는 이러한 운동, 즉 **생성**이다. 다시 말해서 이것은 양자가 구별되는 운동이지만, 마찬가지로 그 스스로를 직접적으로 해소한 구별을 통한 운동이다."[42]

이렇듯 생성은 존재와 무의 차이이자 동일성이다.

발생과 소멸은 포괄자인 어떤 것으로 되돌아간다. 절대자 속에서는 아무것도 근본적으로 새로울 수 없다. 무화에 내맡겨지지 않을 어

---

[42] Hegel, *Science de la logique*, pp. 59~60[『대논리학』 1, 76~77쪽].

떠한 것도 존속하지 않는다. 절대자는 자기 바깥이 아니라 자기 안에 공허를 가진다. 무는 존재를 거쳐 간다.

우리는 이런 점이 죽음에도 해당하는지 물을 수 있다. 죽음에는, 인간이 인식하는 죽음에는, 흐름의 단절이 있다는 사태는 이 절대자 속에 자신의 적합한 자리를 가지고 있는가?

핑크는 다른 곳에서 이 문제를 제기했다.[43]

---

43) Fink, *Metaphysik und Tod*, p. 159.

『논리학』 강의(계속)
― 1976. 3. 5 금요일

죽음의 무는 존재의 과정에서 떨어져 있다. 그것은 존재 과정의 계기가 아니다. 그것은 죽음의 부인할 수 없는 무화다. 그것이 놓인 미지의 것이 무엇이든 간에, 그 무화는 아리스토텔레스가 말하는, 또 헤겔이 『논리학』에서 말하는 무와는 아무런 공통의 척도도 없다.

우리는 지난 시간에 '순수 존재와 순수 무는 같은 것'임을 보았다. 이 양자가 동일한 것이긴 해도, 진리는 이 양자가 구별되지 않은 상태가 아니다(그것들은 동일한 것으로서 구별된다). 오히려 진리는 양자가 같지 않다는 사실, 이들은 절대적으로 구별되어 있지만, 마찬가지로 그것들은 또한 절대적으로 분리되어 있지 않고 또 분리될 수 없다는 사실, 그리고 직접적으로 각각은 자신의 반대물 속으로 소멸한다는 사실이다. 그러므로 양자의 진리는 하나가 다른 하나 속에서 직접적으로 소멸하는 이러한 운동이다. 즉, 양자의 진리는 생성이다. 우리는 생성 없이는 존재와 무를 사유할 수 없다. "그러므로 이 양자의 진리는 양자가 구별되는 운동이지만, 그 스스로를 직접적으로 해소한 구별을 통한 운동이다."[44] 그러므로 생성은 [존재와 무라는] 가장 큰 것일 수 있는 구별, 그러나 이미 가장 완벽한 동일성을 가졌던 구별의 통일이다. 존재는 무에서 비롯하며 거기에 절대적인 생성이 있다고 생각하는 것, 또는 존재가 분리되어 있고 또 분리될 수 있는 무로 나아간다고 생각하는 것, 이것은 충분히 사유되지 못한 사유다. 분리될 수 있는 무는 없다.

주석 1("표상에서 존재와 무의 대립")에서 헤겔은 다음과 같이 쓰고 있다. "무는 흔히 **어떤 것**에 맞세워진다. 그러나 이 어떤 것은 이미 그와 또 다른 어떤 것으로부터 구별되는 규정된 존재자다. 그래서 어떤 것에 맞세워진 무, 이러저러한 어떤 것이 아닌 무는 또한 하나의 규정된 무다. 그러나 여기서 무는 그의 무규정적인 단순성 속에서, 즉 순수하게 즉자대자적인 무로 파악되어야 한다."[45] 그렇지만 사람들은 이제 존재에 '어떤 것이 아닌 무'가 아니라 **비-존재**를 대립시키는 것이 더 올바르다고 여길 수 있다. 하지만 그 경우도 결과는 마찬가지일 것인데, 왜냐하면 "비-존재는 [존재와의] 관계를 내포하기 때문이다."[46] 비-존재는 존재와 존재의 부정, 이 양자다. "그러므로 그것은 순수한 무가 아니라 이미 생성 속에 있는 무다."[47]

이제 헤겔은 존재와 무의 동일성에 대한 사변적인 사유가 진행되는 방식을 보여 줄 것이다. 파르메니데스는 철학을 정초할 때 존재와 비-존재의 절대적 구분에서 시작했다. 헤겔이 볼 때 이 구분은 여전히 추상적인 사유에 불과하다. 파르메니데스는 시원이 존재라고 보았

---

44) Hegel, *Science de la logique*, p. 60[『대논리학』 1, 76~77쪽].

45) *Ibid.*[같은 책, 77쪽].

46) *Ibid.*

47) *Ibid.*

으나, 비-존재도 어떤 방식으로는 존재하는 것이라고 생각하지는 못했다. 그에 비해 '불교'는 무를 시초에 놓는다. "심오한 사상가였던 헤라클레이토스는 그렇듯 단순하고 일면적인 추상화에 반대하여 생성이라고 하는 좀더 높은 차원의 총체적인 개념을 부각시키면서 이렇게 말한다. 존재는 무만큼이나 빈약한 것이다. 또는 모든 것은 **흐른다**. 이 말은 모든 것은 **생성**이라는 뜻이다."[48]

헤겔에게서 존재-무의 이러한 통일은 성서적 사유고, 그에게서 성서적 사유란 기독교적 사유를 의미한다. "이후의 형이상학, 특히 기독교적 형이상학이 무로부터는 무만이 나온다는 명제를 거부했을 때, 기독교 형이상학은 무에서 존재로의 이행을 주장한 셈이다. 비록 이 주장을 취하는 방식은 종합적이고 단순히 표상적이었지만, 이렇게 불완전한 통일 속에서도 존재와 무가 합치되면서 그들의 구별성이 사라지는 어떤 지점은 분명히 포함되어 있었다."[49] 이렇게 해서 **무로부터의**ex nihilo 창조는 그 창조가 여전히 표상적이고 추상적이라는 점을 제외하고는 사변적인 명제에 부합하게 되는 셈이다.

그런데 존재-무의 이러한 동일성은 사변적인 명제고 이성의 사유지, 분리하는 지성의 사유가 아니다. 우리는 이러한 동일성을 정의定義들을 통해 정당화할 수 없다. 모든 정의는 이미 사변적인 것을 전제한다. 모든 정의는 분석이고 분리며, 그래서 분리될 수 없는 것에 대한 사유를 전제하기 때문이다.

---

48) Hegel, *Science de la logique*, p. 60[『대논리학』1, 77쪽].
49) *Ibid.*, p. 61[같은 책, 78쪽].

우리는 존재와 무 사이의 어떠한 차이도 명명할 수 없다. 차이를 발견하는 것은 불가능하다. 왜냐하면, 만약 차이가 있다면 존재는 순수 존재와는 다른 것이 되어야 할 것이기 때문이다. 즉 그 경우는 종별화가 있게 될 것이다. 그러므로 그 차이는 존재와 무가 그 자체로 무엇인가 하는 데 관여하지 않는다. 차이는 여기서 존재와 무를 포괄하는 것으로 나타난다. 차이가 실존하는 것은 생성 속에서고, 생성이 가능한 것은 이러한 구분 때문이다.

그러나 죽음은 존재에 결부된 이러한 무와 동일한가? 생성, 그것은 현상적 세계이고, 존재의 현현이다. 한편, 죽음은 이러한 과정 바깥에 있다. 그것은 전적인 무인데, 이 무는 존재가 나타나는 데 필수적이지 않다. 이 무는 순수한 추상화에 의해 획득되는 무가 아니라, 일종의 유괴와 같은 무다. 죽음에서 우리는 존재를 추상하지 않는다. 추상되는 것은 바로 우리다.

죽음은 타인의 죽음 속에서 자신을 알리고 [우리와] 관련을 맺으며 [우리를] 두렵게 하고 불안하게 한다. 이와 같은 죽음은 존재와 무의 논리 속에 자신의 자리를 갖지 않는 무화다. 즉, 죽음은 하나의 스캔들인 무화다. 책임과 같은 도덕적 개념들은 나중에 덧붙여지는 것이 아니다.

그러나 『정신현상학』에는 죽음에 대한 다른 발상이 있지 않은가? 우리는 이를 다음 시간에 살펴볼 것이다.

『논리학』에서 『정신현상학』으로

― 1976. 3. 12 금요일

사유, 존재, 세계, 실증성을 통해 우리는 부인할 수 없는 종말에, 즉 존재의 종말과 무화에 답할 수 있는가? 존재의 종말과 무화는 타인의 죽음 속에 새겨지고 나의 고유한 시간 속에서 다가온다. 무화는 무와 미지의 애매성 가운데 죽음 속에 새겨진다. 이런 물음은 믿음이나 **억견**을 단순하게 이론적으로 진술하는 것이 아니다. 비록 우리가 그런 이론적 진술을 통해 존재, 세계, 실증성^{positivité}에 접근하지만 말이다.

존재에 대한 사유 속에서, 이러한 무는 사유된다. 그러나 이 무는 순수 무, 무화가 아니고, 죽음의 미지가 아니다. 그것은 오히려 존재 사유의 한 계기다. 『정신현상학』에서 몇몇 문장은 죽음을 다루지만, 그 방식의 주안점은 생성의 구성 또는 생성의 사유가 아니라, 생성의 **종말**과 이 종말인 모든 스캔들에 있는 것이 아닌가? 감정적인 양상(하이데거에게서의 불안)으로 표현되는 스캔들, 여기서는 도덕적인 용어로 말해지는 스캔들(타인의 죽음에 대한 책임, 모든 새로운 죽음이라는 스캔들). 이것은 죽음에서 찾아야 할 것이 실증적인 사유가 아니라, 죽음에 따른 또는 죽음의 과도함에 따른 책임이라는 뜻이다. 응답인 응답이 아니라 책임인 응답. 세계의 척도에 따르는 것이 아니라 무한의 과도함에 따르는 응답.

오늘 우리는 『정신현상학』의 유명한 구절들 중의 하나를 살펴보겠다. 여기서 죽음은 존재 사유 속에서 자신의 역할을 수행하는 한 계기에 불과한 것이 아니다. 그 구절은 장 이폴리트Jean Hyppolite의 번역본 2권에 있다.[50] 우선 이 대목을 펼쳐 보자.

헤겔이 다른 개별적 의식들과 맺는 필수적인 관계를 발견해 내는 것은 개별적 의식의 심정 안에서다. **나는 생각한다**는 내가 나의 사유 속에 있으면서 동시에 다른 사유들과 관계 맺을 때에만 가능하다. 각각의 개별적 의식은 자기에 대해 있으면서 동시에 타인에 대해 있다. 의식은 타인에 대해 있는 한에서만 자기에 대해 있을 수 있다. 각각의 의식은 그 자신으로 있기 위해 타자에 의한 인정을 요구한다. 그러나 이 의식은 또한 타자를 인정해야 하는데, 왜냐하면 타자가 하는 인정은 타자 그 자신이 인정될 때에만 유효하기 때문이다. 바로 여기서 직접적인 것이 지양된다(헤겔에게서 모든 사유는 의식들 사이의 사유다. 사유가 의식들 간의 이런 관계를 무시할 때, 사유는 비매개적/직접적immédiate이다. 비매개적인 것, 그것은 홀로 있는 **코기토**다).

헤겔이 정신이라고 부르는 것, 그것은 의식들의 이러한 상호인정이 이 관계와 이 투쟁 속에서 유지되고 초월될(**지양될**aufgehoben) 때 성립한다. 이것은 보편적 의식이고 직접적이지 않은 의식이다. 그러나 이런 보편적 의식은 우선은 직접적이다. 그렇기에 정신은 자기와 대

---

50) G. W. F. Hegel, *La phénoménologie de l'esprit*, trans. Jean Hyppolite, Paris: Aubier, 1941, t. 2, p. 14ff.[『정신현상학』 2, 임석진 옮김, 한길사, 2005, 23쪽]. ―영역자.

립하기 전의 자연과도 같다. 정신이 드러내는 직접성의 이 단계를 헤겔은 **실체**라고 부른다. 정신은 실체고, 이러한 정신 앞에는 한 도정道程이 놓여 있다. 이 도정을 통해 정신은 **주체**가 되어야 한다.

정신이 자신의 고유한 역사를 만들고 자신을 전개하는 한에서, "자신의 정신적 내용이 그 자신에 의해 잉태되는 한에서" 정신은 실체다. 정신은 주체가 될 것이고, 정신이 그 자신에 대해 갖는 지知가 될 것이다. 즉 절대적 사유가 될 것이며, 스스로 자신을 아는 살아 있는 진리가 될 것이다. 단순히 **존재하는** 정신으로부터 이 정신의 자기에 대한 지가 될 것이다.

헤겔에게서 죽음과의 관계 문제가 제기되는 것은 이러한 직접적 정신의 수준에서다. 즉 실체로서의 수준(아직 스스로를 문제 삼지 않은 사람들, 아직 다른 집단들과 마주치지 않은 사람들의 수준)에서다. 직접적 정신은 역사적 소여다. 자기 자신은 직접적으로 그 자신의 행위에 붙어 있다. 자기가 부정되며 자신의 존재와 대립하는 곳은 어디에도 없다. 구체적으로 이것이 의미하는 바는 인륜적 본성ἦθος=관습이 있다는 것이다.

헤겔이 볼 때 이러한 실체, 즉 이러한 직접적 상태에는, 법의 보편성과 실체의 개별성 —이 실체의 개별성은 개별적 의식들 사이에 성립하는 한 관계로 이해되어야 한다—사이의 분열 같은 것이 있다. 헤겔은 이것을 인륜적 상태가 인간적인 법과 신적인 법으로 분열하는 것이라고 칭한다.

인간적 법은 도시의 법, 국가의 법에 상응한다. 따라서 인간적인 법에 따르는 이 인륜적 실체는 사회적이고 정치적인 삶을 살아가는 데서 성립한다. 그렇다면 이러한 실존의 다른 측면은 무엇일 수 있는 가? 그것은 **가족**이다. 가족은 모든 상황의 어두운 근원으로 거슬러 올라간다. 여기서 남성적 요소는 인간적인 법을 대표하고 여성적인 요소는 신적인 법을 대표하는데, 이 신적인 법은 또한 가정의 법이기도 하다.

　도시의 법은 공적公的이다. 모든 사람들은 법을 안다. 다른 한편, 이 법은 만인의 의지를 표현한다. 이러한 인간적인 법 속에서 인간은 그 자신을 스스로 정립한다. 이때 인간은 자기를 자기로서 정립하는 것 자체며, 자기가 되는 자신의 방식이다. 인간은 법 속에서 자신을 사유하며, 그가 분리되어 나온 어두움에 스스로를 대립시킨다. 법 속에서 인간은 환한 빛 가운데 스스로를 반성한다.

　그러나 또한 가족의 법이 있다. 이 두 가지 법[도시의 법과 가족의 법]은 다르며, 상호 보완적이다. 신적인 법은 직접적 실체다. 그것은 사유 작용이 아니다. 신적인 법은 반성되지 않은 인간의 존재다. 또, 거기[신적 법]에서 분리되어 나온 인간적 법을 부인하는 인간의 존재다.

　국가는, 평화의 시간에는 일하고 전쟁의 시간에는 싸워서 스스로를 유지하는 한 민족의 지배적 질서다. 개인들은 국가 속에서 대자적인 자신의 존재를 의식할 수 있다. 왜냐하면 국가가 그 자신에 대해 갖는 의식은 이 국가의 법이 인정한 자면 누구나 도움을 받게 해주는 일종의 힘이기 때문이다. 그럼에도 불구하고, 이러한 방식으로 인정받은 국가의 내부 단위들, 즉 가족은 이 안정성 속에서 스스로를 전체로부터 분리시킬 수 있다. 다시 말해 추상적인 것이 될 수 있다. 전쟁은 전체에서 떨어져 나온 개인들을 다시 불러낼 것이다. 전쟁이 없다면 개인은 순수하고 단순한 자연 상태에, 비매개적인 것에, 절대적으로 추상적인 것에 귀착할 것이다. 그에 반해 전쟁은 개인에게 그들의 의존성을 새로이 의식하게 한다. 전쟁은 민족의 이 단계에 필요하다. "개인이 이런 고립 속에 뿌리내리고 고착되는 것을 막기 위해, 그럼으로써 전체가 분해되고 정신이 사라지는 것을 막기 위해, 정부는 때때로 전쟁을 통해 개인들을 그들의 내면성 속에서 동요시켜야 한다. 전쟁을 통해서 정부는 개인들이 스스로 정돈해 놓은 질서를 흔들고 자립성의 권리를 침해해야 한다. 하지만 개인은 이런 질서나 권리에 몰두하여 전체에서 자신을 떼어 내고 침범 불가능한 **대자적-존재**와 인격의 안정성을 열망한다. 정부는 이러한 개인들에게 이 일[전쟁]을 부과함으로써 자신들의 주인을, 즉 죽음을 느끼게 해야 한다."[51]

여기서 죽음은 절대적 주인으로 나타난다.

정신은 한 민족의 개별성으로 실존하지, 추상적인 형태로 실존하지 않는다. 여기서 부정은 이중의 형태로 나타난다. 한편으로, 특수한 민족으로서의 민족은 규정(모든 규정은 부정이다)된 민족이다. 다른 한편으로, 개체성인 두 번째 부정이 있다. 그리고 전쟁은 자연을 극복하는 부정성, 가족이 자연으로 다시 떨어질 가능성을 극복하는 부정성이다. 전쟁은 가족이 인륜적 현-존재와 거리가 먼 자연적 현-존재로 다시 떨어지는 것을 저지한다.

국가는 법체계다. 그것은 공동의 목표를 위한 다수의 행위다. 이 국가에 대립하는 것이 신적인 법, 혈연에 묶여 있는 가족, 성차의 관계

---

51) Hegel, *La phénoménologie de l'esprit*, Vol. II, p. 23[『정신현상학』 2, 32쪽].

다. 신적인 법은 국가와 다르다. 신적인 법이 공통적인 것에서 유래하는 반면, 국가는 보편적인 법을 통해 공통적인 것으로 향하기 때문이다. 이러한 자연적 통일에서 출발하여, 이러한 혈연의 통일에서 출발하여 헤겔은 가족을 대지의 신(가족 안에 있는 땅과 혈연의 신비!)과 관련시킴으로써 신적인 법을 설명한다. 국가는 자기를 의식하고 자신을 보편적인 것으로 고양시키는 이성에서 연유한다. 반대로 가족은 자연적인 어떤 것이다. 가족은 삶의 심층이며, 여기에서 인간적 법이 떨어져 나온다. 그러나 그것은 또한 **정신**의 직접적 본성^{nature}이다. 그러므로 가족은 순수한 자연^{nature}은 아니다. 가족은 인류적 원리를 지닌다. 가족은 페나테스^{Penates}, 즉 가정의 수호신과 관련하여 도덕적인 것이 된다.

그렇다면 가족의 인류적 정신은 무엇을 의미할 수 있는가? 가족의 도덕성은 국가의 도덕성과는 다르다. 가족의 도덕성은 국가 안에 있으며, 국가의 덕을 많이 지니고 있다. 가족의 도덕성은 아이를 양육하며 국가를 위해 시민을 준비시킨다. 이런 점에서 가족의 도덕성은 가족의 소멸을 위해 있는 것이다. 그러나 가족의 고유한 인륜이 있다. 이것은 대지의 도덕성에서 출발하여 지하 세계와 관련을 맺으며, **죽은 자들을 땅에 묻는** 데서 성립한다.

여기서 죽음과의 관계가, 더 정확히 말해서 죽은 자^{le mort}와의 관계가 묘사된다.

헤겔은 우선 가족의 고유한 인류적 원리를 부정적으로 정의한다. "첫째, 인륜적인 것은 본래 일반적인 것^{das an sich Allgemeine}이므로, 가족 구성원 사이의 인륜적인 관계는 감성의 관계나 사랑의 관계가 아니다."[52] 가족의 고유한 인륜적 원리를 제공할 수 있는 것은 사랑이나 교육이 아니며, 가족의 한 구성원이 다른 구성원에게 제공하는 우연한 봉사가 아니다. 개별성과의 관계가 있어야 하며, 또 그 관계가 인륜적일 수 있기 위해서는 이 관계의 내용이 보편적이어야 한다. "그러므로 인륜적인 행동은 오직 개별자 **전체**와, 또는 일반자로서의 개별자와 관계할 수 있을 뿐이다."[53]

그래서 헤겔은 다음과 같이 해결책을 제시한다. "혈연관계의 전 실존을 감싸는 이 행동은 시민과는 무관하다. 왜냐하면 시민은 가족에 속하지 않기 때문이다. 또 이 행동은 시민이 되는 자, 그래서 **이 개별자**로 유효하기를 **그치는** 자에 속하지도 않기 때문이다. 이 행동은 가족에 속하는 이 개별자를 자신의 대상과 내용으로 삼되, 감성적 현실에서 해방된, 즉 개별적 현실에서 해방된 일반적인 본질로서 그렇게 한다. 그러므로 이 행동은 이제 **살아 있는** 자와 관계하는 것이 아니라 **죽은** 자와 관계한다. 이 죽은 자는 흩어져 있는 현-존재의 긴 대열로부터 자신을 하나의 완성된 형태로 모으며, 우연적인 삶의 동요로부터 단순한 일반성의 평화로 고양된다."[54]

시민이 아니고서도 보편적인 본질을 갖는 이는 죽은 자다. 어둠과의 이런 관계 속에 가족의 고유한 덕이 있다. 죽은 자에 대한 의무는 그들을 땅에 묻어야 할 의무다. 가족의 고유한 덕이 행해지는 것은 바

---

52) Hegel, *La phénoménologie de l'esprit*, Vol. II, p. 18[『정신현상학』 2, 26쪽].
53) *Ibid.*, p. 19[같은 책, 27쪽].
54) *Ibid.*, p. 19[같은 책, 28쪽].

로 이를 통해서이다. 땅에 묻는 행위는 죽은 자와의 관계이지 시체와
의 관계가 아니다.

『정신현상학』 강의(계속)
— 1976. 3. 19 금요일

헤겔에게서 존재와 무에 의거하지 않는 죽음과의 관계 및 죽은 이와의 관계는 『정신현상학』의 필수적인 한 계기다. 다시 말해, 운동 혹은 생성의 한 필수적인 계기, 즉 의식이 자기를 완전히 소유하기에 이르며 의식의 자유가 절대적인 사유가 되는 역사의 한 계기다. 이 역사는 사유의 형성사라는 경험적 의미의 역사가 아니라, 자신의 생성에 필수적인 분절들에 의한 역사로서 도달되는 역사다. 여기서 역사는 절대적인 것 또는 구체적인 것(어떤 것으로부터도 분리될 수 없는 것)의 사유가 된다. 이러한 단계들 중 한 단계에서, 즉 우리가 직접적 정신이라 말할 수 있는 바로 이 단계에서 이 의식은 인륜적 본성nature으로, 법의 내용 혹은 법의 **에토스**를 가진 자연nature으로 생산된다. 이것은 의식이 이 정신을 경험하지 못하고 직접적 정신에 머무는 단계다. 여기서 정신은 실체 또는 자연이다. 자연의 직접성인 이 실체 속에서, 법의 보편성과 실체의 개별성 사이의, 도시와 가족 사이의 분열이 일어난다.

　이 단계에서 인간적인 법은 공적인 것이다. 반면, 이때 신적인 법 또는 가족의 법은 **법**으로서 어떻게 성립하는가? 만약 가족이 **인륜적** 실체라면, 가족이 순수한 자연이 아니라면, 가족의 인륜은 어디에서 성립하는가? (덧붙이는 말: 헤겔에게서 인륜은 언제나 보편적이다. 개인은 언제나 법의 보편성에 따라 사유된다. 이 점에서 헤겔은 칸트주의자다. 개체로서의 개인은 정신이 아니며, 인륜을 갖지 않는다. 지금 우리의 강의 맥락에서는 개인은 다른 개체[타인]이고 모든 보편자는 이것으로부터 출발한다. 그렇지만 독일 관념론에서 개인은 보편자다.)

가족은 자연 공동체다. 그렇지만 가족 그 자체 안에는 보편성이 있다. 가족의 특수한 인륜적 요소는 어디에 있는가? 가족의 인륜을 말할 수 있기 위해서는 예외적인 개념을 창안해야 한다.

보편적일 수 있는 개별성이 있어야 한다. 여기서 우리가 지난 시간에 보았던 헤겔의 다음과 같은 대답이 나온다. "이 행동은 이제 살아 있는 자와 관계하는 것이 아니라, 죽은 자와 관계한다." 여기서 죽음은 거둠으로, 모음으로 이해된다. 자신의 운명을 끝마친 개인의 보편성이 있다. 이것은 하나의 본질이다. 누군가가 죽을 때, 모든 것이 마쳐지며 모든 것이 완료된다.

죽은 자와 맺는 관계 그리고 죽음의 보편성과 맺는 관계의 결정적인 특징은 매장에 있다. 죽음에는 인륜에 필수적인 개념에 상응하는 어떤 것이 있다. 가족은 의식을 가졌던 자가 죽음과 더불어 물질에 종속되었다는 점을 받아들일 수밖에 없다. 한때 형태를 가졌고 자기에 대한 의식을 가졌던 한 존재의 주인이 물질이 되었다는 점을 받아들이지 않을 수 없는 것이다. 우리는 이런 의식적인 존재가 물질에 내맡겨지는 것을 원하지 않는다. 왜냐하면 인간의 궁극적 존재, 인간의 궁극적 사태는 자연에 속하지 않기 때문이다. 가족은 한때 행위를 했던 자에게 경건함의 행위를 베푼다. 의식이 있었던 자를 자연이 지배하는 모습은 사라져야 한다. "그래서 혈연관계는 추상적인 자연의 운동을 보충한다. 거기에 의식의 운동을 덧붙이고 자연의 작용을 방해하며 혈족을 파괴에서 구해 냄으로써 그렇게 한다. 또는 더 적합하게 말하면, 이런 파괴는 필연적이기 때문에, 즉 자신이 순수 존재가 되는 것은 필연적이기 때문에, 혈연관계는 이 파괴 행위를 스스로 떠맡는다. 이렇게 해서 **죽은 것**, **보편적인 존재**, 자기 자신으로 복귀한 것, 대자적인 존재, 또는 무력하지만 순수한 **개별적인** 개별성은 **보편적인 개체성**으로 상승하게 된다. 죽은 자는 자신의 행위로부터 또는 부정적인 통일로부터 자신의 **존재**를 해방시켰기에 공허한 개별성이 되고, **타자에 대한** 수동적인 **존재**가 된다. 이성이 없는 하위의 모든 개체성과 추상적인 물질의 힘들에 먹이로 내맡겨진다. 여기서 하위의 개체성은 그것이 소유한 생명 때문에, 물질의 힘은 그것의 부정적인 요소 때문에 죽은 자보다 강하다. 의식을 갖지 못한 욕구와 추상적인 본질이 행하는 이 박탈 행위로부터 가족은 죽은 사람을 떼어 내어, 그 자리에 자신의 고유한 행위를 놓고, [죽은] 혈족을 대지의 내부와, 불멸의 기초적인 개체성과 결합시킨다. 이렇게 하여 가족은 죽은 자를 한 공동체의 일원으로 만든다. 이 공동체는, 죽은 자로부터 풀려나려 했고 죽은 자를 파괴하려 했던 개별적인 물질의 힘들과 하위의 생명력을, 오히려 지배하고 통제한다."[55]

혈족을 통한 죽음의 파괴, 일종의 복귀가 있다. 이것은 마치 어떤 성취가 있는 것과 같고, 대지 위의 존재 밑에 우리가 되돌아가고 그것

---

55) Hegel, *La phénoménologie de l'esprit*, Vol. II, p. 21[『정신현상학』 2, 29~30쪽].

으로부터 나오는 어떤 근원적 바탕이 있는 것과 같다(이런 의미에서 죽음에 대한 『성경』의 표현 — "조상과 함께 눕다"[56] — 을 보라). 죽음 속에는 모성적 요소를 향한 복귀, 현상학적 영역 아래 놓인 층위를 향한 복귀의 관념이 있다.

살아 있는 자들은 장례라는 명예를 통해 익명적인 분해라는 불명예를 제거한다. 그렇게 해서 그들은 죽은 자를 살아 있는 기억으로 변형시킨다. 매장 행위 속에는 죽은 자들과 살아 있는 자들이 맺는 예외적인 관계가 있다. 매장 의식儀式은 살아 있는 자가 죽은 자와 관계 맺음으로써 살아 있는 자가 죽음과 맺는 특별한 관계다. 여기서 죽음은 사유된다. 단순히 묘사되는 것이 아니다. 죽음은 사유 그 자체의 개념적 도정에 필수적인 한 계기며, 이런 의미로 죽음은 사유된다.

우리는 물어봐야 한다. 이러한 서술에는 어떤 보충적 요소가 있지 않은가? 이미, 죽음의 영역이 대지와 동일시되고 있지 않은가? 같은 말이지만, 이 서술 속에는 근거 지어지지 않은 어떤 것이, 즉 죽음과 혈연의 관계가 있지 않은가? 여기서 헤겔은 죽음의 수수께끼에 더 가까이 다가간다(『논리학』에서는 이 수수께끼가, 이미 존재와 함께 사유된 무로 환원되고 말았다). 그러나 헤겔은 이 수수께끼에 대해 살아 있는 자의 행동에 기초해서 말한다. 그렇다 해도 헤겔보다 덜 사물화事物化한 방식으로 죽음에 접근하기는 힘들지 모른다. 여기서 죽음은 하나의 사물이 아니며 인격도 아니고 어둠인 까닭이다.

---

56) 이 표현은 「창세기」 47장 30절, "내가 조상들과 함께 눕거든 너는 나를 애굽에서 메어다가 선영에 장사하라"를 염두에 둔 것으로 보인다. —옮긴이

우리는 이제 종교에 대한 장章으로 향할 수 있다. 종교는 『정신현상학』에서 전개되는 내용 가운데, 정신의 운동의 끝에서 두 번째에 해당하는 것이며, 자연종교, 예술종교 그리고 계시종교로 분화된다.

종교에서 죽음은 하나의 중심적인 의미를 갖는다. 예술종교에서 비극은 단순히 한 문학 장르가 아니라, 의식이 스스로를 사유하고 스스로를 이해하는 특정한 방식이다. 여기서 헤겔은 죽음 안에서 숨겨진 지하의 운명을 본다. 이 운명은 거짓된 앎인 어떤 앎에 내맡겨진 존재들을, 겉모습에 불과한 순수한 가상에 빠진 존재들을 등장시킨다. 그런 다음 운명이 복귀하는 것이 곧 비극인데, 여기서 죽음은 지하세계의 역을 맡는다.

헤겔이 죽음을 통해 모호하고 은폐된 바탕을 지시하는 방식은 사유 속에 가상의 세계를 끌어들인다([플라톤의] 동굴Caverne은 여기서 사유의 한 계기다). 다시 매장이 상징적인 행위로 남는다. 혈연으로 맺어진 친척들은 이 상징적인 행위를 통해 자신들의 뜻대로, 죽은 자를 보호한다. 죽기 전에 그 사람에게 있었던 것과 그 사람 자체, 즉 자기성이었던 것을 그에게 되돌려 줌으로써 말이다. 이러한 유형의 사유에서는 죽음이 단순히 무에 그치는 것이 아니라, 바탕으로의 복귀가 된다. 이렇게 죽음을 해석하는 것이 정당한가? 의심할 바 없이 그런 식으로 **느낄** 수는 있다. 앞서 인용한 『성경』 표현이 입증하는 것처럼 말이다. 마찬가지로, 핑크는 한 일본인 사형수의 말을 인용한다. "나는 고통 없이, 두려움 없이 교수대로 향한다. 내 어머니의 웃는 얼굴을 보기 때문이다."[57]

그러나 이렇게 깊은 바탕이라는 생각, 궁극의 바탕이라는 생각, 존재와 죽음의 바탕이라는 생각을 함께 놓는 데에, 헤겔에게 속하는 것으로 보이는 특정한 현상적 모델이 있다. 이 복귀의 두 번째 측면, 즉 같은 피를 나눈 사람들에 의해 보호됨에 대해서도 같은 말을 할 수 있다. 이 경우에도 역시 보충의 행보가 이루어진다. 요소로의 복귀가 존재의 바탕으로의 복귀로 해석될 때 그렇다.

---

57) Fink, *Metaphysik und Tod*, p. 179.

죽음의 스캔들: 헤겔에서 핑크로

— 1976. 4. 9 금요일

헤겔과 아리스토텔레스가 말하는 죽음의 무는 이미 시원이다. 그들에게 모든 종말은 시원이다(한정^{définition}과 규정^{détermination}).[58] 이것은 마치 존재가 자신의 존재 대열을 원환 모양으로 끌고 가는 것과 같다. 발생이 소멸과 상관적이듯이, 소멸도 발생과 상관적이다. 존재자의 존재 속에서는 죽음이 이해되지 않는다.

헤겔에게서 무는 한편으로는 이미 존재다(이 명제는 사변적인 의미를 가지며, 단지 사변적인 의미만을 갖는다). 다른 한편으로, 직접적 정신 속에서 죽음은 혈족과 대지의 요소로 복귀하는 것이다. 죽은 자들은 이런 요소와 다시 결합한다. 고인故人은 요소들의 단순한 존재로 복귀한다. 하지만 그는 살아남은 자의 의식적意識的 행위에 의해 그 요소들로부터도 떨어져 나온다. 살아남은 자는 의식이 있었던, 그러나 이제는 더 이상 의식이 없는 자의 명예를 기리면서, 그를 자연적 현-존재로부터 떼어 내는 매장 행위를 행한다. 장례는 죽은 자를 살아 있는

---

58) 'définition'과 'détermination'에는 끝(fini, term)에서 벗어남(dé), 끝에서 출발함이라는 뜻이 있다. —옮긴이

기억^{souvenir}으로 변형시킨다. 살아 있는 자들은 이렇게 하여 죽은 자와 관계를 맺으며, 살아남은 자들도 그 기억에 의해 규정된다.

동일한 의미에서, 헤겔은 [『정신현상학』의] 종교에 대한 장에서 죽음의 지배와 운명의 지배를 동일시한다. 죽음과의 관계는 비극 속에서 파악된다. 비극은 단순히 한 문학적 장르가 아니라, 이러한 의미가 작동하는 장소다. 실재적인 것은, 그것이 실재성에 대해 갖는 앎에 의해 파괴될 운명에 처한다. 그 앎은 애매한 앎이어서 영웅을 파멸로 이끄는 것이다.

죽음을 근원적 바탕으로의 복귀로 해석하는 것은 정당한가? 근원적 바탕은 죽음에 상응하는가? 사물의 이 **근원적 바탕**^{Urgrund}은 어떻게 사유될 수 있는가? 헤겔은 세계의 모델에서 빠져나가지 못하는 의미를 상징으로부터 도출하는 것 아닌가? 모든 것은 죽은 자와 살아 있는 자의 관계에 맞춰진 것처럼 보인다. 대지가 있다. 이 대지에서 혈족이 매장 행위를 한다. 대지는 실재 속에 있는 특수한 어떤 것이다. (헤겔은 이를 요소적 개체성이라 부른다.) 그러나 동시에 대지는 특수한 어떤 것이 아니라 요소다. 요소에는 사물과는 다른 어떤 것이 있다. 사물은 고체나 액체 등으로 구성된다. 사물은 자신의 요소성을 숨긴다. 사물들과는 달리 이 요소성의 질서는 사물이라고 말해질 수 없다. 대지는 작업장이나 들판 혹은 산이 아니다. 대지는 원래의 바탕이 되는 곳^{où fondamental}, 안정된 바탕^{fond}을 가리킨다. 이 바탕에 의해 규정되는 것이 바로 대지다. 여기서 사물의 바탕을 존재의 바탕으로 간주하고자 하는 유혹이 생긴다. 매장은 바탕으로의 복귀로 해석되며, 대지의 바탕은 존재의 바탕으로 해석된다. 다른 한편, 가족 그 자체는 분리에 앞서 융합하는 어떤 것으로 여겨진다. 가족과 가족 구성원과의 관계는 대지와 그 대지를 구성하는 것과의 관계와 같다. 혈족들은 서로 다르지만, 동시에 다르지 않다. 왜냐하면 그들은 같은 피를 타고났기 때문이다. 이런 식으로 해서 현상적 질서로부터 대지의 비현상적 질서로의 이행이, 사물의 바탕으로부터 존재의 바탕으로의 이행이 있게 된다.

이렇게 죽음은 자기를 통한 자기 파악의 한 계기로 세계 속에서 사유된다. 헤겔이 문제 삼는 죽음은 언제나 살아 있는 자의 행동에 대한 해석 속에 담긴 죽음이다. 이 죽음은 세계가 현상하는 계기며, 이해 가능한 것이다.

핑크는 죽음에 관해 말하기 어렵다는 점을 죽음의 **이해 가능성** 자체로 제시하고 있다.[59] 우리는 죽음을 침묵 속에서 받아들여야 한다. 비록 철학이 이런 침묵의 이유는 말할 수 있겠지만 말이다. 우리는 죽음을 안다. 그러나 죽음을 사유할 순 없다. 우리는 죽음을 사유할 수 없는 채로 죽음을 안다. 죽음이 진정한 단절인 것은 이런 의미에서며, 죽음을 침묵 속에서 받아들여야 한다는 것도 바로 이런 의미에서다.

하이데거에게서와 마찬가지로 핑크에게서도 이해 가능성은 말로 표현할 수 있는 것, 이야기, 이야기될 수 있는 것 등과 동일시된다. 언어는 인간 실존인 존재 이해에 의해 그려진다. 언어는 존재에 속한다. 언어는 세계-내-존재로서의 이해 가능성이다. 철학은 세계 내 현

---

59) Fink, *Metaphysik und Tod*, pp. 179~208 참조.

존의 자기-이해인데, 이 자기-이해는 세계에 대한 활동이며 이해 방식이다.

핑크는 다음과 같이 세계 내 존재의 여러 방식들을 구분 짓는다.

- 노동, 경제
- 전쟁, 투쟁, 힘의 의지, 실체성으로서의 자기 긍정
- 세계 및 그 세계로부터 이해된 타인과의 관계로 제시된 에로스
- 놀이

이러한 활동들은 존재의 이해고, 이 존재 이해는 존재 양태다. 존재-이해는 언어 속에 있고, 언어는 언어의 양상들(노동, 전쟁, 사랑, 놀이)에 따라 이해를 말할 수 있다. 이 양상들은 존재 안의 그리고 존재를 마주하는 행동들이다.

죽음은, 그것의 무가 내부-세계적 구조로 변형되지 않고서 말해질 수 있는가? 죽음은 존재 이해의 단절을 담고 있지 않은가? 죽음은 내부-세계적 무화의 특수한 경우일 따름인가? 각각의 죽음은 스캔들이며, **최초의** 죽음이다. 죽음의 유(類)는 없으며 일반적인 개념으로 접근할 수 없다고 핑크는 말한다.

존재 이해는 존재 이해가 이해하는 존재의 구조에 그것[존재 이해]이 하나의 존재자인 것처럼 포섭된다. **현존재**는 하나의 존재자고, 실체적인 것이다. 존재 이해로서의 인간은 이 이해의 범주들에 속한다. 인간은 그 자신이 한 존재자임을, 이성적 동물임을 발견한다.

이로부터 죽음을 존재자와 관련된 사태로 다루고자 하는 경향이 발생한다(아리스토텔레스, 헤겔). 반면에 이제야 비로소 생각해 볼 수 있는 죽음의 특성은 존재에 대한 이해 자체와 관련된다. 죽음은 사유

가능한 것을 사유할 수 있게 해주는 것의 종말이다. 이런 점에서 죽음은 사유될 수 없다. 심지어 우리는 더 이상 죽음이 무라고 말할 수조차 없다. 왜냐하면 무와 존재는 이해와 관련되기 때문이다.

존재 이해로서의 철학은 사물화에 저항하며, 인간이 아니면서 인간의 존엄성을 이룩해 주는 것[존재]을 가치롭게 여긴다. 그러나 실제로는 다양한 존재 이해의 양태 속에, 이미 존재가 존재자 안에 거주한다는 사태가 들어 있다. 세계 속에서 우리는 세계로 오고, 세계 속에서 우리는 세계를 떠난다. 세계 속에서 우리는 이미 세계의 지평^{le mondain}에 포섭되어 있다. 해방은 없다.

부정적 인간학을 통해 주관성으로 물러나고자 하는 경향, 인간에 대한 초월론적 개념의 탐구, 존재에 앞선 사유의 탐구, 이런 것들은 단순한 실수나 단순한 방황이 아니다. 오히려 그것은 사유에 앞선 존재의 발견만큼이나 피할 수 없는 것이다.

죽음이 무화에 종속되는 존재자인 인간과 관계하는 것이 아니라 존재 이해 자체와 관계하는 경우에는, 죽음의 문제는 이해할 수 없는 것이 된다. 이 종말[죽음]은 이해 가능성 속에서 어떠한 모델도 발견하지 못한다.

죽음에 대한 다른 생각: 블로흐로부터

— 1976. 4. 23 금요일

인간적인 것의 부정으로서의 죽음. 아리스토텔레스, 헤겔, 하이데거는 인간적인 것을 세계라는 기준에 따라 사유하였다. 세계는 존재 및 존재론의 개념이 나아가는 도달점이다. 우리는 무와 존재론에서 전개된 죽음 사이에는 불합치가 있다는 점을 보았다. 이 존재론에서 세계는 의미의 장소 자체로 나타났고, 무는 존재와의 관련성 속에서 사유되었다.

핑크에게서 죽음은 존재 이해의 종말, 존재와 교체 가능한 무의 종말이며, 존재를 제공하는 부정의 부정과 쉽사리 혼동해서는 안 되는 것이다. 우리는 다음과 같이 물어볼 필요가 있다. 여기서 우리는 존재와 무 너머가 사유되는 의미의 차원에 놓여 있지는 않은가? 나아가 사유의 다른 차원, 즉 핑크가 제안하는 침묵이 아닌 다른 차원이 여기서 의미를 가지는 것은 아닌가?

죽음에 대한 하이데거의 분석에서, 우리는 죽음이 죽음을-향한-존재로, **현존재**^{Dasein}의 구조로, 자신의 근원, 즉 존재와의 참된 관계 속에 있는 주체성으로 환원된다는 점과 마주쳤다. 바로 이 존재로부터 다른 인간이 이해되는 것이다. 따라서 조금 과하게 말하자면 (분명 그는 이렇게 말하지는 않겠지만) 하이데거에게서 살인자가 된다는 두려움은 죽는다는 두려움을 극복하는 데 이르지 못한다고 할 수 있을 것이다. 죽음을-향한-존재는 나의-죽음을-향한-존재다. 존재와 무가 전적으로 합치되며, 정감성은 불안의 감정으로 귀착한다. 이 불안으로부터 근원적인 시간이 이해된다. 이 근원적 시간은 유한한 존재의 존재 양태다. 시간성은 무와의 관계에 의해 정의된다. 그리하여 가장 심오한 욕망은 존재 욕망이며, 죽음은 언제나 너무 이르다. 죽음은 나의 존재 욕망에 부합하지 않는다. 나의 존재는 나의 존재 욕망을 다 덮을 수 없다. 그 덮개는 너무 짧다. 순수한 **코나투스**의 형식주의에서 실존은 종국의 가격표다. 오직 하나의 가치만 있을 뿐이다. 그것은 존재의 가치다. 이것은 순수하게 형식적인 가치다. 가치들에 대한 하이데거의 거부는 바로 여기에 뿌리를 두고 있다.

우리는 이제 존재론의 계기로서의 죽음에 대한, 무로서의 죽음에 대한 그리고 무의 불안에 결부되어 있는 시간성에 대한 탐구를 그만두고, 의미가 여전히 세계에 결부되어 있긴 하지만 그 세계의 의미는 심층에서 다른 인간들과 연결되어 있다는 생각으로 나아가고자 한다. 이런 생각은 사회적 관심사가 앎과 문화의 총체에 활력을 주는 철학, 존재론적 용어법이 타자와 연결되어 있는 철학에서 일어난다. 이러한 것은 예컨대 종교적인 사상이나 사회적 사상에서 나타난다.

개체의 종말과 무화로 머무는 죽음, 불가피한 자연적 필연성으로 해석되는 죽음은 모든 의미와 무-의미의 원천이 아니다. 죽음의 감정 자체는 자신이 존재하지-않게 된다는 사건성에 대한 존재의 불안으로 요약되지 않으며, 또 시간은 죽음을-향한-존재로 거슬러 올라가지 않는다. 시간은 미-래 자체 속에서 죽음을-향한-존재로 뻗쳐 있는 유한함으로 거슬러 올라가는 것이 아니라 다른 의미작용을 가진다는 점, 죽음의 분석 속에 다른 사건성이 있다는 점, 이것이 우리가 여기서 에른스트 블로흐Ernst Bloch의 철학을 통해 말하고자 하는 바다.

모든 철학사에서 시간은 영원성에 대립되는 비-존재와 무-가치의 기호다. 하이데거에게는 영원성이란 없고, 유한한 실존의 비극적 성격이 있다. 또 시간은 죽음을-향한-존재 이외의 다른 의미작용을 갖지 않는다. 시간에는 본질적인 환멸이 있다. 사회철학에는 적어도 이러한 무의 너머에서 자신의 의미를 이끌어 내는 시간성이 있다. 그것이 비록 진보 관념에 의해서이긴 하지만 말이다. 블로흐에게서도 이러한 가능성들은 죽음과 시간에 대한 분석 속에서 나타난다.

블로흐는 청년기 저작에서와 마찬가지로 성숙기의 저작들에서도 휴머니즘을 정당화한다. "실재적인 것으로서의, 그리고 비형식적인 것으로서의 휴머니즘은 회복된다. 인간적인 것은, 민주주의가 인간적으로 거주 가능한 최초의 장소를 나타낸다는 듯이, 실제로 가능해진 민주주의에서 자신의 자리를 얻는다"고 그는 말한다. 인간적인 것이 여기서는 절대적으로 중요하다. "제대로 실천된 그리고 자신의 위험한 이웃으로부터 벗어난 맑스주의는 **행동하는 인간성이다.**" 맑스주의는 인간이 자신의 **고향**Heimat으로 향하는 불가피한 행보를 이룬다. 이 고향에서 존재는 인간적인 자기 집에서 자신과 다시 만난다. 이러한 행보는 그것이 존재의 행보인 한에서, 그것이 존재의 본질 ―이

것은 여기서 존재의 인간적인 목적성에서 사유되는데 —에 기입되는
한에서 불가피하다.[60]

이런 혁명적인 운동을 선동하는 것은 인간적 비참함이 주는 의미
다. 사회주의가 필요하지 않는 자들을 사회주의로 이끄는 것은 무엇인
가? 그것은 아마도 영혼, 배부른 자들의 침묵을 두드리는 양심일 것이
다. 이렇게 하여 블로흐에게서 비참하고 좌절한 이웃의 모습, 그리고
그것이 만들어 내는 엄격하게 윤리적인 담론은 존재론적 담론과 다시
만난다. 인간의 성취는 존재가 자신의 진리 안에서 이루는 성취다.

아마 어떤 관념들의 집합도, 이 세계가 미완으로 머무는 한 대립
할 수밖에 없는, 윤리적인 것과 존재론적인 것이 겹쳐 찍히는 그러한
표면을 제시하지 못했을 것이다. 사람들은 이 겹쳐 찍힘에서 어떤 문
자가 다른 문자를 담고 있는지 알지 못했다. 존재인 것과 세계인바의
것을 한편으로 하고, 그 궁극적인 구성에서 인간의 연대와 분리될 수
없는 인간성을 다른 한편으로 하는 이 둘 사이의 연대는 어떻게 사유
되는가?

미셸 앙리처럼[61] 블로흐는 맑스주의를 노동이 자신의 범주적 가
치를 획득한 『정신현상학』의 연장선상에 있는 **철학**으로 이해한다. 마
찬가지로 블로흐에게서도 진리 탐구를 대체할 만한 행동의 우선성이
란 없다. 어떤 의지주의도 개입하지 않은 채로, 존재의 진리는 노동에

---

60) Ernst Bloch, *Das Prinzip Hoffnung*, in *Gesamtausgabe*, Vol. V, Frankfurt am Main :
　　Suhrkamp, 1959, p. 1608[『희망의 원리』 5, 박설호 옮김, 열린책들, 2004, 2965~2966쪽].
61) Michel Henry, *Marx*(2 Vols.), Paris : Gallimard, 1976.

의해 조건 지어지며, 행동은 존재 현현의 일부를 이룬다. 이것은 우리가 존재의 이해 가능성에 대한 새로운 개념을 고안해 냈을 경우에만 가능한 일이다. 그리고 정치학이나 경제학에 앞서, 이 개념이야말로 철학에 끼친 **맑스의**[62] 특별한 기여라고 할 것이다.

존재의 이해 가능성은 존재의 미완의 완성과 함께 이룩될 것이다. 존재는 행위로 이행해야만 하는 능력이며, 행위, 그것은 인간성이다. 그러나 가능적인 것을 규정하는 것은 정신의 작용이 아니다. 행위, 그것은 노동이다. 인간의 육체노동이 개입함으로써 규정되지 않는다면 어떠한 것도 접근 불가능하며, 어떠한 것도 드러나지 못한다.

노동이 완성되지 않기에 세계도 완성되지 않는다. 세계가 완성되지 않았고 그래서 그만큼 비인간적인 물질이 있다면, 인간은 사실 속에서 그가 차지하는 어두움 속에 있게 될 것이다. 그리하여 노동은 언제나 소외다. 존재가 '자기 집'이 되고 **고향**이 될 이러한 완성 이전에는 인간은 언제나 세계와 대립한다.

그렇지만 인간의 노동은 진리의 초월론적 조건이다. 생산한다는 것은 **행하는 것**인 동시에 **존재를 그 자신의 진리 안에서 나타내는 것**이다. 이러한 생산함은 **실천**praxis이다. 이미 노동이 아닌 순전히 이론적인 것이란 없다. 이미 감각의 출현은 노동을 전제한다. 그렇기에 인간이 주체성인 것은 노동자로서이다. 그리하여 인간은 존재의 한 영역이 아니라 존재가 존재로서 자신을 실현하는 한 계기다. 그러므로 존

---

62) 레비나스는 신중하게도 '맑스주의의'(marxiste)라는 단어가 함축하는 도그마적 색채를 피하기 위해서 '맑스의'(marxien)이라는 단어를 사용한다. ─영역자

재의 진리는 능력의 현실화, 즉 역사다.

이제 시간은 하이데거에서처럼 자신의 종말을 향한 존재의 기투도 아니고, 플라톤에서처럼 부동의 영원성에 대한 동적 이미지도 아니다. 시간은 성취의 시간이며, 완전한 규정이다. 이것은 모든 능력의 현실화, 사실적인 것이 지니는 모든 어두움의 현실화다. 이 어두움 속에 머무는 것은 기술로 자신을 실현하는 가운데 소외되는 인간의 주체성이다. 시간은 미완의 현실화다. 주인과 노예가 있다는 사실이 이러한 미완이다.

따라서 사회적 악은 존재 안에 있는 결함이며, 진보는 존재 자체의 진보, 존재의 완성이다. 아직 존재하지 않는 것은 존재하지 않으며 어디에도 존재하지 않는다. 미래는 일어나지-않았음이며, 잠재적으로 실재하는 것이 아니다. 그것은 앞서 실존하지 않는다. 그래서 시간은 신중하게 고려된다. 미래를 향한 도약은 **유토피아와의** 관계이지, 어두운 현재 안에서 미리 결정된 역사의 종말을 향한 도정이 아니다.

시간은 순수한 희망이다. 여기가 희망이 태어나는 바로 그 장소다. 인간과 인간의 노동이 상품이 아닌 완성된 세계에 대한 희망. 희망과 유토피아, 이것이 없다면 존재, 즉 인간성을 성취하는 활동은 과학과 노력의 기나긴 인내 안에서 시작될 수도, 지속될 수도 없을 것이다.

블로흐에게서 이러한 희망은 문화에 새겨진다. 더 정확하게는 미완이며 소외된 세계의 징벌을 빠져나가는 문화의 한 측면 전체에 새겨진다. 변증법적 유물론에 대한 해석으로 제시되는 이 철학은 인간적 작업의 모든 형태들에 극도로 주의를 기울이며, 공감에 의해 진동하는 보편적 문화에 대한 정제된 해석학으로 나아간다. 문화 속에서라야 완성된 세계가 **예감**된다. 계급투쟁에도 불구하고 그렇다. 달리 말해, 완성된 세계는 이 투쟁에서 용기의 원천으로 예감되는 것이다.

블로흐 강의(계속)

우리에게 전해진 철학은 몇몇 동일화에 기초해 있다.

- 인간의 죽음과 철학자가 생각하는 무의 동일성(죽음은 생성의 한 계기라는 것)
- 철학과 존재론의 동일성(존재는 모든 의미 있는 사유가 귀착하는 특권적 장소라는 것)
- 존재와 세계의 동일성
- 인간과 **현존재**의 동일성(세계에 기반한 인간 이해. 죽음을 더 이상-세계-내-존재가-아님으로 이해한다는 것)
- 죽음la mort과 내 죽음의 근원적 동일성(타인의 죽음에 대한 책임은 파생적이라는 것. 그렇지만 플라톤에게서는 부정의를 범하는 것이 그것을 당하는 것보다 더 나쁘다는 점을 강조해야 할 것이다.)
- 죽음과의 관계가 수립되는 정감성과 그 순수한 형태로 일어나는 불안의 동일성. 이 불안은 내 존재 욕망이 침해됨으로써 일어난다.
- 근원적 시간과 죽음을-향한-존재의, 시간과 유한함의 동일화
- 유한함과 인간적 완전함의 동일화

종교적이고 사회적인 사유에서는 이런 동등성 가운데 여럿이 타

격을 받는다. 철학과 존재론의 동일성이 유지된다 해도, 또 모든 이해 가능성 안에서의 세계의 우위가 유지된다고 해도 그렇다(모든 이해는 보여 줌이며 언어는 술어적이라고 보아야 한다. 즉 언어는 보여 준다. 언어는 자신이 표현하는 것에 새겨 넣어진다).

블로흐가 해석하는 것과 같은 맑스주의에서는 존재와 세계가 의미를 갖는 것은 그 의미가 해방 또는 인간의 구원에 종속되는 경우뿐이다. 이 존재론에는 윤리적 구조가 있는 것이다! 이 윤리-존재론의 애매성은, 인간적인 것에 대한 염려가 더 이상 단순한 인간과학이 아니며 모든 이해 가능성과 모든 의미를 지배한다는 데서 드러난다.

그 구체성 안에서의 죽음은 존재의 순수한 부정으로 환원되지 않는다. 만약 어떤 것이 구원될 수 있다면, 죽음은 그 독침을 잃어버릴 것이다. (위선적일 수 있는 '설교자'의 언어가 갖는 위험성을 숨길 필요는 없다.) 시간을 그 자체의 측면에서 보는 것은 존재의 종말로 이해된 죽음의 의미를 시간에서 도출하는 것과는 다르다. 블로흐에게서, 노동의 시간과 미래의 시간은 중요하게 다뤄진다. 미래의 시간은 아직 오지 않은 것, 어떤 식으로든 오지 않는 것으로 이해된다. 그것은 기투의 형식으로조차 오지 않는 것이다. 역사 내의 세계는 미완이며, 존재는 아직 존재하지 않는다. 종말은 유토피아다. **실천**은 역사의 종말에 의해서가 아니라 이 종말의 유토피아적 희망에 의해서 가능하다. 이 역사 속의 현재와 인간 자아는 어두움의 영역을 포함하고 있는데, 그 영역이 밝혀지는 것은 유토피아에 의해서다.

희망은 역사에 필수적이다. 블로흐에게서 희망은 미완의 징벌을 빠져나가는 존재의 한 계기인 문화 속에 기입된다. 희망 속에는 예상이 있다. 그 속에서 우리는 마치 세계가 완성되었다는 듯이 세계 속에 존재한다. 이런 희망은 생산될 것의 필연성을 의미하는 것이 아니다. 희망은 유토피아다. 문제는 절대지가 아니라, 블로흐에게는 없는 표현을 사용하자면, 절대적 주거다. **고향**은 여기-있음을 의미한다.

이러한 유토피아는 시간을 '끊어-잇지'만 동시에 인간적인 것과 노동의 요인이다. 시간의 이 끊어-이음은 혁명적 의식의 조건이다. 희망의 유토피아주의는 시간의 시간화고, 개념의 인내다. 유토피아에 대한 희망으로서의 시간은 더 이상 죽음에서부터 사유된 시간이 아니다. 첫째가는 탈자脫自는 이제 유토피아지, 더 이상 죽음이 아니다. 그렇지만 블로흐의 유토피아주의와, 시간의 의미 자체를 미래 속에서 보는 현대의 여러 철학 사이에는 유사점이 있다.

베르그송에게서 지속은 미래를 향한 자유다. 미래는 열리며, 따라서 우리는 매 순간 새로운 의미가 부여되는 과거의 규정된 것을 다시 문제 삼을 수 있다(『티마이오스』*Timaeus*에서 나타나는 시간과의 단절). 『도덕과 종교의 두 원천』에서 지속은 이웃과의 관계와 유사하다. 봄春의 충만한 시간, 사회성의 시간이 되는 삶의 원리, 이웃에 대한 관대함.

하이데거에게는 미래의 탈자에서 출발하여 사유된 또 다른 시간의 철학이 있다. 시간은 존재에 바쳐진 인간 실존의 유한함에 자신의 근원성 ─미래에서 출발하는 시간화─을 빚지고 있다. 죽음을-향한-존재는 인간에게 가장 고유한 것이다. 그것은 불안이다. 여기서 인간의 가장 본래적인 양상인 무의 임박함이 다가온다.

유토피아의 무는 죽음의 무가 아니다. 블로흐에게서 본래적인 미래를 여는 것은 죽음이 아니다. 반대로 본래적인 미래 속에서 죽음이 이해되어야 한다.

아직 존재하지 않는 것을 실현하고자 하는 희망으로서의 유토피아의 미래. 아직 그 자신에 낯선 인간 주체의 희망. 아직 'Dass-sein'으로, 즉 존재의 순수 사실로, 있는 바 그대로의 순수 사실로, 역사 세계 속에 있는 인간의 사실성으로 있는 인간 주체의 희망. 자신의 사실성 속에서 세계로부터 분리되어, 그 자신에게 보이지 않으며, 그 자신이 현존재일 수 있는 장소로부터 멀어진 그런 역사적 주체의 희망. 자기를 향함으로, 존재에 대한 염려로 귀착하지 않는 이 주체의 주체성. 즉 도래할 세계에 대한 봉헌으로서의 주체성.

블로흐에게서 죽음의 불안은 자신의 작업과 자신의 존재를 완성하지 못한 채 죽는다는 사실에서 기인한다. 우리가 우리의 작업을 완성하지 못했다는 인상을 갖는 것은 미완의 세계 안에서다. 블로흐는 자연에 대립하는 그 독특성 안에서 주체성의 어두운 핵을 무시하려 하지 않는다. 그는 베르그송과 생의 약동의 철학들이 주체성의 이러한 독특성을 무시했다고 비난한다. 인간의 작업은 역사적이지만 유토피아에 상응하지는 않는다. 모든 삶에는 실패가 있고, 이런 실패의 우울mélancolie은 미완의 존재 속에 머무는 삶의 방식이다. 우울은 불안에서 유래하지 않는다. 오히려 죽음의 불안이 미완에 대한 이러한 우울의 양상일 것이다(이 미완은 자존심의 상처가 아니다). 죽는다는 것에 대한 두려움, 그것은 작업을 미완으로 남겨 둔다는 두려움, 그러므로 끝내 체험하지 못했음에 대한 두려움이다.

그러나 참된 주거의 순간들은 가능하다. "유토피아의 영광을 의식하게끔 인간에게 한 장소가 주어지는"[63] 어떤 계기들에 대한 희망이 있다. 유토피아의 빛이 주체성의 어두움 속으로 침투하는 이러한 순간을 블로흐는 놀라움이라고 부른다. 『흔적들』*Traces*에서 말하듯, 이 놀라움은 비처럼 내린다. 이것은 "존재자가 있구나"하는 놀라움과 혼동되지 않는다.[64]

---

63) Bloch, *Das Prinzip Hoffnung*, Vol. V, p. 1388[『희망의 원리』 5, 2512쪽].

64) Bloch, *Traces*, trans. Hans Hildenbrand & Pierre Quillet, Paris: Gallimard, 1968, pp. 235~238.

블로흐 강의(마지막), 결론을 향해

― 1976. 5. 7 금요일

주체는 존재의 순수 사태가 지니는 어두움 속에서, 도래할 세계를 위해 그리고 더 나은 세계를 위해 작업한다. 따라서 주체의 작업은 역사적이다. 직접적인 미래에서 유토피아는 오직 부분적으로만 성공한다. 그런 까닭에 유토피아는 언제나 실패며, 이러한 실패가 낳는 우울은 인간이 자신의 역사적 생성과 맞추어 살아가는 방식이 된다. 그러니까 우울은 하이데거의 경우에서처럼 불안에서 기인하지 않는다. 반대로 죽음의 불안이 우울의 한 양상일 것이다. 죽음에 대한 두려움, 그것은 작업을 미완인 채로 남겨 두는 데 대한 두려움이다.

블로흐는 참된 미래에 대한 염려가 단순히 동요가 아니라는 점, 단순히 관심의 전환이 아니라는 점을 보여 준다. **주체의 어두움**le Dass-sein이 유토피아적 미래에서 오는 광선에 의해 관통되는 특권적 계기들을 상기시키면서 말이다. 여기서 "유토피아의 영광을 의식하게끔 인간에게 한 장소가 주어진다"고 하면서, 블로흐는 이러한 '침투'를 **놀라움**이라고 부른다. 문화 그 자체는 희망으로 해석되어야 한다(블로흐에게 '문화혁명'이란 없다!).

놀라움은 놀라게 하는 것의 본질에서 기인하는 것이 아니라 특정한 계기에서 생겨난다. 이 놀라움을 유발할 수 있는 것은 고차원적 의미를 지닌 관계들에서만 발견되지는 않는다. 그것은 잎이 바람에 나부끼는 방식에서, 멜로디의 아름다움에서, 어린 소녀의 얼굴에서, 어린아이의 웃음에서, 한마디의 말에서도 찾아진다. 이렇게 놀라움은 끼어든다. 이 놀라움은 물음이고 응답이며 화롯가의 희망이다. 그것은 단순한 'Dass-sein'의 희망이 아니라 그 현이 완전히 실현될 현존재Dasein의 희망이다.

놀라움의 이러한 계기를 상기하기 위해서 블로흐는 크누트 함순Knut Hamsun을 끌어들이며("비처럼 내리는" 놀라움), 톨스토이Lev N. Tolstoi를 인용한다(『안나 카레니나』와 『전쟁과 평화』). 『전쟁과 평화』에는 아우스터리츠 전장에서 상처 입은 공작 안드레이가 높은 하늘을 바라보는 장면이 있다. 푸른색도 회색도 아닌 단지 높은 하늘. 톨스토이는 이 하늘의 높음에 주목하며 다음과 같이 쓴다. "나폴레옹의 눈을 쳐다보면서 안드레이 공작은 위대한 영웅의 부질없음에 대해, 아무도 그 의미를 이해할 수 없을 삶의 부질없음에 대해, 그리고 살아 있는 그 누구도 그 의미를 이해하거나 설명할 수 없을 가장 위대한 죽음의 부질없음에 대해 생각하고 있었다."[65] 여기서 죽음은 그 의미를 잃는다. 죽음은 안드레이 공작이 느끼는 존재와의 합치와 관련해서 보면 부질없는 것이다.

놀라움은 물음의 제기가 아닌 물음, 그 안에 또한 답이 있는 물음

---

65) Lev N. Tolstoï, *Guerre et Paix*, livre III, IIe partie, ch. XXXXVI[『전쟁과 평화』, 김상영 옮김, 신원문화사, 2007, 469쪽].

이다. 그것은 주체의 어두움이 낳는 물음이며, 희망의 충만함이 낳는 응답이다. 그래서 블로흐는 화롯가라는 용어로 이러한 놀라움을 그려낸다. 화롯가는 개별성의 어두움이 사라지는 완성된 세계에 대한 예상이다.

블로흐는 또한 '여가'라는 용어로 이 놀라움을 기술한다. 순수하게 사용할 수 있는 여가와, 미완의 세계, 즉 자본주의적 세계가 제공하는 여가를 대립시키면서 말이다. 후자의 여가는 시간의 공허함("슬픈 일요일")이거나 계속되는 착취(노동력의 재조직)에 해당할 것이다. [반면 순수한] 여가에서는 물음 속에서 존재의 낯섦이 사라지며, 존재는 완전히 나의 것이 된다. 세상에서 일어나는 바가 나의 일이 되는 바로 그만큼 나의 것이 된다. "너의 일이 일어난다"tua res agitur는 격언이 가장 강력한 의미를 갖는 것은 바로 여기에서다. 이 "너의"의 강도는 모든 소유와 재산보다도 강하다.

이것은 완성된 성공적인 세계 안에서 우울함 없이 인격으로 존재하는 방식이다. 또 이것은 죽음에서 독침을 제거하는 것이다. 나는 인간이 더 이상 대립하지 않는 세계의 밝음 안에서의 나다. 이제 죽음은 인간을 건드리지 못한다. 인간성이 이미 개체를 떠났기 때문이다. 여기서는 행복인 존재가 지배할 것이다.

인간적 거주 장소의 구성, 존재로서의 존재 사건, 그것은 동일한 사건이다. 즉 자기-전유라는 동일한 **사건/생기**이고, 너의 일이 일어난다에서의 소유격의 출현이다. 종국에 도달한 존재의 이러한 출현 속에서 인간과 존재 사이의 대립은 종말을 고하며, 사실성도 종말을 고한다. 형성 중에 있는 세계의 변형, 인간이 **실천**을 통해 질료에 형상을 도입하는 세계의 변형. 이 객관적인 과정이 아주 내적이고 본래적이며 고유하게 이러한 **실천**에 연결되어, 객관성은 소유격으로 고양되며, 소유격이 된다. 너의 일이 일어난다에서의 소유격이 되는 것이다. 아마도 소유격의 근원적 장소는 사물들을 소유하는 데 있는 것이 아니라, 바로 여기에 있을 것이다.

너의 일이 일어난다에서부터 나의 동일성이 동일화된다. 그래서 에피쿠로스의 오래된 원리가 정당화된다. 죽음이 여기 있을 때, 너는 여기 없을 것이다. 너는 이제 없다. 인간화한 세계 속에서 인간은 죽음에 동요되지 않는다. 모든 것은 실현되고, 모든 것은 완수되며, 모든 것은 밖에 있다. 이렇게 하여 완성은 죽음의 문제를 해결한다. 그러나 죽음을 제거하지는 못한다.

여기서, 이러한 관점으로부터 세 가지 점을 기억해야 한다.

• 하이데거를 통해 우리에게 익숙해진, 나의 존재 안에 머물려는 집착과는 다른 방식으로 인간이 자신의 동일성을 유지할 가능성이 있다는 것. **코나투스와**는 다른 방식으로 인간이 자신의 동일성을 유지할 가능성이 있다는 것. 코나투스에서는 모든 집착 가운데 최고의 것, 즉 존재에 대한 집착을 침해하는 것이 죽음이다. 그러나 여기서는 다르다. 인간은 자신의 존재에 최우선으로 몰두하지 않는다.

• 존재와 세계가 윤리적 질서에, 인간 질서에, 완성에 종속된다는 것(착취의 종말). 비록 이러한 완성을 말하기 위해 블로흐가 존재와 존재론의 언어를 사용하고는 있지만.

• 블로흐가 시간을 유토피아적 완성과 연결시키기 위해서 시간을 무의 관념과 분리시키는 방식. 여기서 시간은 순수한 파괴가 아니

라, 그 반대다.

이 모두는 죽음으로부터 시간을 사유하는 것이 아니라 시간으로 부터 죽음을 사유하도록 우리를 이끈다. 이것은 죽음의 불가피한 특성에서 아무것도 제거하지 않는다. 그러나 이것은 죽음에 모든 의미의 원천이라는 특권을 남겨 두지 않는다. 하이데거에게는, 적어도 『존재와 시간』에서는 죽음을 망각하는 것은 모두 비본래적이거나 고유하지 못한 것이다. 또 관심의 전환을 통해 죽음을 거부하는 것 자체도 죽음으로 귀착한다. 여기서는 반대다. 죽음의 의미는 죽음에서 시작하지 않는다. 이 점은 죽음에 **의미를 주는** 한 계기로 죽음을 사유하게한다. 즉 죽음을 넘어서는 의미로 죽음을 사유하게 한다. 이때 유념해야 할 것은 죽음을 넘어섬이 어떤 경우에도 죽음을 극복하거나 죽음을 축소한다는 것을 의미하지 않는다는 점이다. 오히려 이 넘어섬 또한 자신의 의미작용을 가진다. '사랑이 죽음보다 더 강하다'와 같은 표현들(실제로 「아가」[8장 6절]에서는 바로 "사랑은 죽음같이 강하고"라는 표현을 쓰고 있다)은 그 나름의 의미를 가진다.

우리는 또한 얀켈레비치가 그의 책 『죽음』에서 다음과 같이 표현하고 있다는 점에 주목해야 한다. "죽음은 사유보다 더 강하다. 사유는 죽음보다 더 강하다."[66] "사랑, 자유, 신은 죽음보다 더 강하다. 그 반대도 마찬가지다."[67] 얀켈레비치는 또 다음과 같이 쓰고 있다. "죽

---

66) Jankélévitch, *La Mort*, p. 383.
67) *Ibid.*, p. 389.

음과 의식은 피차 궁극의 결정권을 갖는다. 그러나 이 결정권은 (마찬가지로) 각기 궁극 이전의 것일 뿐이다. 죽음이 의식을 압도하는 것처럼 의식은 죽음을 압도한다. 사유는 전적인 절멸을 의식하지만, 이 절멸에 굴복한다. 사유는 절멸을 사유하지만 이 절멸은 사유를 절멸한다. 또는 거꾸로 사유는 절멸에 굴복하지만 사유는 이 절멸을 사유한다 (……) 그는 자신이 죽는다는 것을, 생각하는 갈대라는 것을 안다. 그리고 우리는 즉시 덧붙인다. 그는 그래도 역시 죽는다. 그러나 우리는 여기서 우리의 출발점으로 되돌아온다. 그는 죽는다. 그러나 그는 자신이 죽는다는 것을 안다."[68] 얀켈레비치는 다시 이오네스코의 『왕이 죽다』를 인용한다. "미친 듯이 사랑한다면, 강렬하게 사랑한다면, 절대적으로 사랑한다면, 죽음은 멀어진다."[69] 이어서 말한다. "이것이 『향연』에서 디오티마[70]가 사랑은 "불멸에 대한 욕망"*ἀθανασίας ἔρως*이라고 말한 이유다."[71]

이러한 상호적 부정은 그들의 상호성에 멈추는가, 아니면 더 구체화해야 할 의미작용을 갖는가? 죽음은 가장 강한 것이지만, 죽음이 그 진행을 중단시키는 것처럼 보이는 시간에 있어 필수적이지 않은가? 죽음보다 더 강한 사랑, 이것은 특권적 경구다.

우리는 블로흐의 대담함을 받아들이면서 죽음을-향한-존재에

---

68) Jankélévitch, *La Mort*, pp. 383~384.

69) Eugène Ionesco, *Le roi se meurt*, Paris: Gallimard, 1963, p. 112. cité p. 390.

70) 『향연』의 논의에 등장하는 전설상의 무녀(巫女). 여기서 소크라테스는 디오티마에게 들은 이야기라며 사랑에 관한 자신의 견해를 펼친다. ─옮긴이

71) Jankélévitch, *La Mort*, p. 391. 플라톤의 표현은 『향연』 207a 참조.

시간을 종속시키는 것에 그와 함께 이의를 제기한다. 블로흐는 죽음이 자신을 알리는 정감성을 나의 존재에 대한 불안과는 다른 식으로 해석한다. 하이데거에게서 죽음은 나의 존재의 종말에 대한 의식 속에서 알려진다. 존재해야-함인 나의 존재와 관련해서 불안이 이해되는 셈이다. 반면에 블로흐는 죽는다는 불안 속에서 존재와 관계하는 위협과는 다른 위협을 발견하려고 한다. 마치 존재 안에서 존재보다 더 높은 또는 더 나은 것이 생산된다는 듯이 말이다. 하이데거에게 존재 사건은 궁극적인 사건이다. 그러나 블로흐에게서 존재 사건은 인간이 자신의 안식처/화롯가를 발견하는 완성에 종속된다. 존재는 어떤 의미에서 존재 이상의 것 혹은 존재보다 더 나은 것 혹은 존재와 다른 것을 포함한다. 블로흐에게 그것은 세계의 완성이며, 안식처로서의 세계의 특성이다. 이런 특성은 완성된 세계 안에서 도달된다. 불안이란 처음 목표한 가운데서 미완의 작업이 낳는 우울에 해당할 것이다. 이런 감정이 죽음의 불가피함을 지배할 수 있다는 점, 죽음이 나의 존재를 짓누르는 위협으로만 나타나지 않는다는 점, 무의 기호라는 것으로는 죽음의 의미가 다 고갈되지 않는다는 점, 이런 점들이 블로흐에게서 가장 중요한 것들이며, 여기서 기억해야 할 것들이다.

이렇게 우리는 '죽음처럼 강한' 사랑으로 되돌아온다. 여기서 문제는 나의 존재 속에 기입된 죽음을 물리칠 수 있는 어떤 힘이 아니다. 그렇다고 불안해하는 나의 비-존재가 문제인 것도 아니다. 오히려 초점은 사랑받는 자 또는 타자의 비-존재, 나의 존재보다 더 사랑받는 타자의 비-존재다. 우리가 약간 혼탁한 말로 사랑이라고 부르는 것은 타자의 죽음이 나의 죽음보다 나에게 더 영향을 미친다는 바로 그 사실이다. 타자에 대한 사랑, 그것은 타자의 죽음에 대한 감정이다. 죽음에 대한 준거는 타인에 대한 나의 영접이지 나를 기다리는 죽음에 대한 불안이 아니다.

우리는 타인의 얼굴에서 죽음을 만난다.

시간으로부터 죽음을 사유하기

— 1976. 5. 14 금요일

죽음으로부터 시간을 사유한 하이데거와는 반대로, 시간으로부터 죽음을 사유하는 것은 블로흐의 유토피아론에서 끌어낼 수 있는 매력적인 시도 중 하나다. 더욱이 그러한 사유는 죽음을 받아들이는 감정에 부여되는 의미(실패한 작업의 우울)를 이 유토피아론을 통해 문제 삼는 데서 출발한다. 죽음이 이웃의 근접성 속에서 제기하는 문제, 역설적으로 보일지 모르지만, 그의 죽음에 대한 나의 책임이라는 문제를 부각시키는 것이다. 죽음은 타인의 얼굴에서 열린다. 그 얼굴은 '죽이지 말라'는 명령의 표현이다. 죽음의 완전한 의미를 시사해 줄 살해로부터 시작해 보자.

여기서 우리는 죽음의 현상학 속에서 이미 제안되었던 특징들을 다시 발견한다. 죽음 속에 기입되는 종말, 모든 억견적인 양상을 넘어선 질문, 질문의 정립 없는, 테제 없는, 근원적인 질문, 스스로 제기되는 순수한 질문, 질문의 순수한 제기로서의 질문. 이로부터 지금 제시되는 질문이 나온다. 우리는 시간으로부터 죽음의 의미를 탐색할 수 있는가? 죽음의 의미는 타자와의 관계로 이해되는 시간의 통시성 속에서 드러나는가? 시간 속에서 종말과의 관계를 보는 것이 아니라, 시간을 타자와의 관계로 이해할 수 있는가?

앞서 해결해야 할 문제가 있다. 시간적인 것, 생성하는 것이 이성에 복종할 때 시간 이해가 존재하는가? 철학에서 동일성이 동일자의 동일성일 때, 그래서 이해 가능성이 동일자 속에서 충족될 때, 즉 동일자의 안정성 속에 있는 존재에 충족될 때, 그리하여 모든 변화가 무의미해지고, 이해가 타자를 동일자 속에서 동화할 때, 어떻게 시간에 의미를 부여할 수 있는가?

헤겔이 말하는 생성의 합리성에 대해 생각하면, 주체와 그 역할에 결부된 부정성의 힘에도 불구하고 동일자가 합리적인 것으로서의 자신의 특권을 유지하고 있다고 주장할 수 있다. 동일적인 것과 비-동일적인 것의 동일성을 사유할 가능성이 있는 것이다. 이 동일성 속에서 동일자의 합리성이 지탱된다. 그러므로 자기 자신과 일치하지 않는 모든 것, 여전히 생성 중인 모든 것은 순전히 주관적이고 낭만적인 것으로 간주된다. 불안정, 탐구, 욕망 그리고 질문의 부름 속에서의 질문, 타자에게 건네진 기도로서의 질문, 이 모든 것들은 긍정적인 가치들 가운데서 좋지 못한 평가를 받는다. 이 모든 것들은 긍정적인 가치들의 감소나 인식의 빈곤 같은 것으로 해석된다. 이렇게 잘못 평가된 이 결핍들을 다른 기준들에 따라 사유할 수 있다는 것, 이것이 우리가 여기서 제안하고자 하는 바다.

그러나 통상적인 우리의 지성주의 속에서는 이러한 결핍들과 시간적인 생성 그 자체도 자기에 현재하는 것 그리고 항項을 이루는 것의 안정성과 성취에 준거한다. 이 항은 생생한 현재며, 같음을 유지하는 안정성일 것이다. 자신을 현시하고 재현할 수 있는 안정성, 현존 속에서 함께 유지되며, 거기서 붙잡을 수 있는 안정성일 것이다. 여기서부터 시간은 순간으로, 동일한 원자로, 점들로, 첨점尖點들로 분열된다. 순수한 두께 속에서 탄생하고 쇠잔해 가는 순수한 '어디'이자 순수한 '언제'로 분열되는 것이다. 이것은 존속하는 것을 지시한다.

이로부터 시간과, 시간 속에서 지속하는 존재 사이의 혼동이 발생한다.

궁극적인 이해 가능성을 시간성으로 환원하는 후설은 관념들의 전적인 영원성(전全-시간성으로서의 영원성)을 시간성으로 가져온다. 생생한 현재 속에서 모든 존재와 모든 의미의 유래를 찾는 후설은 이러한 내재적인 시간성을 감각적 성질들의 흐름flux 또는 유동流動으로 묘사한다. 여기에는 시간의 순간들의 구성에 대한 암묵적인 전제가 있다. 시간은 변화하면서 흘러가는 성질들의 형식이며, 시간 속에서 자신들의 질서를 통해 동일화될 수 있는 본질들의 흐름이다. 시간이 이러한 성질들의 형식이라 하더라도, 그 형식 자체가 동일성을 재구성하지는 않는가? 형식은 동일성을, 내용의 동일성이라는 지위를 다시금 요구한다. 성질들의 형식. 본질로, 소여로, 앎의 요소로, 그리고 시간 속에서 자신들의 질서에 따라 식별될 수 있는 나타남의 요소로 해석되는 감각의 형식. 순간들은 마치 사물인 것처럼 지나간다. 순간들은 흘러가지만, 다시 붙잡히거나 '미리 붙잡힌다'.[72]

---

72) 여기서 "다시 붙잡히거나 '미리 붙잡힌다'"라는 표현은 불어의 retenir, protenir를 옮긴 것인데, 이것은 우리가 앞에서 '과거지향'과 '미래지향'으로 번역한 rétention 및 protention과 연관된 말이다. ─옮긴이

이러한 서술을 지배하는 동일자의 범주는 의문시되지 않는다. 생성은 동일적인 점들의 성좌星座; constellation다. 타자는 그 자신과 동일한 다른 동일자로 머문다. 타자는 이러한 질서 속에 있는 자신의 자리에 의해 외부로부터 식별 가능하다. 시간에 대한 이해는 그 자신과 동일한 항 및 현존 사이의 관계에 머물 것이다. 동일적인 것의 모든 변화는 다시 붙잡음과 미리 붙잡음에 의해 지배되는 이러한 공-현존 속에서 동일성을 다시 발견할 것이다. 이렇게 항들이 공시적일 수 있는 가능성은 그 항들의 의미에 대한 시금석이 된다. 이 가능성은 항들의 차이에도 순간의 안정성을 확보해 준다. 여기서 시간과 실재는 계속 혼동된다. 오직 그 자신으로만 되돌아가는 항의 동일성은 이렇게 확보된다.

시간의 불안정, 시간의 휴식-없음은 이러한 분석 속에서는 잦아든다. 재현과 공-현존의 가능성은 하나의 질서(시작 또는 끝) 속에 있는 항의 가능성인 현존의 가능성이고, 따라서 근원적인 것 또는 궁극적인 것이라는 생각 자체의 가능성, 오직 그 자신으로만 되돌아가는 항의 가능성이다. 이것은 휴식의 합리성, 실증성의 합리성, 다시 말해 존재의 합리성이다.

시간의 궁극적 메타포는 흐름, 액체의 유출일 것이다. 그것이 모든 객관성의 원천을 포착한다 하더라도, 이 메타포는 대상들의 세계로부터 도출된 것이다. 그렇다면 여기서 시간은 모든 순간을 뒷받침하는 것으로 이미 전제되어 있지 않은가?

흘러가는 것의 흐름, 사물들의 유출, 운동 그 자체, 이 모든 것이 의식의 흐름에서 빌려 온 메타포였으며, 흐름은 지속하는 내용과 혼동되지 않는 시간으로만 제대로 말해질 수 있다고 추측해 볼 수 있다. 아마 이것이 지속하는 내용에 선행하는 지속에 대한 베르그송의 생각일 것이다. 그러나 후설을 이런 식으로 생각할 수 있는가? 후설에게서 시간은 언제나 내용으로부터 출발해서 사유되는데 말이다. "시간의 흐름은 다른 시간을 전제하지 않는가?"는 질문에, 후설은 부정적으로 답한다. 흐름은 근원적으로 의식을 기술하는 특징일 것이다.

하이데거는 죽음에-이르는-존재로부터 시간의 탈자extase를 추론한다. 이 죽음에-이르는-존재는 자신을 선구하는데, 이러한 선구는 어떤 흐름의 형태도 취하지 않는다. 하이데거의 추론은 강물의 모든 이미지보다 사변적으로 더 만족스럽다.

그러나 동일자의 동일성으로 환원될 수 없는 시간을 이해하기 위해 우리는 흐름의 이미지로부터 출발해야만 하는가? 시간의 휴식-없음, 시간을 동일자의 동일성과 뚜렷이 구분하는 것은 바로 흐름이라는 특권적 메타포가 제시하는 연속적인 운동성에 따르는 것과는 다른 방식으로 의미를 가질 수 있는가? 이러한 질문에 답하기 위해서는 동일자와 타자가 그들의 의미를 단지 성질이나 본질의 구분에 빚지고 있는지를, 즉 시간 속에 주어진 것에, 그래서 식별 가능한 것에 빚지고 있는지를 물어보아야 한다. 달리 말해, 시간의 휴식-없음 또는 시간의 불안정은, 모든 용어법에 앞서, 또는 강이나 유출의 그 어떤 이미지도 환기하지 않는 용어들을 참조하기에 앞서, 타자에 의한 동일자의 불안정을 의미하지 않는가? 식별 가능한 것과 질적인 것에 전혀 힘입지 않은 그런 타자에 의한 동일자의 불안정을 의미하는 것이 아닌가? 식별 불가능한 것으로 자신을 동일화할 불안정, 그 어떤 성질에 의해서도 자신을 동일화하지 않을 불안정. 그렇게 동일화한다는 것, 동일화하지 않으면서 동일화하는 것, 이것은 자신을 나로 동일화하는 것, 주제화되지 않으면서 그리고 나타나지 않으면서 내적으로 자신을 동일화하는 것이다. 나타나지 않은 채 또 이름을 갖기에 앞서 자신을 동일화하는 것이다.

이것은 우리가 탐구와 탐구 속의 변화인 현상들에서 간취하는 바다. 이 현상들은 내 속에서 어떤 관계를 의미할 수 있으나, 그 관계는 결여에 따른 부재라고 말해지는 어떤 것과의 관계가 아니다. 오히려 그것은 그 성질을 규정할 수 없는 것으로서 그 무엇과도 일치할 수 없고 그 무엇과도 현재를 이루지 않으며 재현이나 현재 속에 결코 머물지 않을 어떤 것과의 관계다. 어떤 현재도 항이나 내용과는 완전히 다른 이 규정 불가능한 것에 걸맞은 능력을 갖지 못할 것이다. 무한한 까닭에, 이 규정 불가능한 것은 떠맡아질 수 없을 것이다.

시간과 모든 시간적 현상들(탐구, 질문, 욕망 등)은 언제나 결여로 분석된다. 우리는 이러한 현상들에서 그것들의 공허를, 그것들의 미완을 내용 너머의 한 걸음으로서 사유할 수 없는가? 포함될 수 없는 것, 즉 그 끝을 말할 수 없는 무한과 맺는 관계의 한 양태로서 사유할 수 없는가?

무한과의 관계는 유지될 수도 없고 재현될 수도 없는 질문이다. 이것은 지시할 수 있는 시간적 엄밀함을 갖지 않으며, 연속적인 것이 공시화하는 이해의 포괄 바깥에 놓인다. 그렇지만 무한은 탐구를 배제하지 않는다. 즉 무한의 부재는 순수한 부재가 아니다. 그 탐구는 차이 나는 것과의 무-관계가 아니라 독특한 것과의 관계일 것이며, 무관심하지-않음non-indifférence 속에서 맺는 차이différence의 관계일 것이다. 이런 관계는 모든 공통의 척도를—그것이 궁극적인 것이라 하더라도—배제하며, 공동성과 공-현존을 배제한다. 그렇지만 한 관계는 남아 있을 텐데, 그것은 통시성 자체일 것이다. 시간은 무한과 맺는 관계 자체로 사유될 수 있을 것이다. 탐구나 질문은 어떤 소유의 결핍이 아니라, 소유 너머의 것과의 관계, 사유가 찢어지는 포착 불가능한 것과의 관계일 것이다.

항상. 항상은 찢어질 것이다. 이러한 찢김의 '어떻게'를 설명해 주는 항상. 시간의 이 항상은 욕망과 욕망된 것 사이의 이 불균형에 의해 태어날 것이다. 그리고 이러한 욕망 그 자체는 지향적 의식이 자신의 동등성, 즉 의식작용-의식대상의 동등성에서 갖는 파열일 것이다.

질문함으로서의 탐구, 소여에 대한 모든 질문에 앞선 질문함으로서의 탐구. 유한 안의 무한Infini dans le fini. 묻는 자의 균열 혹은 묻는 자를 문제 삼음. 이것이 바로 시간성일 것이다.

그러나 이 안dans은 무엇을 의미할 수 있는가? 타자가 나를 문제 삼는다는 것은 나의 책임을 요구하는 것이다. 그 책임이 나에게 동일성을 부여한다. 질문함, 이 질문함 속에서 의식적 주체는 자기 자신으로부터 해방되고, 거기서 주체는 분열된다. 과잉이나 초월에 의해서 말이다. 여기에 깨어남으로서의 시간의 불안정이 있다. 타자가 야기하는 이런 뒤흔듦은 존재의 존재성이 정의되는 동일성을 문제 삼는다. 나 자신의 한가운데서 지탱 불가능한 타자가 동일자에게 가하는 이러한 분열, 여기서 불안정은 휴식하는 심장을 뒤흔들며, 항들에 대한 어떤 이해로도 환원되지 않는다. 휴식 한가운데 있는 이 불안정은 그 자신의 동일성 — 이 동일성은 휴식을 통해 모든 불안정보다 더 오래된 영원성을 제시하는데 — 으로 불타고 빛나는 동일성의 지점들로 환원되지 않는다. 이것이 깨어남이고 이것이 시간성이다.

타자에 의한 동일자의 이러한 찢김을 윤리적 방식으로 생각하는 것이 필요하다. 동일자의 이러한 동일화의 반복, 그것은 해를 입으면서 모든 수난을 감내하는 것이다. 다시 말해서 회피하지 않은 채 그리고 그 긴급함을 피하려고 재현으로 도망가지 않은 채 소환^{assignation}을 받아들이면서 모든 수난을 감내하는 것이다. 모든 주격에 앞선 대격^{對格}이 되는 것이다. 내적인 정체성이 의미하는 것은 바로 휴식 속에 머무는 것의 불가능성이다. 내적 정체성은 곧바로 윤리적이다.

시간은 의식 내용들의 흐름이라기보다는, 타자를 향한 동일자의 전환이다. 여기서 타자는 타자로서, 재현으로 동화될 수 없는 이 전환 속에 시간적인 통시성을 조심스럽게 보전할 것이다. 기원의 자리를 대신하는 기억 불가능한 것으로서, 시간의 목적론이 되는 것은 바로 무한이다. 타자를 향한 이러한 전환은 다양한 얽힘에 따라 나의 이웃인 타인에 대해 응답을 한다. 그 긴급성이 나를 대체할 수 없는 유일한 자로 동일화하는 양도 불가능한 책임.

시간의 항상, 자아와 타자의 동일화 불가능성, 자아와 타자의 불가능한 종합. 통시성. 이완. 동일한 대지 위에 짜이는 것의, 세계 내에 함께-놓이는 것의 불가능성, 내 발 아래로 땅이 미끄러지는 것 같은 그런 불가능성.

이러한 차이의 '끊임없음'. 통시성. 이러한 불가능성에 대한 인내, 시간의 길이로서의 인내. 인내 혹은 수동성. 시간을 모으는 상기^{想起}로 환원되지 않는 인내. 시간의 통시성에 대한 기억의 무능을 강조하는 돌이킬 수 없는 시간의 경과. 시간의 통시성을 강조하는 흐름의 이미지 속에서 시간의 경과를 기억할 수 없는 무능.

차이는 논리적 구분으로서가 아니라, 무관심하지-않음으로서, 포함할 수 없는 것에 대한 욕망으로서, 무한에 대한 욕망으로서 차이진다. 모든 좋은 논리와 존재론에 맞서는, 불가능성의 실재. 이곳에는 나를 문제시하는 무한이 더 적은 것 속의 더 많은 것으로 있다.

에로틱한 쏠림과 구분되는 '쏠림'tendance 으로서의 무관심하지-않음 또는 욕망. 에로틱함은 이 인내 속에서 인내하지 못함인 셈이고, 인내하지 못함 자체인 셈이다. 동일자의 전환이지만 지향성은 아님. 지향성은 상관관계여서, 상관적인 것 속으로 흡수되며, 포착할 수 있는 것, 즉 주어진 것으로 공시화된다. 전환version은 자신을 ~로vers 돌리는 것, 그러나 다르게 돌리는 것이다.

무한에게는 포괄하는 것도 불충분할 것이다.

마무리를 위하여 : 다시 질문하기

— 1976. 5. 21 금요일

시간을 늙음의 수동적 종합이 도달하는 죽음과 무관하게 사유하는 것, 시간을 죽음과 무관하게, 즉 죽음이 의미하는 종말의 무와 무관하게 기술하는 것. 죽음 속에서 시간의 기투 자체를 보지 않고 죽음을 시간의 함수로 사유하는 것. 죽음의 의미를 생각하는 것, 죽음을 대수롭지 않은 것으로 여기는 것이 아니라, 죽음을 정당화하거나 영원한 삶을 약속하는 것이 아니라, 죽음이 인간적 모험에 부여하는 의미를, 즉 죽음이 존재의 존재성이나 그 존재성 너머에 부여하는 의미를 밝히고자 하는 것. 죽음이 존재의 단순한 부정에서 비롯하는 무와 차이가 있다는 것을 인정하는 가운데 시간을 사유하는 것.

죽음은 세계에 속하지 않는다. 죽음은 항상 스캔들이며, 그런 점에서 항상 세계를 초월한다. 부정에서 기인한 무는 항상 부정의 지향적 몸짓에 묶여 있다. 그래서 무는 이러한 몸짓이 거부하고 밀쳐 내며 부인하는 존재의 흔적을 간직한다. 반면에 죽음은 제기되지 않은 질문, 의식의 한 양상이 아닌 질문, 소여 없는 질문을 일으킨다. 앎으로서의 모든 의식 활동은 믿음과 정립 또는 **억견**이다. 죽음의 무가 일으키는 질문은 순수한 물음표다. 그것은 전적인 물음표지만 또한 요구를 나타낸다(모든 질문은 요구고 기도다). 죽음의 무가 일으키는 질문은 이러저러한 억견의 변양이 아니다. 그 질문은 의식보다 더 깊은 심성의 한 층위에서 생기며, 사건이 깨지는 사건에서 생긴다. 바로 여기가 시간을 탐색해야 할 곳이다.

자기 자신에게 스스로 질문을 제기할 가능성, 영혼이 그 자신과 나누는 유명한 대화는 타인과의 관계와 그의 얼굴의 물음표가 생산되지 않는다면 결코 가능하지 않을 것이다.

시간은 **억견 없는 심성의 한 양상으로** 지속한다는 것, 시간은 결코 인식이 아닌 지속으로 지속한다는 것, 우리가 지속에 대해 가질 수 있는 의식 —의식 그 자체로 지속하는 의식(지속의 의식은 의식의 지속이다) —과 무관하게 지속하는 지속으로 지속한다는 것, 그럼에도 이러한 지속은 하나의 의미를 갖는다는 것, 심지어 종교적인 의미를 그리고 무한에 대한 공경이라는 의미를 갖는다는 것, 이런 것들을 우리는 앞선 강의에서 살펴보았다.

이 지속의 의미를 도출하기 위해서는, 지속을 탐색함에 있어 부동의 영원성이라는 운동의 이미지에 사로잡혀서는 안 된다. 또 흐름이라는 관념에, 죽음을-향한-존재에, 존재-무의 유희로부터 사유된 시간에 사로잡혀서도 안 된다. 합리성과 의미를 사유함에 있어, 충만의 모델(후설)에 집착해서는 안 된다. 이 충만의 모델에는 이성의 전 역사가 연결되는데, 여기에 따르면 **의미를 지닌 것**은 전적으로 **소유된 것**이고, 주어진 것이며 채우고 만족시키는 것이다. 그래서 그것은 우리가 기대했던 것과 같은 것이 되며, 붙잡히고^{tenu} 포함될^{contenu} 수 있는 것, 하나의 결과인 것이 된다.

포착 가능하고 이해 가능한 이러한 결과의 합리성. 이것에 비해 지속은 자신의 아직-아님과 미완성을 통해 우리를 불안정하게 한다. 의식에 대해 의미를 지닌 것의 이상理想. 이것은 세계의 흔들리지 않는 지반, 즉 하늘의 궁륭穹隆 아래의 대지에 달라붙어 있다. 자신의 척도와 단계에 따라 사유하는 이 사유의 합리성. 이것에 비해 모든 탐구, 모든 욕망, 모든 질문은 생성이며, 아직-아님과 결핍을 구성한다. 그것들은 불-만족이며, 빈곤한 인식을 재현한다.

탐구, 욕망, 질문은 단지 응답의 결핍을, 즉 동일성의 불충분함을 의미할 뿐인가? 아니면 그것들은 사유를 **초과하는** 어떤 것에 대한 사유일 수 있는가? 만일 우리가 여기서 **어떤 것**이라는 지시하는 말—이 지시사指示辭는 사유의 척도에 따르는 어떤 내용을, 사유의 상관물을 가리킬 텐데—을 사용할 권리가 있다면, 또 만일 과도함과 사유의 이러한 관계 역시 사유라 불릴 수 있다면, 우리는 그렇게 물어볼 수 있을 것이다.

의식 저편의 시간은 존재론적 사건이 해체되는 심성의 양상이 아닌가? 여기서는 모든 존재론적 사건과는 반대로, 포함될 수 없는 것, 완전히 다른 것—또는 신—이 시간 속의 동일자에게 영향을 주지 않는가? 이렇게 영향 받음/정감에 대해 말하는 가운데, 우리는 타자가 동일자 안으로 들어가는 것이 불가능하다는 점(보일 수도, 겨눠질 수도 없다는 점)을 표현하고자 하며, 동시에 그럼에도 불구하고 이 **안**의 불가능성이 모든 수동성보다 더 수동적인 수동성, 즉 떠맡을 수 없는 수동성에 따르는 방식은 아닌지 묻고자 한다. 정감이란 인내하면서 견디는 것, 인내를 견디는 것을 의미하지는 않는지 묻고자 하는 것이다.
시간의 지속—이것은 그 영역에서 독특한 관계인데—이 이 인내의
이름이 될 것이다.

무한 또는 타자가 만일 유한 속에 있다면, 그것은 동화되어 유한
의 반영으로만 존재하게 될 것이다. 그 경우에 시간의 지속은 바로 이
관계에 해당할 텐데, 미리 정립된 어떤 것도 이 관계를 한정하거나^{finir}
규정할^{définir} 수 없을 것이다. 시간의 타격을 **수용하는 것**은 불가능하
다. 시간의 타격을 수용하고 여전히 기다리는 것, 수용함 없이, 떠맡음
없이 수용하는 것, 자신의 초월 속에서 여전히 바깥에 머무는 어떤 것
을 견디면서 영향을 받는 것. **어떤 것**이 아닌 것, 어떤 항도, 어떤 기다
려지는 것도 아닌 것을 기다리는 것. 기다려지는 것 없는 기다림.

인내하는 기다림. 과도함에 대한 인내와 견딤, 신을-향함, 신을-
향함으로서의 시간. 기다려지는 것 없는 기다림, 항^項일 수 없고 항상
타자에서 타인으로 나아가는 것에 대한 기다림. 지속의 항상. 즉 흘러
가는 흐름의 길이가 아닌 시간의 길이. 재현될 수 없고 그래서 **어떤 것**
이라고 말해질 수 없는 어떤 것, 그렇지만 무관심하지는 않은 어떤 것
에 대한 공경의 관계로서의 시간. 무관심하지-않음. 불안정해지는, 즉
떠맡을 수 없는 수동성 속에서 불안정해지는 방식.

무관심하지-않음 또는 불안정함. 이 불안정함은 불안정하기 때
문에 재현, 소유, 접촉 그리고 응답보다 무한히 많은 것, 즉 존재보다
많은 것이다. 인식, 응답 그리고 결과가 생산되는 의식은 이 요구에 **불
충분한** 심성일 것이다. 무한에 적합한 것은 욕망과 질문인 사유일 것
이다. 따라서 시간은 무한의 **많은 것**이 **적은 것** 속에서 파열하는 것인

셈이다. 이것이 바로 데카르트가 무한의 관념이라고 불렀던 것이다. 시간은 이렇듯 무한의 '존재' 방식과 같은 것이 될 것이다. 이 방식은 무한을 견디는 방식이다. 이것이 인내다.

여기서는 동일자-안의-타자를 첫째가는 범주로 생각할 필요가 있다. 이때의 안은 현존과 다르게 생각해야 한다. 타자는 또 다른 동일자가 아니며, 안은 동화를 의미하지 않는다. 그것은 타자가 동일자를 불안정케 하는 상황, 동일자가 타자를 욕망하거나 타자를 기다리는 상황이다. 동일자는 휴식 속에 있지 않으며, 동일자의 동일성은 동일자의 모든 의미작용이 귀착하는 어떤 것이 아니다. 자신이 포함할 수 있는 것보다 많은 것을 포함하는 동일자, 이것이 바로 욕망이고 탐구이며 인내이고 시간의 길이이다.

어떻게 죽음은 인내로서의 시간 속에서 의미를 갖는가? 동일차에 의한 타자의 인내, 시간의 길이를 이루는 인내로서의 시간 속에서 말이다. 이러한 인내, 이러한 뒤흔듦 또는 이러한 외상 또는 이러한 인내의 통시성은 어떤 구체적 의미작용을 갖는가? 시간의 시간성은 사실 애매하다. 시간의 지속은 시간의 내재화가 생산되는 개관^{synopsie73)}

---

73) 'synopsie'는 19세기 정신의학 문헌에 나오는 용어로, '공감각'(共感覺; synethesia)을 가리키는 말이다. 즉 서로 다른 본성의 감각들이 연합하는 현상, 예를 들면 색깔을 소리로 감각한다든지 하는 현상을 가리킨다. 그런데 레비나스는 여기서 'synopsia'를 '종합'(synthesis)의 잠재적 동의어로 사용하여, 그가 '통시'라고 부르는 연속적으로 통합하는 의식의 통일 작용을 나타내기 위해 쓰고 있다. 이런 의미에서 'synopsia'는 강한 칸트적 반향을 갖는 말이다(칸트의 『순수이성비판』 A 94~95의 「초월론적 연역」 부분에 나오는 '개관'synopsis의 용례를 보라). 레비나스에게서 'synopsia'는 자주 언급된

속에서의 연속성으로 드러날 수 있다(이 점은 인간의 잘못이 아니다. 문제는 이 인내의 본질적 애매성이다. 즉 이 인내가 인내 안에서 인내하지 못함의 면을 지닌다는 점이다). 시간은 자신의 통시성을 잃고 기억과 열망의 연속성으로 모인다. 시간은 초월론적 통각의 통일성에 내맡겨져, 흐름의 통일성으로, 즉 거주하는 세계 안에 있는 한 인격의 통일성으로 구성된다. 이렇게 하여 후설에게서 시간은 내재성의 과정으로서 사유될 것이다.

어떻든 타자의 외상은 타인으로부터 오는 것이 아닌가? 죽음의 무는 이웃의 얼굴의 벌거벗음 자체가 아닌가? "살인하지 말라"는 얼굴의 벌거벗음이다. 이웃의 근접성은 그의 죽음에 대한 나의 책임 속에 있지 않은가? 무한과 맺는 나의 관계는 이렇게 책임으로 바뀐다. 다른 인간의 얼굴 속에 있는 죽음은, 동일자에게 영향을 미치는 타자성이 동일자의 자기 동일성을 동일자 속에서 일어나는 질문으로 파열시키는 양상이다.

이 질문—죽음에 대한 질문—은 그 자체로 고유한 응답이다. 그것은 타자의 죽음에 대한 나의 책임[응답성]이다. 윤리적 평면으로의 이동은 이러한 질문에 대한 응답을 구성하는 것이다. 겨누어질 수

수동적 종합을 가리키기도 한다. 이 수동적 종합은 후설이 내세운 지향성의 '근거'였다. 후설의 『내적 시간의식의 현상학』(*Vorlesungen zur Phänomenologie des inneren Zeitbewusstseins 1893~1917*)을 보라. 레비나스는 'synopsia'라는 용어를 『관념에 오는 신에 대하여』(*De Dieu qui vient à l'idée*, pp. 100, 107, 214)에서도 쓰고 있다. 또 이 책 2부의 「경험 바깥: 데카르트의 무한 관념」(1976년 5월 14일 강의)도 참고하라. —영역자

도 없고 보이지도 않는 무한을 향한 동일자의 방향 전환, 이것이 **질문**이다. 응답이기도 한 질문이다. 그러나 이것은 영혼이 그 자신과 나누는 대화가 아니다. 질문, 기도―이것은 대화에 앞서지 않는가? 그 질문은 윤리적 책임으로서의 응답, 불가능한 회피로서의 응답을 함축하고 있다.

그러나 타인의 죽을 수밖에 없음이 제기하는 질문 속에서 타자와 맺는 이러한 관계는 그 관계를 조직하는 관습 때문에 자신의 초월성을 상실할 수 있다. 그 관계는 사회 속의 연속성이 되어 버리며, 그 속에서 타인과 나는 동일한 사회 체계에 속하게 된다. 그럴 때 타자를-위함은 의미 있는 활동으로서 합리적인 방식으로 생산될 것이다. 그 결과 주체의 실체성은 자신의 재로부터 부활할 것이다. 주체성은 이렇게 굳어지지 않는가?

그러므로 수동성은, 타자에게 연결된 헌신 속에서 의미를 주는 그런 의미의 품 자체 안에 순수한 광기가 있지 않을까를 의심할 수 있을 경우에만 가능해진다. 이러한 부조리는 나의 죽을 수밖에 없음, 이유 없는 나의 죽음이다. 나의 책임이 하나의 행동 속에서 타자를 동화시키는 것이 되지 못하게 막아 주는 것은 바로 이것이다. 나의 죽을 수밖에 없음, 나의 죽음의 선고, 죽는 순간의 나의 시간, 나의 죽음은 불가능성의 가능성이 아니라 순수한 유괴다. 이런 것들이 이루는 이 부조리함이 타인을 위한 내 책임의 대가 없음을 가능하게 한다.

무한과의 관계는 죽을 수밖에 없는 자가 죽을 수밖에 없는 자에게 갖는 책임이다. 그 모습은 아브라함이 소돔을 위해 개입하는 『성경』의 한 구절(「창세기」 18장 23절)에서도 나타난다. 아브라함은 타자

들의 죽음을 두려워하여 개입의 책임을 짊어진다. 그리고 그는 이때
다음과 같이 말한다. "저 자신은 재이고 티끌일 뿐입니다."

하이데거와 함께 시작하기
— 1975. 11. 7 금요일

신과 존재-신-론이라는 이번 강의의 주제는 하이데거에게서 유래한다. 무엇보다도 헤겔에 대한 하이데거의 독해(특히 「형이상학의 존재-신-론적 구성틀」[1])에서 이번 강의의 주제를 찾을 수 있다. 그러므로 여기서 우리는 하이데거와 더불어 시작할 것이다. 그러나 이것은 첫 번째 접근일 따름이다. 다시 말해, 우리는 여기서 말해진 것을 나중에 반박해야 할 것이다.[2]

하이데거에게서 형이상학의 존재-신-론적 특성이라는 주제는 특정한 시대^{époque}[3]를 특징짓는 것과 쌍을 이룬다. 이것이 의미하는

---

1) Martin Heidegger, "La constitution onto-théo-logique de la métaphysique", *Identité et différence*, trans. André Préau, in *Questions*, Vol. I, Paris: Gallimard, 1968[「형이상학의 존재-신-론적 구성틀」, 『동일성과 차이』, 신상희 옮김, 민음사, 2000].

2) 이 문장의 "말해진 것"은 'un dit'를, "반박해야 할"의 '반박하다'는 'dédire'를 옮긴 것이다. 'dit'는 '말하다'라는 뜻의 동사 dire의 과거분사 형태가 명사화한 것으로, 일상적으로는 격언이나 금언을 뜻하며(레비나스는 특히 『존재와 달리 또는 존재성을 넘어』에서 '말해진 것'le dit을 '말함'le dire과 대비하여 중요한 용어로 쓴다), 'dédire'는 dire 동사에 제거나 분리를 나타내는 접두사 'dé-'가 붙어 만들어진 동사로 이미 한 말을 취소하거나 반박한다는 뜻을 가지고 있다(문맥에 따라 'dédire'를 '취소하다'로 옮긴 곳도 있다). —옮긴이

3) 'époque'는 보통 시대를 뜻하는 말이지만, 여기서는 하이데거가 그리스어 'ἐποκή'에서

것은 시간의 공간이 아니라 존재가 자신을 드러내는 특정한 방식이다. 시간이 분할되고 역사가 흐르는 것은 이러한 '특정한 방식'과 관련해서다.[4] 여기서 문제가 되는 시대(존재-신-론의 시대)는 모든 철학을 포괄한다.

이러한 시대는 우연적이지 않은 어떤 것이다. 이것은 어떤 인간적 결함의 결과가 아니라, 존재 그 자체의 특정한 과정과 역사를 반영한다(존재는 질문함의 궁극, 의미 지님의 궁극이다). 그렇지만 이 시대는 연역의 결과가 필연적이라고 할 때의 의미에서 필연적인 것은 아니다. 그것은 논리적으로나 기계적으로, 또는 변증법적으로 필연적이지 않다.

이 시대의 경계를 설정하는 데에는 경멸적인 뉘앙스가 있다. 하이데거의 문제는 배후로 돌아가는 것이 아니다. 그렇지만 그 비판에

빌려와 중요하게 사용하는 'Epoche'를 프랑스어로 옮긴 것이다. 독일어 'Epoche'도 일상어로는 시대를 뜻하는 말이지만, 하이데거는 이 말에 독특한 의미를 부여하고 있기 때문에 그냥 '에포케'라고 음역하는 것이 불가피할 경우도 많다. 하이데거는 이 용어에 대해 「아낙시만드로스의 잠언」이라는 글에서 다음과 같이 설명하고 있다. "우리는 이렇게 자신의 본질의 진리와 더불어 환히 밝히는 삼감을 존재의 에포케(ἐποκή)라고 부를 수 있다. 스토아학파의 언어 사용에서 유래한 이 용어는 그러나 여기에서는 후설의 경우처럼 대상화함에서 정립적 의식작용을 중지한다는 방법적 태도를 지칭하지 않는다. 존재의 에포케(삼감)는 존재 자신에 속한다. 그것은 존재망각의 경험으로부터 사유된다. 존재의 에포케로부터 존재의 역사적 운명의 시대적 본질이 나오며, 그 안에 본래적 세계사가 존재한다"(『숲길』, 신상희 옮김, 나남출판사, 2008, 498쪽). ─옮긴이

4) 예를 들어 Martin Heidegger, *Nietzsche*, Vol. II, trans. Pierre Klossowski, Paris: Gallimard, 1971, pp. 201~202[『니체』 II, 박찬국 옮김, 도서출판 길, 2012, 231쪽]의 다음 구절을 보라. "'오늘'─달력에 의해서도, 보편적 역사의 사건들에 의해서도 산정되지 않는─은 형이상학의 역사에 고유한 시간으로부터 규정된다. 이것은 니체의 형이상학으로부터 출발하여 역사적 인간성을 형이상학적으로 규정하는 것이다."

는 경멸적인 어떤 것이 있다. 이루어지지 않은 가능성들에 대한 환기 같은 것, 이 시대의 말해지지 않은 것, 사유되지 않는 것에 대한 환기 같은 것이 있다. 또 거기에는 이 시대가 겪는 일종의 고갈이 있다. 이 고갈은 새로운 기회의 여지를 준다.[5] 즉, 이 말해지지 않은 것, 그리고 사유되지 않은 것과 이번에는 성숙한 방식으로 다시 관계할 가능성이 있는 것이다.

여기서 하이데거 사유의 몇몇 근본적 동기들을 상기해 보겠다.

1) 하이데거의 공헌 가운데 가장 특기할 만한 것은 '존재하다'라는 동사의 새로운 **울림**이다. 정확히는 그것의 **동사적** 울림이다. 존재하다, 그것은 존재하는 어떤 것이 아니라, 동사이고 존재의 '활동'이다 (독일어에서 그 차이는 'Sein'과 'Seiendes' 사이에서 쉽게 드러난다. 존재자라는 뜻의 'Seiendes'는 언어적으로 프랑스어 'étant'의 어색한 울림을 가지지 않는다.[6] 이런 이유로 [하이데거 저작의] 최초 번역자들은 이 'étant'을 따옴표 속에 넣어야만 했다). 이러한 점은 하이데거의 저작에서 잊지 말아야 할 것이다. 이것은 다음과 같은 결과들을 가져다 준다.

2) **존재-존재자의 근본적 구분. 그 유명한 존재론적 차이.** '존재하

---

5) Martin Heidegger, "La fin de la philosophie et la tâche de la pensée", trans. Jean Beaufret & François Fédier, in *Questions*, Vol. IV, Paris : Gallimard, 1976[「철학의 종말과 사유의 과제」, 『사유의 사태로』, 문동규·신상희 옮김, 도서출판 길, 2008].

6) 'étant'은 존재하다는 동사 'être'의 현재분사 형태로, 존재하고 있다는 동사적 울림을 갖는다. 반면 'Seiendes'는 존재하다는 동사 'sein'의 현재분사인 'seiend'에서 온 말이긴 하지만 분명한 명사적 형태로 존재한다. —옮긴이

다'라는 단어의 동사적 울림과 그 단어의 명사적 울림 사이에는 근본적인 차이가 있다. 이 차이는 진정한 의미의 차이다. 그것은 대문자 차이Différence다. 모든 차이는 이미 특정한 공통성을 전제한다. 그러나 존재와 존재자 사이에는 공통적인 것이 아무것도 없다(여기서 이 점은 반박되어야 할 말un dit à dé-dire로서 제시된다).

3) 언어. 이것은 이러한 차이의 장소다. 거기에 존재가 머문다. 언어는 존재의 거처다.[7]

4) **차이의 망각.** 이러한 차이는 망각되었고, 이 망각이 서양 사상을 구성한다.

이 망각은 결코 인간의 심리적 결핍이 낳은 결과가 아니다. 이 망각은 존재에 기초하고 있다. 그것은 존재 그-자체의 한 사건이다. 존재 그-자체는 망각당하거나 망각에 내맡겨진다. 존재 그 자체는 스스로 은폐된다. 이러한 은폐가 존재에 대한 (인간의) 망각을 일으킨다. 망각은 **존재의 에포케다.**[8]

서양 사상은 존재를 **존재자의 정초**fondation로 이해하는 데서 성립한다. (모든 철학은 존재의 언어였을 따름이다. 모든 철학은 존재가 말해지는 양상이다. 왜냐하면 인간이 응답하는 존재의 침묵하는 언어가 있을 뿐

---

7) "언어는 존재의 집이다. 언어라는 가옥에 인간은 거주한다." 바로 이것이 *Lettre sur l'humanisme*, trans. Roger Munier avec texte en regard, Paris: Aubier-Montaigne, 1964, pp. 26~27[『휴머니즘 서간』, 124쪽]에 나오는 첫 번째 명제들 중 하나다.

8) 하이데거는 "Protocole d'un séminaire sur la conférence "Temps et être""[「강연 "시간과 존재"에 대한 세미나 기록」, 『사유의 사태로』, 문동규·신상희 옮김, 한길사, 2008, 83~86쪽]에서 이 점을 분명하게 보여 준다.

이기 때문이다.)

그런데 존재의 **행적**, 존재의 **지배**가 있다. 독일어에서는 'wesen'
이라는 동사를 사용한다. 'Das Sein west', 즉 존재는 존재한다는 자신
의 본분을 행한다. (반면 존재자는 있다―ist). 존재는 **존재한다**west. 존
재는 자신의 본분을, 존재한다는 자신의 지배를 행한다. 또는 존재는
자신의 존재 대열을 끌고 간다. 따라서 존재자는 존재에 정초해 있다
고 말할 수 있다. 그러나 이미 거기에는 존재에 대한 특정한 해석이 있
다. 그것은 이미 은폐다. 존재를 정초라고 말하면서도 우리는 존재를
그것의 진리 속에서, 그것의 고유한 행적 속에서 말하지 않는다. 이 진
리 속의 존재를 존재의 사유 속에서 다시 발견하는 것이 관건이다.

하이데거가 볼 때, 존재의 진리 안에서의 존재 이해는 금세, 존재
자들을 보편적으로 정초하는 존재의 기능에 의해, 최상의 존재자에
의해, 일종의 정초자에 의해, 즉 신에 의해 다시 덮여 버린다. 존재 사
유, 존재의 진리 안에서의 존재는 신에 대한 앎이나 신에 대한 이해가
된다. 즉 신-론théo-logie이 된다. 유럽의 존재철학은 신학이 된다.

이런 점에서 아리스토텔레스에 대한 하이데거 독해를 보자. 아리
스토텔레스에 의해 제기된 문제는 바로 존재로서의 존재(존재의 동사
성 안에서의 존재)의 문제다. 그러나 존재는 즉시 존재자들의 정초로서
다루어진다. 그리고 마침내 존재는 신이라 명명되기에 이른다. 그렇
게 하여 철학은 신학이 된다. 이로부터 앞서 인용된 제목인 「형이상학
의 존재-신-론적 구성틀」이 나온다.

그렇지만 여기서 문제는 순수하고 단순한 탈선이 아니라 (존재자
들로부터 출발하는) 존재에 대한 특정한 이해다. 우리가 (존재자의) 존

재를 생각하지 않는다면, 결코 어떠한 것도 생각할 수 없을 것이다. 그러나 형이상학의 시대에 우리는 존재를 근거로 취급한다. 즉 형이상학적으로 사유한다. 이로부터 하이데거의 대처 방식, 즉 형이상학에서 말해지지 않은 것을 드러내기 위해 형이상학을 재독해하려는 그의 노력이 생겨난다. 형이상학에 대한 파괴(또는 해체)가 필요해지는 것이다. 그러나 하이데거는 철학과 **대화하는**converser 자신의 방식을 헤겔의 태도와 대립시킨다. 헤겔은 철학을 진보로서 읽어 낸다. 그의 독해의 중심 개념은 **지양**Aufhebung이다. 우리는 데리다에 힘입어[9] 이 단어를 '이어 바꿈'을 뜻하는 'relève'라는 효과적인 말로 번역할 수 있다 (우리는 이 단어를 보초의 '이어 바꿈', 경비의 '이어 바꿈' 등등으로 사용한다. **지양되는** 것은 거부되는 동시에 보존되며 고양된다). 하이데거에게서 문제는 **이어 바꿈**이 아니라, **뒤로 물러섬**이다.

　5) 존재의 사유를 존재-신-론으로 대체하는 동일한 운동은 연속적인 일련의 망각을 통해 과학에 귀착한다. 과학은 존재자에게만 관심을 가지며, 존재자들을 자신에 종속시킨다. 과학은 존재자들을 정복하고 마음대로 하고자 하며, 존재자들에게 행사되는 권력을 추구한다. 따라서 이러한 운동은 권력의 의지로 귀착한다(권력의 의지는 존재에 대한 특정한 이해다. 그것은 우리 시대에 존재가 존재하는 방식 또는 존재가 존재한다는 자신의 본분을 행하는 방식이다). 이러한 운동은 기술에 다다른다. 형이상학의 종말, 기술세계의 위기는 신의 죽음에 이르지만, 이것은 사실상 존재-신-론의 연장이다.

---

9) 이 책 1부의 강의 「헤겔의 응답: 『논리학』」 참조.

6) 형이상학의 이러한 종말은 존재를 사유하기 위한 기회를 준다. 존재 사유는 이제 존재론이 아닐 것이다.[10] 하이데거는 '존재론'이라는 단어를 더 이상 사용하지 않는다. '존재론'은 여전히 '론'論;logique에 묶여 있기 때문이다. (하지만 초기 하이데거 사유의 주된 과제는 **기초존재론**이었다). 이러한 포기는 '론'에 대한 기억, 즉 존재가 존재자의 존재로 번역되는 방식에 대한 기억 탓이다. '론'은 여전히 존재-신-론의 표지를 담고 있다. 그에 반해, 하이데거는 오는 것, 올 수 있는 것을 **존재 사유**라고 부른다. 신의 죽음과 존재-신-론의 종말이 가리키는 새로운 시대가 있는 것이다.

여기서도 역시 문제는 존재-신-론을 끝장내는 것이다. 그런데 다음과 같은 의문이 떠오른다. 존재-신-론의 오류는 존재를 신으로 간주하는 데서, 또는 차라리 신을 존재로 간주하는 데서 오는 것인가?

이러한 질문을 제기하는 것은 존재가 동사적 의미와 명사적 의미에서 의미의 궁극적 원천인지 아닌지를 묻는 것이다. 존재, 다시 말해, 존재 **그리고** 무. 헤겔 이래 우리가 보았듯, 무는 존재를 밀쳐 내는 순수하게 부정적인 작용의 결과가 아니다. 부정은 자신이 밟고 떠나온 땅의 먼지를 신발 바닥에 묻히고 있다. 모든 무는 어떤 것의 무다. 그리고 그것의 무가 무인 이 어떤 것은 사유된 것으로 남아 있다. 존재와 무는 엮여 있는 것이다.

---

10) 제목 자체만으로도 의미심장한 하이데거의 후기 강의인 「철학의 종말과 사유의 과제」를 다시 보라.

신은 **존재의 타자**를 의미하지 않는가? 의미를 주는 사상은, 신의 이미지로 존재의 파열과 전복을, 즉 존재-사이에서-벗어남('존재함'에서 떠남)을 의미하지 않는가? 동일자로 환원 불가능한 타자는 특정한 관계(윤리) 속에서 이러한 타자 또는 이러한 너머를 사유하게 하지 않는가?

윤리란 단순한 층層이 아니라, 존재-신-론보다 더 오래된 어떤 것이다. 윤리가 존재-신-론을 해명해야 한다.[11]

의미를 지닌 것이 반드시 존재해야 하는 것은 아니다. 존재는 사유를 확증할 수 있지만, 사유는 의미를, 즉 존재에 의해 내보여지는 의

---

11) 전-근원적이고 전-논리적인 윤리가 ('윤리보다 덜 오래된 것'이고 망각에 이르기까지 윤리를 감추는) 존재-신-론을 **해명**해야 한다는 사실이 바로 『존재와 달리 또는 존재성을 넘어』의 근본적 동기들 중의 하나인데, 우리는 이 점을 다시 살펴볼 것이다. 하지만 당장은 그 책에 나오는 다음의 설명을 인용하도록 하자. "환원은 어떤 '초월론적 가상'을 결코 흩뜨리지도 설명하지도 않는다. 환원이 시작되는 구조들은 존재론적이다. […] 그러나 지금의 환원은 말해진 것을 말함으로 환원하는 것이다. 로고스 너머로, 존재 및 비-존재 너머로, 존재성 너머로, 즉 진리인 것과 비-진리인 것 너머로 환원하는 것이다. 의미작용으로, 책임의 (또는 더 정확하게는 대신함의) 타자를-위한-일자로 환원하는 것이다. 이것은 장소이거나 비-장소이며, 장소이자 비-장소이고, 인간적인 것의 유토피아다. 그것은 그 용어의 문자적 의미에서 불안정으로의 또는 그것의 통시성으로의 환원이다. 존재는 그것의 모아진 힘들 전체에도 불구하고, 그것의 결합 속의 동시적 힘들 전체에도 불구하고, 이 통시성을 영속화할 수 없다. 주체적인 것과 그것의 선은 존재론으로부터 이해될 수 없을 것이다. 거꾸로, 말함의 주체성으로부터, 말해진 것의 의미작용이 해석될 수 있을 것이다. 말해진 것과 존재의 문제가 있게 되는 것은 오직 말함 또는 책임이 정의를 요청하기 때문이라는 점을 보여 주는 일이 가능할 것이다. 오직 그럼으로써, 존재에 정의가 주어질 것이다. 오직 그럼으로써, 부정의에 의해 '대지의 모든 기초가 흔들린다'는 단언, 문자 그대로는 기묘한 단언이 이해될 것이다. 오직 그럼으로써 진리와 이데올로기의 분리를 허락하는 탈이해관심의 영역이 진리에 주어질 것이다"(*Autrement qu'être ou au-delà de l'essence*, pp. 57~58[103~104쪽]).

미를 사유한다. 이러한 사유는 존재 사이에서 벗어남의 여지를 넓혀
준다.

신을 존재-신-론에 대립시키는 것은 의미의 새로운 방식, 의미의
새로운 개념을 생각하는 것이다. 이런 연구가 출발할 수 있는 것은 특
정한 윤리적 관계에서부터다.

존재와 의미
— 1975. 11. 14 금요일

존재-신-론의 주제는 철학 안으로의 신의 도래를 존재에 특정한 의미를 부여하는 사유와 연결하여 존재를 존재자의 근거라는 의미로 이해한다. ("어떻게 신이 철학 속으로 들어오는가?"라는 물음을 제기한 이는 하이데거다.[12]) 하이데거가 볼 때, '존재자들에 의한 존재자들의 근거'라는 이 개념은 형이상학, 즉 철학의 시대를 특징짓는다. 여기서 존재자의 기초는 존재자 그 자체고, 존재는 존재자로 이해되며, 존재론적 차이는 망각된다. 형이상학은 기술에 의해 확장되는 우리의 유럽적 과학 속에서 성취되며 완성된다. 그리하여 하나의 기회가 존재의 가능적 사유를 되찾고자 하는 사유에 주어진다. 그러나 문제는 뒤로 되돌아가는 것이 아니다. 존재-신-론으로부터 사유를 분리시킴으로써, 이 형이상학적 시대의 종말 이후에 (그 시대가 완전히 지워지지 않은 상태에서) 사유의 이 같은 가능성을 다시 포착하는 것이 아니다.

하이데거의 테제는 존재가 모든 의미의 근원에 있다고 주장하는

---

12) Heidegger, "La constitution onto-théo-logique de la métaphysique", p. 290 [47~48쪽].

데서 성립한다. 이것은 곧 우리가 존재 너머를 사유할 수 없다는 점을 함축한다. 의미를 지닌 모든 것은 존재 이해로 귀착한다. 이와 같은 테제에 반해서 여기서 다음과 같이 질문이 제기된다. 존재-신-론에 따라 신을 사유하는 것은 존재를 잘못 사유하는 것인가(하이데거의 테제), 아니면 신을 잘못 사유하는 것인가? 신은 **존재 너머**를 의미하지 않는가? (그렇지만 하이데거에게 이것은 거의 지지받을 수 없는 생각이다. 존재 너머의 신에 대한 사유가 철학적 전통, 이를테면 플라톤과 플로티누스적 사유의 전통임에도 불구하고 그렇다.) 신이 의미를 주는 한, 모든 의미는 신으로 되돌아가는 것이 아닌가? 의미를 지닌 사유는 존재의 전복, 존재 사이에서 벗어남(다시 말해 '지배적 질서'Ordre[13]를 벗어남)이 아닌가? 이런 의미에서 존재 너머가 의미하는 것은 초월이지 최상급이 아니다. 그 최상급이 높이Hauteur에서, 즉 존재에 의해 고취되지 않는 그 자체로서의 높이에서 나오지 않는 한 말이다.

존재-신-론으로부터 신을 분리하는 것은 새로운 방식으로 의미 개념을 생각하는 것이다. 여기서는 특히 동일자와 타자의 관계 속에서 생각하는 것이다. 타자로서의 타자는 동일자와 어떠한 공통점도 가지지 않는다. 타자는 종합 안에서 자신을 사유하게 내버려 두지 않는다. 여기에 비교와 공시화의 불가능성이 있다. 동일자와 타자의 관계는 타자에 대한 동일자의 **공경**이다. 이 공경 속에서 우리는 윤리적

---

13) 『존재와 달리 또는 존재성을 넘어』에 나오는 "동일한 질서를, 그러니까 질서를 벗어나지"(*Autrement qu'être ou au-delà de l'essence*, p. 9[27쪽]) 못하는 것에 대한 언급을 참조하라.

관계를 승인할 수 있다. ('타자에 대한 동일자의' 관계에는 공통의 척도가 없지만 아무런 관계가 없는 것은 아니다. 그렇게 있는 관계는 공경의 관계다.) 그리고 윤리적 관계는 더 이상 존재론이나 존재 사유에 종속되지 않아야 한다.

존재론적인 합리성과는 다른 합리성이 어떤 의미에서 사유될 수 있는가? 그런 합리성은 가능한가? 존재 너머에 대한 사유, 즉 자신이 사유하는 이상으로 사유하는 사유는 어떤 구조를 갖는가? 여기서 **노에시스-노에마**의 상관관계, **노에시스-노에마**의 동등성이 다시 의문시된다. 여기에는 어떤 관계가 있을 것이지만, 그것이 동등성의 관계는 아닐 것이다.

이런 동등한 것의 관계는 그리스적이다. 그렇지만 내가 말을 한다면, 비록 내가 다른 관계를 말하려 한다 해도, 이 그리스적 합리성, 이 동등한 것의 합리성은 그 합리성을 상대화하고자 하는 담론에 의해 요구될 것이다. 여기서 말하려 하는 존재 너머에 대한 담론에도 정합성이 필요하다.

그리스인들에게 담론은 의미가 소통되고 해명되는 장이다. 하지만 그것은 이미, 사유하는 자에게 제시되는 장이다. 그리고 사유 그 자체가 사유되는 것은 이러한 담론의 정합성 속에서다. 먼저 사유가 있고 그다음에 담론이 있는 것이 아니라, 사유 그 자체 속에 담론이 있다. 플라톤[의 대화편]에서 소크라테스가 노예를 가르치기 위해 필요한 유일한 조건으로 내건 것은 **그리스어를 안다**는 것이었음을 상기해 보자. 그것은 그리스어였지, 야만인의 언어가 아니었다. 그것은 구문을 가진 분절어인 그리스어였지, 집합적 음절로 만들어진 언어가 아니었다.[14] 여기에 어려움이 있다. 왜냐하면 우리가 논리적 관계를 상대화할 수 있는 것은 오직 어떤 논리적 담론 안에서이기 때문이다.

서양 전통에서 언어적 표현은 의미가 의미로 성립하는 데 중요하다. 언어가 없다면 의미도 없다. 이러한 의미로서의 의미는 존재의 현현이다. (그러나 그리스인들에게 "존재의 현현"은 중복어구다![15] 존재는 현현이다. '존재'='현현' ― 하이데거는 이 입장을 보존한다.) 문법적 범주들은 그리스 사유에 의해 존재의 범주들로, 존재의 이해 가능성 자체로 사유된다. 그리고 칸트는 언표된 판단의 양상들에서 범주표를 발견한다.[16] 논리학은 이미 일종의 존재론이다. 적어도, 존재의 근본적 형식들이 발견되는 것은 논리학에서다.

말한다는 것은 그리스어를 말한다는 것이다.[17] 그러나 의미가 언어에서만 자신을 드러낸다는 것이 옳다고 해서, 논리적 진술이 **구체적 말함의 방식**에 값하지 않는다는 점을 굳이 똑같이 주장할 필요가 있

---

14) 플라톤, 『메논』(*Menon*), 82b.

15) 이러한 지적은 레비나스가 부분적으로 미셸 앙리(Michel Henry)의 연구, 특히 『현현의 본질』(*L'Essence de la manifestation*)에 나오는 연구를 참조하였음을 보여 준다. 이 책에서 미셸 앙리는 존재와 관련해 **현현**을 사유하고자 한다. 레비나스는 1976~1977년 학기에 이 책에 대한 세미나를 열기도 했다.

16) Immanuel Kant, *Critique de la Raison pure*, 6ᵉ éd, trans. André Tremesaygues & Bernard Pacaud, Paris : P.U.F., 1968, pp. 86~99[『순수이성비판』 1, 백종현 옮김, 아카넷, 2006, 287~305쪽].

17) 레비나스는 그리스어의 (보편적인 것의 언어라는, 그리고 이런 이유로 보편성의 언어라는) 이러한 특권을 줄곧 주장한다. 우리는 이 점을 철학적 저작 이외에 「성서 번역」("La traduction de Écriture", *A l'heures des nations*[『국가들의 시간』], Paris : Minuit, 1988) 같은 탈무드 강의에서도 발견할 수 있다. 거기서 레비나스는 토라(Thora)는 오직 그리스어로만 번역될 수 있다고 주장한다.

을까? 오히려 의미의 논리적 진술이 취소^{dédire} ─ **취소를 초래하는 말함**dire appelant un dédire ─를 초래하지 않는지 물어봐야 하지 않을까? 말한다는 것이 의미와 의미 속에서 나타나는 것 사이의 간격을, 의미와 의미 속에 나타나는 가운데 **존재의 방식을 취하는** 것 사이의 간격을 보여 주지 않는지 물어봐야 하는 것 아닐까? 드러나는 의미는 이러한 나타남, 존재의 행적, 정립이나 테제의 형식으로 그 속에 뒤섞이는 존재의 대열과 구분되지 않는가? 나는 제시하면서 정립하기 때문이다. 또 그렇게 해서 드러내기 때문이다. 그리고 여기에 이미 존재가 개입하고 있기 때문이다. 따라서 모든 의미는 억견적인 것처럼 보인다. 그러나 우리는 또한 반-억견적인(즉 억견적인 테제가 아닌) 의미를 말할 수 있지 않은가?[18]

달리 말해, 언어를 질문으로 생각할 필요가 있을 것이다. 그런데 질문 그 자체는 단지 긍정의 감소일 뿐인가? 질문한다는 것은 긍정하는 것보다 덜한 행위일 뿐인가? 질문이란 **단지** 그런 것인가? 그리스적 사유에서는 그렇다. 거기서 질문은 일종의 덜한 것^{moins}이다. 질문은 **제기된다**^{se poser} ─ 답을 향해 제기된다. 그러나 질문으로서의 언어는 단지 긍정의 감소일 뿐인가? 의미를 지닌 것과 표현된 것 사이의 간

---

18) 여기서 '반-억견적'(para-doxal)은 일단 그 단어의 자연스런 의미로[즉, 역설이라는 의미로] 파악되어야 하지만, 그것은 동시에 억견적인(doxique) 사유와 뚜렷이 구분되는 사유 방식을 가리키기도 한다. 이 말은 후설의 전문용어로서, *Idées directrices pour une phénoménologie*, trans. Paul Ricœur, Paris: Galimard, 1950, pp. 395~401[『순수현상학과 현상학적 철학의 이념들』 1, 이종훈 옮김, 한길사, 2009, 373~378쪽]의 117절에서 잘 설명되고 있다.

격—이것은 구체적 말함의 방식에서, 취소에서 **나타나는데** —은 단지 부정을 의미하는 것인가? 이 부정도 곧 정립position 으로 여겨지고 그래서 다시 존재론을 표현하게 될 것이다. 이 부정이 부정신학을 말할 때의 부정을 의미한다 하더라도 그렇다. 부정신학의 경우, 부정은 사실 정립의 반대가 아니라 **부정적 정립**이다. 게다가 긍정적 혹은 정립적 판단의 우위와 우선성은 남아 있다(부정신학에서는 신이 무엇이 아닌지를 정립한다).

존재론적 우위에 대한 이러한 문제 제기는 철학적으로 보자면 철학에 대항하여 제기되는 질문이다. 이러한 문제 제기는, 우리가 의미의 다른 원천을 탐구하는 바로 그때, 우리에게 철학을 버리지 말도록 요구한다. 여기에는 결별과 비-결별이 동시에 있다. 이것이 현대 사유의 모든 상황을 특징짓는다. 현대의 사유는 억견적인 정립과는 다른 것을 추구하지만, 그와 동시에, 말을 하는 한에서 여전히 철학을 한다. (이것이야말로 "철학하지 않음, 그것 역시 철학함이다"라는 아리스토텔레스의 말의 실현이 아니겠는가.[19])

철학은 모든 의미작용과 모든 합리성을 존재로, 존재의 몸짓으로 거슬러 올라가게 한다. 존재의 몸짓은 존재들이 스스로 존재를 긍정하는 한에서 이 존재들에 의해 수행되는 것이다. (존재의 존재성[20]을 뜻하는 '존재의 몸짓'이라는 용어는 '존재하다'라는 말의 동사적 측면을 강조한

---

19) 레비나스의 논문 「신과 철학」은 아리스토텔레스의 이 말을 상기하는 것으로 시작한다. 이번 강의는 「신과 철학」에 대한 **다르게 말하기**로 읽힐 수 있음을 앞에서 밝힌 바 있다.
20) 존재성이라는 용어에 대해서는 이 책 1부의 강의 「첫 번째 질문들」, 18쪽, 각주 3 참조.

다.) 이 존재의 몸짓은 언어로서의 명제 안에서 울려 퍼지는 긍정과 일치한다. 이 존재, 이 존재 행위나 이 존재 사건은 긍정된다. 그것은 대단히 확고해서, 이 존재는 명제로서 울려 퍼지고, 명제 속에서 드러난다. 존재는 긍정되고 확증되어, 의식 속에 나타나고 의식 속에 현전하기에 이른다. 우리가 말한다는 사태는 존재의 두드러짐 자체다. 우리가 생각하고 긍정하는 사태는 존재 자체가 스스로를 긍정하는 사태다.

이러한 긍정은 견고한 지반에서의 정립, 즉 가장 견고한 지반인 대지[21] 위에서의 정립이다. 스스로를 정립하는 존재라는 이러한 관념 안에는 하나의 조건, 즉 대지의 견고함 자체가 있다. 존재**성**의 긍정 자체는 모든 운동과 모든 운동의 정지 아래 이러한 휴식과 아래에-**섬**/실-**체**^{sub-stance}를 전제한다. 문법학자들이 가벼이 '조동사'라고 부르는 '존재하다'라는 동사에는 근본적인 휴식의 지배가 울려 퍼진다. 이 휴식은 대지를 전제한다. 그것은 활동성의 고지인데, 이것이 알리는 것은 성질이나 장소의 어떤 변화가 아니라 오직 존재다. 즉 비-불안정, 휴식, 존재의 휴식 활동인 동일성이다. 그리스인들이 순수 활동이라 부르기를 주저하지 않았던 '휴식 활동'이라는 이 문구에는 표면상의 모순이 있다. 존재들을 쫓는 동요 아래, 흔들림 없는 휴식이 지배한다. 우리가 행하는 모든 것 배후에 이러한 휴식이 있다. 이러한 지배는 스스로를 실행하는 필연성이며, 어디에나 전제된다. 그러나 그것

---

21) 이 강의와 같은 시기에 발표된 여러 텍스트들에서는 근본적인 사태인 대지의 견고한 지반에서의 휴식을 다루고 있다. 특히 "Philosophie et positivité"(*Savoir, faire, espérer : Les limites de la raison*, Bruxelles : Facultés universitaires Saint-Louis, 1976)에서 이를 다시 읽을 수 있을 것이다.

은 폭력이 아니다.

그러므로 이 강의가 제시하는 것은 하나의 스캔들로 비칠 수 있다. 만약 그것이 불-안정을 나타내는 데서 성립하는 것이라면 말이다.

존재와 세계

존재-신-론으로부터 사유를 떼어 놓으려는 우리의 계획 속에서, 우리는 존재 및 존재의 존재性에 의거하지 않고서도 이해가 가능한지를 물어보았다. 의미는 말해진 것의 외부에서는 드러날 수 없으며 말함은 이 말해진 것으로 흡수되고 때로 이 말해진 것 앞에서 밀려난다는 점을 인정하면서도, 우리는 다음과 같이 물어볼 수 있다. 의미의 이해나 현시 속에서 말해진 것의 형식과 그 의미 자체 사이의 간격이 유지되지는 않는가. 즉, 말해진 것의 취소^{Dédit}에 대한 요구가 그 말해진 것에 내재하는 것은 아닌가. 이렇게 해서 우리는—우리가 제기한 물음에 대한 답이 긍정적이라 하더라도—그리스 철학과의 논쟁에서 벗어날 수 없는 처지에 처한다. 더 정확히 말해, 이제 문제가 되는 것은 언제나 현존으로 이해되는 존재 개념을 탐구하는 것, 그리고 존재론적인 이해 가능성을 규정하는 세계의 휴식 안에서의 실정성 개념을 탐구하는 것이다.

　서양 전통에서 의미를 지닌 사유는 주제적^{thétique}이다. 의미를 지닌 사유는 정립되는^{se poser} 것을 사유하며(사유하는 것은 정립하는 것이다), 정립되는 것의 휴식을 사유한다. 이러한 휴식은 근본적이며 —이것이 근본적인 이유는 모든 운동과 운동의 모든 정지를 뒷받침하기 때문인데 — '존재하다' 동사를 통해 설명된다. 사유된 다양한 것들, 즉 사유의 다양은 이러한 휴식에 의해 자신의 자리를 획득하고 거기서 자신을 재발견하며 자신을 재인식한다. 그것은 현존이 되며, 이러한 부동성 속에서 동일화한다. 또 그렇게 하여 하나의 세계를 형성한다(세계, 그것은 자리이고 장소다). 세계 속에서 실정성은 자신의 모든 의미를 획득한다. 그러므로 존재들의 동일성은 심오하고 근본적인 경험과 엮인다. 이 경험은 또한 근본적인 것의 경험이고 심오한 것의 경험이며 정초의 경험이다. 이 휴식은 존재로서의 존재에 대한 경험이다. 즉 대지의 견고함에 대한 존재론적 경험이다. 이 동일성은 우리의 전통적 사유(즉 서양적 또는 그리스적 사유)에서는 넘어설 수 없는 진리다.

『티마이오스』에 따르면, 동일자의 원환은 타자의 원환을 에워싸고 포괄한다.[22] 거기서 다루어지는 것이 시대에 뒤떨어진 천문학이라고 생각해서는 안 된다. 코페르니쿠스의 기하학도, 그리고 우주여행의 기하학도 이『티마이오스』우주의 동일성을 보존한다. (우주여행은 휴식의 동일성을 교란하지 않는다. 하지만 우주여행은 높이의 초월을, 즉 고대인에게는 본질적인 것이라 여겨졌던 높이의 초월을 제거해 버린다. 그 높이는 나아가기^{marcher} 불가능한 거리를 가리켰기 때문이다. 우리는 이러한 점에서 이카루스의 꿈을 생각해 볼 수 있을 것이다. 별을 향한 시선은 곧 경배와 우상숭배다. 그렇기에 일신론적 종교들은 이를 금지한다. 우주여행

---

22) 플라톤, 『티마이오스』, 37c.

은 매우 실망스런 결과를 가져왔다. 즉 그것은 이러한 우상들이, 우리가 그 위에서 **걸을**marcher 수 있는 평범한 돌들임을 보여 준다. 이것은 신적인 것이 다른 의미를 지닌다는 신호다.[23])

근대의 관념론은 이러한 존재의 휴식에 반대하여, 종합하는 사유 활동에 특권을 부여하는 것처럼 보인다. 그러나 이 관념론은 이런 안정성과, 즉 세계의 이런 우선성과 결별하지 않는다. 또 간접적으로는 이런 천문학적 전거와도 결별하지 않는다. 철학적 사유란 모든 의미가 세계로부터 도출되는 사유다. 근대 철학에서 주체의 활동성은 세계의 이런 안정성에 대한 과장 또는 강조다. 이때의 현존은 그것이 ~에 현존하는 그러한 현존, 또는 재현이다. 휴식의 견고함은 그것이 나타나는 지점에서 강화된다. 그것이 그토록 견고하기에 우리는 그것을 긍정한다. **존재**esse 그 자체는 사람들이 파악하는 **존재**, 누군가에게 자신을 드러내는 **존재**다. 존재 그 자체는 존재론적이다. 그것은 나타나는 지점에서, 갑작스레 드러나는 지점에서 자신을 정립하는 존재다. 심성은 존재의 이러한 존재성의 최상급이다.[24] 이런 견고함과 휴식은 주체성 속에서, 이 견고함과 휴식을 일으키는 현존의 에너지를 초월론적 통각의 종합적 활동으로서 탈은폐하기에 이른다.

---

23) '우주여행'의 이런 의미에 대해서 참조할 빼놓을 수 없는 글로 「하이데거, 가가린 그리고 우리」("Heidegger, Gagarine et nous", *Difficile liberté*[『어려운 자유』], 2ᵉ éd, Paris : Albin Michel, 1976)가 있다.

24) 바로 이런 의미에서 『관념에 오는 신에 대하여』는 다음과 같은 질문을 제기한다. 우리는 이 질문을 전승된 철학에 대한 레비나스의 질문으로 받아들일 수 있다. "심성은 존재성의 에너지를, 존재자들을 정립하는 '에너지'를 전개하는 것으로 소진되는가?"(*De Dieu qui vient à l'idée*, p. 164).

하이데거에게 세계의 존재는 주체의 활동^{activité}이 된다. 거기서 휴식은 행위^{acte}고 행위적^{actif}인 것이다. 휴식의 존재성은 주제화와 종합의 실정성 안에서 반복된다. 그것은 자신을 드러내고자 하는 휴식의 본성^{nature}에, 종합하고자 하는 자신의 활동의 본성에 속한다.[25] 과학 그 자체, 즉 존재의 반영으로 생각해야 하는 과학 그 자체는, 존재로부터 온다. 존재의 빛인 빛으로부터 온다. 마찬가지로 하이데거에게서 인간은 존재에 의해, 존재의 에너지^{énergie}에 의해, 존재의 **활동태**^{energeia}에 의해 야기된다. 실정성^{positivité}(흔들리지 않는 기초를 정립하고 내용, 즉 세계의 세계성을 굳건히 유지하는 행위)은 실증주의^{positivisme}를 불신하는 철학에서조차 덕으로서의 가치를 보존한다. 관념과 기호는 내용에 해당할 뿐이며, 실정적인^{positif} 사유와 언어만이 고려할 가치를 지닌다. (이런 의미로 우리는 부버에게 가해진 비판, 즉

---

25) 내가 이 텍스트를 작성하기 위해 참고했던 학생의 노트에는 "그것은 자신을 드러내고자 하는 휴식의 존재성(essence)에, 종합하고자 하는 자신의 활동의 존재성(essence)에 속한다"라고 적혀 있었다. 그러나 우리는 『존재와 달리 또는 존재성을 넘어』의 「예비 노트」에서 레비나스가 **존재성**(essence)이란 단어의 의미를 명확히 한 이후(이 책의 첫 번째 강의 "첫 번째 질문" 17~18쪽, 각주 3을 참조) 다음과 같은 내용을 덧붙이고 있다는 점을 상기해야 한다. "우리는 essence라는 용어와 그 파생어들을 전통적인 용법으로 사용하지 않도록 주의할 것이다. 우리는 ['본질', '본질적인', '본질적으로'라는 뜻으로 쓰일 때] essence, essentiel, essentiellement 대신 eidos, eidétique, eidétiquement이나 nature, quiddité, fondamental 등을 사용할 것이다." 내가 여기서 essence를 '본성' (nature)으로 대체한 것은 이러한 언급에 충실하기 위해서다. 이것은 환심을 사려는 것이거나 아첨을 하려는 것 따위가 아니다. 이러한 충실성의 이유는, 『존재와 달리 또는 존재성을 넘어』가 완전히 그 자신의 언어로 (레비나스 스스로가 '세련되지 못하다'고 인정하는 것이긴 하지만) 써졌으며 이 강의 역시 그런 언어를 공유한다는 점에서 『존재와 달리 또는 존재성을 넘어』의 철학적 공간에 속한다는 데 있다.

“당신의 개념은 실정적이지 않다”는 비판을 상기해 볼 수 있을 것이다.)

존재를 거부한다고 하는 부정은 존재와의 대립 속에서도 여전히 정립이다. 대지에 기초를 두고 대지에 의존하는 하나의 정립이다. 모순 속에서 부정성이 긍정적인 것positif과 관계한다는 것, 이것은 헤겔의 위대한 발견이다. 부정성은 또한 긍정성positivité이라는 얘기다. 모든 부정성은 자신이 부정하는 것을 자신의 부정성 안에 보존하고 있다고 헤겔은 우리에게 말할 것이다. 『정신현상학』에서 직접적인 것/비매개적인 것은 이름 없는 특수성이다. 이 특수성은 매개의 다양한 형태를 거쳐 절대지Savoir 속에서 동일성의 절대적 휴식으로 돌아온다. 특수성이 사유되지 않는 경우는 그것이 어떤 것 위에서도 휴식하지 않을 때다. 동일자로 돌아오지 않는 타자에 의해 야기되는 동일자의 모든 넘쳐흐름이 미완의 사유 혹은 낭만적인 사유로 간주된다는 사실을 우리는 헤겔에게서 배웠다. (낭만적인 그리고 미완이라는) 이 두 형용사는 경멸적인 가치를 가진다. 그것은 우리가 머물 수 없는 사유의 한 계기다. 왜냐하면 그것은 존재의 존재성과 다시 결합되지 않은, 근거 없는 사유이기 때문이다.[26]

우리는 이렇게 물어볼 수 있다. 형식논리학(어떠한 실재도 긍정하지 않으며 사물 일반의 형식들에 머물러 있는 논리학, 모든 내용이 비어 있는 어떤 것 일반Etwas überhaupt의 형식들에 머물러 있는 논리학 ─후설은 우

---

26) 이 부분에 대해 전거들을 제시하기는 어렵다. 「감각적 확신」의 첫 페이지부터 「절대지」에 바쳐진 마지막 페이지까지를 다시 훑는 『정신현상학』의 전체 여정이 하나의 문단으로 다뤄지고 있기 때문이다.

리의 논리학이 형식화한 논리학이지 일반화한 논리학은 아니라고 말했다)
은 비어 있음의 순수성을 내세우지만, 과연 참된 비어 있음에서 성립
할 수 있는가? 이 형식논리학(후설이 다르게 이름 붙인 바에 따르면 형식
적 존재론—모든 내용이 비어 있는 존재에 대한 연구)은 질료적 존재론
의 윤곽을 이미 그리고 있는 것은 아닌가? 또한 형식 관념 자체는 동
일자의 안정성, 세계의 휴식, 그리고 그 휴식이 보증하는 천문학적 질
서를 요구하는 것은 아닌가? (자신의 첫 저작에서 형식논리학과 질료논
리학 사이의 엄격한 구별을 확립하고자 했던) 후설의 처지에서는 형식논
리학을 정초하기 위해, 질료적 존재론으로부터 형식논리학이 탄생함
을 보여 줄 필요가 있었다. 사물들에 대한 경험으로, 특히 감각으로 돌
아갈 필요가 있었다. 형식논리학이 어떻게 태어나는지를 이해했을 때
에만 사람들은 철학적으로 형식논리학을 이해한다는 것이다.[27]

　　후설에 따르면, 포괄하고 종합하는 초월론적 의식의 활동 속에서
합리성이란 단순히 겨눠진 것, 후설이 의미지시적 지향성이라고 부르
는 것을 주어진 바를 통해 확인하는 것과 같다. (나는 책을 읽는다. 나는
적혀 있는 문자들을 우연스레 발견할 것이다. 나는 통사론적인 결합 없이
도 단어들을 읽을 수 있다. 읽으면서, 나는 어떤 의미를, 단어들의 연쇄 속
에서 특정한 의미를 발견할 것이다. 정확하게 구성된 명제가 거짓으로 판
명날 수도 있다. 그리고 우리가 이해하는 의미를 가진, 정확하게 구성된 명

---

27) 이것이 [후설의] 『형식논리학과 초월론적 논리학』(*Logique formelle et Logique transcen
dantale*, trans. Suzanne Bachelard, Paris: P.U.F., 1957[국역은 『형식논리학과 선험논리학』, 이종
훈·하병학 옮김, 나남, 2010])의 온전한 의미다.

제가 참일 수도 있다. 그 명제는 실재에 의해 확인될 때 참이다. 이렇게 하여 사유된 의미는 확인된다. 겨눠진 것^{visé}을 확인하는 봄^{vision}이 있는 것이다.) 지향 그 자체는 동일화다. 후설에게서 지향적 질서는 내게 이렇게 말하는 일련의 확인들이다. "이것은 동일한 대상이다. 이것은 동일한 것이다. 이것은 동일한 것이다. 이것은 동일한 것이다……." 합리적 사유란 안정되고 일관된 실재를 다시 발견하는 사유다. 게다가 후설의 사유는 동일차에서 빠져나가 버릴 타자가 숨을 수 있을 법한 모든 지평을 파헤친다.

가 버리는 것, 시간적으로 가 버리는 것, 지나가는 것(이미 지나갔으며, 다시 잡아야 하는 현재)은 먼저 직접적으로 다시 잡히고, 그다음에 기억 덕택으로 떠올려지며, 결국 역사에 의해 재발견되고, 역사에 의해 또는 선-역사에 의해 재구성된다.[28] 플라톤에서 후설에 이르는 의식의 합리적 작업은 **상기**인데, 이 상기는 존재의 동일성의 궁극적인 활력이거나, 적어도 존재론의 규범적 프로그램이다. (동일성이 생산되거나 재구성되는 것은 상기 안에서다.) 상기 또는 (미래에 대해서는) 예상. 후설의 시간론은 안정된 것, 견고한 것에 대한 이론이다. 여기서는 현재가 구성되는 과거지향과 미래지향의 모든 작용들이 합리적 행위가 된다.

하이데거에게서도 사정은 같다. 우리는 동일차에 대한 이러한 동

---

28) 이 점에 대해서는 Edmund Husserl, *Leçons pour une phénoménologie de la conscience intime du temps*, 1928, trans. Henri Dussort, Paris: P.U.F., 1964[『시간 의식』, 이종훈 옮김, 한길사, 1996] 참조.

일한 이상을 그에게서도 다시 발견한다. 그럼에도 불구하고 하이데거
는 현존과 존재의 동일화를 파괴하고자 했다. 그러나 그에게 동일차
는 여전히 합리적인 것, 의미를 지닌 것이다.

윤리로부터 신을 사유하다

하이데거는 불안정 또는 비-안정의 합리성을 향한 길을 열었다. 존재는 인간에게서 물어지고 문제가 된다. 물음은 호기심을 지닌 인간이 견지하는 질문이 아니라 존재가 물어지는 방식, 존재가 바닥없는 심연으로, 기초-없음으로 있는 방식이다. 왜냐하면 존재는 언제나 존재해야-함이며 존재라는 과업이기 때문이다. 즉 (스스로를) 포착하고 (스스로를) 잃어버릴 가능성이기 때문이다. 이러한 생각들과 더불어, 휴식의 합리성과의 단절이, 그리스적 전통과의 단절이 생겨난다. 만약 존재가 그 자체로 과업이라면, 만약 존재가 존재해야 함이거나 저버려야 함이라면(저버릴 때조차 여전히 안에 있게 되는 그런 저버림), 그것은 더 이상 그리스적 존재나 플라톤적 존재가 아니다. 그리고 소크라테스 이전의 '존재'는 성서적인 견해, 더욱이 매우 기독교적인 견해와 가까울 것이다. 존재의 이해란 바로 존재의 **물음**이다.

　이 모두가 하이데거에게 있다. 그렇지만 궁극적인 물음(죽음), 자신의 종말로 향해 있는 존재 물음과 관련되는 점에서, 그 관계는 더 이상 물음이 아니라 **직면**이다. 『존재와 시간』이 말하듯 "죽음은 불가능성의 가능성이다." 그러므로 이 물음 속에는 어떤 실정성이 있다. 죽음은 더 이상 물음이 아니라, 포착해야 할 어떤 것이다. 그래서 죽음의 떠맡음이 있게 된다. 이 점에 대해 『존재와 시간』은 또한 죽음이 가장 **확실한**gewissen 것임을 주장한다.[29] 여기서도 전통과의 단절이 있다. 중세에는 **신적 학문**scientia divina의 이상이 있어서, 가장 큰 확실함을 주는 것은 신에 대한 인식이었고, 그 인식은 동시에 가장 탁월한 인식이었다. (아리스토텔레스에게는 단 한 명의 신학자, 즉 신만이 존재한다.[30] 신학은 신이 자기 자신을 스스로 소유하는 방식이었다. 중세에 이르러 은총이, 아리스토텔레스에게는 신만이 소유한 것이었던 신학을 모든 인간에게 열어 주었다.)

이제 이번 강의의 물음들로 돌아가자. 신은 우리가 앞선 강의에서 그 특성을 살펴보았던 존재론에 의해 어떻게 '회수되는가?' 신은 이러한 유형의 이해 가능성에 어떻게 도입되며, '어떻게 들어오는가?' 나아가, 존재-신-론의 외부에서 신을 사유하는 것이 가능한가? 이와 같은 사유를 허용해 줄 이해 가능성의 모델을 정식화하는 것이 가능한가? 우리의 질문을 더 정확히 해보자. 어떤 단순한 세계관에서 파생한 것이 아닌 **윤리**로부터, 존재-신-론의 외부에서 신을 사유하게 해

---

29) Heidegger, *Être et Temps*, §52, §53[52, 53절].

30) 오방크의 『아리스토텔레스에서 존재 문제』 참조. "신만이 유일한 신학자다. 또는 적어도 완전한 신학은 신밖에 없다. (……) 이제 우리는 어떤 점에서 이런 이중적인 신성의 신학이 성립하는지를 안다. 신에 의한 신의 인식으로서의 신학은 신에 대한 인식일 따름이다. 왜냐하면 자기 자신 이외의 다른 것을 생각하는 것은 신에게는 어울리지 않기 때문이다"(Pierre Aubenque, *Le Problème de l'être chez Aristote*, Paris: P.U.F., 1966, p. 330).

줄 그런 이해 가능성의 모델을 정식화할 수 있지 않겠는가?

철학적 전통 속에서 윤리는 언제나, 가장 기본적이라는 존재론적 층위를 덮는 층위로 여겨졌다. 그렇게 윤리는 곧바로 동일차에, 자기와 동일적인 것에 의거하는 것이었다. 그러나 윤리는 세계, 존재, 인식, 동일차 그리고 동일차의 인식에 의거하지 않고서도 의미를 주지 않는가? 보이는 목표를 채우는 데로 귀착하지 않는 **초월**을 주지 않는가? 안다는 사태, 그것은 타자를 향해 스스로를 초월하는 것이고, 동일차로부터 타자로 나가는 것이니 말이다. 그러나 후설에게서 —이것이 후설 현상학의 기초인데 —초월은 '뼈와 살'의 시각이 채워야 할 사유의 목표다. 이런 의미에서 초월은 **전유**다. 또 그러한 것으로서 초월은 **내재성**이거나 **내재성**으로 남게 된다.

그러나 그 자체로서의 초월은 목표로 남을 수밖에 없는 목표일 것이다. 이런 의미에서 그것은 억견적 초월이 아니라, 반-억견적 초월일 것이다. 내재성에 머무는 후설의 초월로부터 타자를 향한 초월로 이행하는 반억견적 방식이 있게 될 것이다. 타자는 비가시적이어서 채우기를 기대할 수 없다. 그것은 담을 수 없는 것이고, 주제화할 수 없는 것이다. 그것은 무한한 초월이다. 그래서 여기서는 보이는 목표를 채운다는 발상은 논의를 벗어나고, 균형을 벗어난다. 불-균형한 초월. 다시 말해 여기서는 지향성과는 다른 것을 다룬다. 또 이 초월은 부정신학의 모델로 귀착될 수 없을 것이다.

윤리는 타인과의 관계, 이웃과의 관계다(이웃의 근접성은 공간적 의미에서의 인접성과 혼동될 수 없다). '이웃'이란 우선 이러한 관계의 **우연적인** 특성을 강조한다. 왜냐하면 타인, 이웃은 최초로 온 자이기 때문이다.[31] 이 관계는 타인에 대한 **책임**인 근접성이다. 이것은 사로잡히는 책임, 사로잡힘obsession인 책임이다. 왜냐하면 타인은 나를 포위해서 나의 나를-위함pour-moi과 그 자체로서의en-soi 나를 문제시하고 나를 **볼모**로 만들기 때문이다.[32] 그리고 이러한 볼모의 무조건성은, 우리가 그것 없이는 "먼저 하세요"라는 단순한 양보의 말조차 할 수 없는 조건인 것이다. (이것이 의미하는 바는, 오늘의 도덕 위기 가운데 유일하게 남아 있는 것은 **타인에 대한 책임**[33]이라는 점이다. 이것은 측량할 수 없는 책임, 우리가 언제든 갚을 수 있는 빚과는 다른 책임이다. 왜냐하면 우리는 타인을 결코 떠날 수 없기 때문이다.) 이러한 책임은 나의 파열과 나의 핵-분열에까지 이른다. 바로 여기에 나의 주체성이 있다.

의미를 주는 것, 그것은 타자에 **대한**pour 일자에 의미를 주는 것이다. 이 **일자**un에는 우선성이 있는데, 그것은 타인에 대한 직접적인 노출의 우선성이다. 이때의 노출은 자아 개념에 의해서조차 보호받지

---

31) 이런 의미에서 『존재와 달리 또는 존재성을 넘어』를 보라. "타자로서의 이웃은 자신의 그림자를 그리거나 알려 줄 어떤 전조를 앞세우지 않는다. 타자인 이웃은 나타나지 않는다. … 모든 존재성, 모든 유, 모든 유사성에서 면제된 이웃은 **첫 번째로 온 자**로서 나와 첫 번째로 관련을 맺는다(비록 그가 오래전부터 아는 사람이고, 오래된 친구이고, 오래된 연인이어서, 내 사회관계망에 연루된 지 오래라 해도 그렇다). 선험적인 것을 떠난 우연성 속에서 말이다"(*Autrement qu'être ou au-delà de l'essence*, p. 109[188쪽]. 내가 강조한 부분은 선험성에 앞서는 것의 과잉을 생각하게 해준다).

32) ['볼모'를 뜻하는 프랑스어] otage는 라틴어 obses에 해당하는데, 이 말은 전쟁에서 인질로 잡은 포로를 가리킨다.

33) 이것은 근래에 레비나스가 **성스러움**(sainteté)이라고 불렀던 것에 해당한다. 그는 『존재와 달리 또는 존재성을 넘어』(*Autrement qu'être ou au-delà de l'essence*, p. 164[279쪽])에서 언급하는 "현대의 반인간주의"의 교훈에도 불구하고, 혹은 그 교훈 덕분에, 이 개념 속에서 **이론의 여지없는** 유일한 것 또는 궁극적인 것을 발견한다.

못하는 일인칭의 노출이다. 물론 구성된 자아가 있을 수 있다. 합법적인 사회에서 자신의 개념에 의해 어떤 방식으로든 보호받는 자아가 있을 수 있는 것이다. 그러나 나Je는 **차아의 외부**에, 그 개념 외부에 있다.[34] 이 '나'는 이미 차아로 사유되지만, 다른 인간에게서 빠져나간다는 것의 불가능성 속에서 유일한 자로 남아 있다. 요구 속에서의, **얼굴** 속에서의 다른 인간. 직접적이고 극단적인 노출이자 완전한 벌거벗음인 그의 얼굴. 이렇듯 타인은 곧장 아무런 보호도 없이 비참한 자로 다가오며, 단번에 내게 맡겨진다.

나Je, 나의 차아Moi는 이러한 노출을 회피한다. 그리하여 자신의 조건을 무조건성 너머에서 탐색하기에 이른다. 모든 내je가 개체화되고 한 유의 개체가 되는 그런 순간으로 이루어진 시간 속에서 말이다. 사람들은 이렇게 말할 수 있을 것이다. 나Je는 **스스로 회피한다**. 하지만 나Je는 나je로 남아 있다. 이 차아는 (자신의 자리를 잃고 내moi가 되어) 존재의 조건을 넘어서는 지점에까지 문제시된다. 거기에선 순간들로 구성된 시간이 **돌연한 불안정**으로 타격을 받는다. 갑작스레 외상이 휴식을 흔들고, 시간이 멈춘다. 이런 의미에서 갑작스러움의 시간이 열리

---

34) 내 생각에 레비나스의 두 주저, 『전체성과 무한』과 『존재와 달리 또는 존재성을 넘어』 사이의 차이가 집약되어 있는 것은 바로 이런 대립 속에서다. 『전체성과 무한』은 차아의 현상학을 다룬다. 이 자아는 그가 타인을 만나는 세계 속에 있는데, 여기서 타인은 자아의 애초의 무고함을 뒤흔들고 문제 삼는다. 『존재와 달리 또는 존재성을 넘어』는 이를테면 이런 자아의 고고학으로 나아가, 타자성에 의해 이미 변형된 나를 발견해낸다. "무한은 이웃을 향하라는 그의 명령으로 한 주체성 —이미 완전히 이루어진 통일성— 에 스스로를 알리는 것이 아니다. 자신의 **존재** 안의 주체성은 타인을 대신함으로써 **존재성을 해체한다**"(*Autrement qu'être ou au-delà de l'essence*, p. 16[38~39쪽]).

는데, 이것은 **동일자 안의 타자의 두드림**이다. 바로 휴식을 뒤흔드는 두드림이다. (히브리어에서 **타격**을 의미하는 단어와 **종**을 의미하는 단어가 흔들다는 뜻을 가진 동사를 같은 어원으로 삼는다는 점을 생각해 보자.[35])

이러한 갑작스러움의 시간 속에는 인내 ─ **시간의 길이**인 인내 ─와 이 인내의 기다림이 있다. 이 인내의 기다림에서는 기다림이라는 지향이 억압된다. 왜냐하면 기다림은 기다리는 바가 있는 반면, 인내는 기다림 없이 기다리기 때문이다. 그것은 기다려지는 것 없는, 기다림의 지향 없는 기다림이다. 모든 지향성인 것은 언제나 사유의 범위 안에 있다(노에시스와 노에마 사이에는 합치가 있다). 모든 지향은 ~에 대한 지향이다. 달리 말해 **의욕함**이다. 인내는 전혀 다르다. 인내는 자신의 고유한 지향을 안으로 삼켜 버린 것인 셈이다.

인내는 자신의 고유한 지향을 삼킨다. 시간은 공경하면서 관계한다. 시간은 무한을 공경하고 무한을 향해 초월한다. 그래서 기다려지는 것 없는 기다림(시간 그 자체)은 타인에 대한 책임으로 향한다. 우리는 여기서 **겨눠진 것 없고 겨눔 없는**sans visée et sans vision 초월이라는 발상을, 보는 것을 알지 못하는 '봄'voir이라는 발상을 찾을 수 있다. 이것은 순수한 인내이자 순수한 겪음이며, 이웃에 대해 깨어나는 깨어남이자, 갑작스러움이다. 이 갑작스러움이 이웃의 근접성을 이룬다.

---

35) 삼손에 관해서 언급하고 있는 「사사기」 13장 25절을 보라. "소라와 에스디올 사이 마하네단에서 여호와의 마음이 비로소 그에게 흔들리시니라." 이 구절은 동사 pa'am(흔들다, 부딪히다 또는 심장이 두근거린다는 의미에서 두근거리다의 의미를 지닌 말)을 사용하고 있다. 이 동사에서 명사 po'am(두근거림, 맥박)이 나온다. 종을 의미하는 pa'amon도 동일한 어근을 가지고 있다. (이러한 어원을 가르쳐 준 아리안 칼파Ariane Kalfa에게 감사한다.)

동일자와 타자

― 1975. 12. 12 금요일

타자로부터 일자로―여기에 한 관계가 있다. 비록 그것이 연결선이 없는 관계라 해도 말이다. 어떤 내용으로 환원할 수 없는 타자 또는 무한으로서의 타자는 나의 자기 동일성과 관련을 맺을 수 있고, 그래서 나의 동일성은 그 동일성이 같게 만들 수 있는 것 이상을 역설적으로 포함하게 되지 않는가? 구체적으로 이러한 사건성이 의미하는 것은 인식이 아니라 타인과의 관계다. 이런 얽힘의 또는 관계의 매듭이 무엇이든 간에 말이다. '관련을 맺는다'는 것은 여기서 일반적인 표현으로, 반드시 '접촉'을 의미하지는 않는다. 사실 그것은 아마 접촉보다 더 강할 것이다. 아마도 파열을, 자리의 박탈을 가리킬 것이기 때문이다.

실로 윤리 속에는, 즉 타인에 대한 책임 속에는, 타인의 근접성이라는 문제가 있다. 타인의 근접성은 측량할 수 없이 나를 사로잡아, 나의 즉-자$^{en-soi}$와 대-자$^{pour-soi}$를 문제 삼는 데까지 이른다. 자아가 개별화된 개념에 그치지 않는 나에 이르는 것이다. 내가 나라고 말할 때, 나는 자아 개념의 특수한 경우가 아니다. '나'라고 말하는 것, 그것은 이 자아 개념을 벗어나는 일이다.[36] 이러한 일인칭에서 나는 볼모다. 모든 타자를 떠받치지만 유일한 주체성이다. 대체 불가능하고 책임을 피하는 것이 불가능한 주체성이다. 이런 불가능성은 죽음을 회피하는 것이 불가능하다는 사실보다 더 **무겁다**. 여기서부터 우리는 동일자의 철학이 미완의 사유 혹은 낭만적인 사유로 환원했던 발상들의 의미를 생각하게 된다. 그런데 이 발상들은 사실 완전히 포착할 수 없는 개념들이었다.

시간은 타격으로 이루어진다. 여기서 동일자는 타자가 그의 벽을 두드리듯 타자에 의해 일깨워진다. 동일자-안의-타자라는 얽힘의 특별한 수동성이 있기 때문이다.[37] 즉 인내가 있기 때문이다. 인내는 시

---

36) 내가 보기에 '개념을 벗어난다'는 이런 생각은 레비나스가 로젠츠바이크에게서 영감을 받은 흔적들 중의 하나인 것 같다. 특히 1917년의 유명한 『원세포』(*Urzelle*)의 한 페이지가 생각나는데, 이 대목은 길게 인용할 만한 가치가 있다. "일단 그것(철학)이 모든 것을 자신에게로 모으고 스스로의 보편적 실존을 선언하고 나자, 인간은 불현듯 깨닫는다. 오랫동안 철학을 해 온 인간이 아직 여기 머물러 있다는 사실을. 그리고 이것은 확실히, 승리의 월계수 잎을 지닌 인간에 해당하는 것이 아니라 (……) 오히려 '나', '먼지와 재인 나'에 해당하는 것이다. 나, 완전히 일반적인 사적 주체, 이름과 성을 가진 나, 먼지와 재인 나, 이런 나는 여전히 여기 있다. 그리고 나는 철학을 한다. 다시 말해 나는 철학 자신인 지배적 보편성을 철학을 통해 검토할 만큼 뻔뻔하다. 철학은 내가 (먼지와 재인) 나 자신에게 직접 말하게 한 것이 아니라 손에 월계수 잎을 든 인간을 매개로 해서만 말하게 했다. 나, 이름과 성을 가진 나는 그저 침묵해야 했다. 그러나 이어서, 승리의 영광으로 둘러싸인 인간 때문에 철학이 나를 혼란에 빠뜨렸다. 철학은 다시 인간을 수치스럽게 만들었다. 몇몇 불행한 관념들 앞에서 인간을 완전히 위축시켰고, 이어서 이런 관념들이 절대자 속으로 휩쓸려 들어가게 했다. 그리하여 이제 갑작스레 내가 등장한다. 내가, 나에게 아무런 일도 일어나지 않았다는 듯이, 등장하는 것이다. 그리고 그라베(Grabbe : 19세기 연극연출가)처럼, 나는 마지막 막에서 전체를 조망한다. 형언할 수 없는 개인의 승리(Individuum ineffabile triumphans). 그가 '철학을 한다'는 것이 놀라운 것이 아니라, 그가 아직도 여기에 있다는 것, 그리고 그가 아직도 감히 숨을 쉰다는 것, 그가 '~을 한다'는 것이 놀라운 것이다." 이것은 『구원의 별』(*Étoile de la Rédemption*, trans. Jean-Louis Schlegel)의 핵심 부분으로, 잡지 『감시받는 밤』(*Cahiers de la nuit surveillée*, n° 11, 1982, p. 101)에서 인용했다.

간의 길이이고, 시간의 지속 자체다. "인내와 시간의 길이",[38] 이것은
인내 또는 시간의 길이, 시간의 길이로서의 인내다. 인내는 기다림이
아니다. 왜냐하면 기다림은 지향적이기 때문이다. 기다림 속에서 자
신이 기다리는 것과 동등한 것이 되는 지향성이기 때문이다. 모든 지
향성에서와 같이, 기다림에는 사유되는 것과 사유된 것을 채우려는
것 사이에 동등성이 있다.

기다림은 인내 속에서 억압된다. 인내는 너무 조심스러워 이해에

---

37) 이 '특별한 수동성'은 『존재와 달리 또는 존재성을 넘어』에서 '더 수동적인', '모든 수동
　　성보다 더 수동적인' 등으로 말할 만큼 고조되는 바로 그 수동성이다. 이것은 암호나
　　바람 소리(flatus vocis)가 아니다. 오히려 이것은 참된 전문 용어가 되기에 충분한 의미
　　를 갖는다. 각주 25(*Autrement qu'être ou au-delà de l'essence*, p. 111[192쪽, 각주 28])
　　가 이를 잘 보여 준다. "이 변용의 수동성은 하이데거가 칸트와 관련해 말하는 근본적
　　수용성보다 더 수동적이다. 그 근본적 수용성에서는 초월론적 상상력이 주관에 '무의
　　공동(空洞)'을 제공해서 주어지는 것에 앞서게 하며 주어지는 것을 떠맡게 한다." 레
　　비나스가 여기서 암시하는 것은 분명 하이데거의 『칸트 연구』(*Kant-buch*)다(Martin
　　Heidegger, *Kant et le problème de la métaphysique*, trans. Rudolf Boehm & Alphonse
　　de Waelhens, Paris: Gallimard, 1953[『칸트와 형이상학의 문제들』, 이선일 옮김, 2001, 한길사]). 이
　　런 해석은 아주 명확한 것이다. 왜냐하면 그 자신이 겪는 것을 **떠맡지 못하는** 그런 수동
　　성을 사유하면서, 레비나스는 하이데거를 포함한 서양의 사유와 단절하기 때문이다.
　　이 책에 실린 강의들을 이해하기 위해서는, 『존재와 달리 또는 존재성을 넘어』 및 그와
　　유사한 방식의 다른 텍스트들에서처럼, 이런 본질적인 명확성을 고려해야만 한다.
38) 이 표현은 라퐁텐(La Fontaine)의 「사자와 쥐」("Le lion et le rat", *Fables*, Livre Ⅱ, fable 11)
　　에 나오는 "인내와 시간의 길이는 / 힘이나 분노 이상의 것"이라는 구절에서 따온 것이
　　다. 이런 어구를 인용하는 것은 레비나스 용법의 특징 가운데 하나다. 이 같은 용례는
　　시뿐 아니라 그가 '민족문학'이라고 불렀던 것에도 해당한다. '민족문학'의 장점 중 하
　　나는 일종의 권위를 만들어 내는 격언이나 관용구, 표현법 따위를 언어에 새겨 넣었다
　　는 점이다. 이것은 속담풍의 언어만이 할 수 있을 법한 일인데, 그런 식의 언어 또한 철
　　학자-작가들에게는 자원의 보고로 여겨진다.

이를 수 없고, 또 너무 겁이 많다. 두려워하는 것이 바로 일종의 인내이기 때문이다. 또 두려운 것[두려움의 대상]도 이 인내 속에 있다. 이것은 종교적인 것의 공포에서와 마찬가지다. 거기서 우리가 두려워하는 것은 무엇보다 처벌이 아니다.[39] 노에시스와 노에마의 완벽한 상관관계 속의 지향성은 실망스러운 평행론으로 치닫는다. 자신의 인내 속에서 시간은 무한과 관계하며 또 무한을 공경한다. 그리고 기다려지는 것 없는 이 기다림 속에서 지향성은 타인에 대한 책임으로 되돌아가거나 그것으로 전도된다. 그러므로 시간과 타자를 함께 사유해야 한다.[40]

시간은 동일자와 타자 사이의 차이를 의미할 것이다. 이 차이는 타자에 대한 동일자의 비-무관심성^{non-indifférence}이며, 어떻게 보면 동일자 안의 타자다. 그러나 이 안이 차이를 파괴할 수도 있다. 동일자가 타자를 포함할 수 있다는 것은, 동일자가 타자에게 승리했다는 것을 뜻하기 때문이다. 반면에 여기서는, 즉 시간과 더불어서는, 타자는 동일자 안에 있으면서 거기 있지 않다. 타자는 '거기' 있지만 동일자를

---

39) '신에 대한 공포'—이것은 원래 처벌에 대한 공포가 아니다—라는 이런 발상(또 그런 의미에서의 자기에 대한 공포—이것은 하이데거에게서 두려움이자 불안인 것에 해당하는데—라는 발상)은 1980년대 초기의 여러 저작에서 나타난다. 무엇보다 우리는「종교적 언어 그리고 신에 대한 공포」("Du langage religieux et de la crainte de Dieu", *L'au-delà du verset*[『말씀 너머』], Paris : Minuit, 1982)를 참조할 수 있을 것이다.

40) 그러므로 (일련의 강연에서 비롯한) 한 권의 책이『시간과 타자』라는 이름을 가질 수 있었던 것은 결코 우연이 아니다. 우리는『시간과 타자』의 사유를 이 책의 1부에서—그러나 물론 변형된 채로—다시 찾아볼 수 있다. 단순하지 않은 이런 문제에 대해서는 내가 '편집자 후기'에 써놓은 설명을 보라.

불안정케 하면서 있다. 여기에는 극복할 수 없는 차이, 공통의 바탕을 결여한 차이가 있다. 그렇지만 이 차이는 비-무-차별^{non-in-différence}이다. 이것은 자신의 사유로 존재를 포섭할 줄밖에 모르는 지향성에게는 극복할 수 없는 차이^{différence}다.

순수한 수동성 안에, 인내 안에, 이웃이 가하는 책임 안에, 시간의 통시성 안에 우리가 사유할 수 있는 사유 이상의, 사유가 사유할 수 있는 것 이상의 사유가 또아리를 튼다. 여기에 '초월의 현상'⁴¹⁾이라 할 '현상'이 있다. 이웃에 대한 책임에서 출발하는, 무한을 향한 초월, 타인의 근접성 속에서의 초월, 그것은 바로 글자 그대로 겨눔 없고 겨눠짐조차 없는 의미함이다. 기다려지는 것 없는 기다림이 나타내거나 의미하는 것은 채워야 할 공허가 아니라, 인식하는 것보다 더 많이 사유하는 사유다. 이것은 무한이 자신의 초월적인 의미를 상실하지 않으면서 의미를 줄 수 있는 방식이다.

현대 유럽 사유에서는, **앎**에 앞선 의미의 이러한 의미함이 철학을 통해 언급되기 시작한다. 의심할 나위 없이 하이데거에서 발견할 수 있는 개념적 잠재성이 있다. 그러나 이러한 가능성은 하이데거 이전

---

41) '초월의 현상', 이것은 매우 명백하게 **언어**의 **남용**이다(레비나스에게 남용은 전혀 어떤 경멸적인 개념이 아니다). 초월 —『후설과 하이데거와 함께 존재를 찾아서』에 수록된 논문의 제목을 사용하자면, 수수께끼이지 현상이 아닌 —은 현상성과 뚜렷이 구분되기 때문이다. 비록 이 **뚜렷이 구분됨** 그 자체가 그것에 대한 '현상학적 상황들'을 기술하는 어떤 현상학을 요구한다 할지라도 말이다. 이 점은『관념에 오는 신에 대하여』의 서문에 나오는 첫 문장들에서 탁월하게 언급되고 있다. 이것은 어떤 특정한 현상학 또는 일종의 반-현상학이다. 나는 이 점을『약화된 현전: 물러섬에 대한 시론』(*La présence abadissée: Essai sur le retrait*)의 「신곡」("Divine comédie") —레비나스의 '신학'에 바쳐진 장—에서 밝히고자 했다.

부터 표현되기 시작했다. 키르케고르에서부터, 어떤 의미에서는 포이어바흐Ludwig A. Feuerbach에서부터, 그리고 부버와 로젠츠바이크, 가브리엘 마르셀Gabriel Marcel이나 장 발Jean Wahl에게서 말이다.[42] 그런데 나중에 언급된 네 사람에게 보이는 이른바 대화적인 사유 속에서, 그 근본적 탐구가 오로지 도덕가적인 관심에서 비롯된 것인지는 확실치 않다.

데카르트의 존재론은 무한의 관념을 받아들이면서도 동일자를 모든 타자를 통합하는 전체성으로 생각한다. 그래서 '안'은 타자에 대한 동일자의 승리를 의미하게 된다. 동등하지 않은 것의 동등성을, 동일성과 차이의 동일성을 의미하게 되는 것이다. 이 '안'은 모든 타자를 통합하고, 따라서 전체성을 초과할 수 있는 모든 것을 제거한다. 그것은 모든 초월성을 제거한다. 그러나 데카르트가 가르쳐 준 무한의 관념(우리 속에 놓인 관념)은 수동적인 주체 안에서 이 초월을 사유할 수 있게 해준다. "나는 무한에 복종하기 위해서만 무한을 다루었습니다"[43]라고 메르센Mersenne 신부에게 말한 사람은 바로 데카르트였다.

---

42) 포이어바흐를 제외하고, 레비나스는 위에 언급된 저자들에 대한 에세이를 여러 편 썼다. 특히 『고유명사들』(*Noms propres*, Montpellier : Fata Morgana, 1976), 같은 출판사에서 나온 『주체 바깥』(*Hors sujet*, 1987)을 참조하라.

43) 1641년 1월 28일자 편지(*Œuvres et Lettres*, Paris : Gallimard, Bibl. de la Pléiade, p. 1111). "나는 모렝(M. Morin)의 소책자를 훑어보았습니다. 그의 주된 잘못은 그가 곳곳에서 무한을 마치 그의 정신 아래에 있는 것처럼 다루고 있다는 데 있습니다. 그리고 무한의 속성들을 이해할 수 있다고 본 데 있습니다. 이런 잘못은 모든 사람들에게 공통된 잘못입니다. 나는 이 같은 잘못을 조심스럽게 피하고자 했습니다. 내가 무한을 다룬 이유는 거기에 복종하기 위해서였지, 그것이 무엇인지를 또는 그것이 무엇이 아닌지를 결정하기 위해서가 아니었습니다."

여기서 중요한 것은 독특한 '우리 속에 놓임'이다. 측정된 것과 유한한 것 속에 측정되지 않는 것이 '놓임', 이 때문에 동일자는 타자를 결코 포섭하지 못한 채 감내하게 된다. 바로 여기에 일종의 타율hétéronomie 같은 것이 있다. 이것을 영감inspiration이라고 부를 수도 있다. 심지어 예언prophétie이라고까지 말할 수 있을 것이다. 이 예언은 어떤 천재성이 아니라, 정신의 정신성 자체다. 이것이 바로 「아모스」에 나오는 한 구절의 의미다. "신께서 말씀하신즉 누가 예언하지 아니 하겠느냐?"[44] 예언이란 다만 귀가 있다는 사실과 같은 것이다.

이로부터, 그리고 데카르트 이래로, 더 많은 것과의 관계, 포함할 수 없는 것과의 관계가 사유 가능하게 되었다. 이 포함할 수 없는 것은 그렇다고 해서 사유에 의한 포섭보다 못한 것은 아니다. 이렇게 하여 마침내 복권되는 질문의 인내. 응답하기에는 너무나 큰 것과의 관계인 질문의 인내. 철학은 자기 자신 속에서 응답의 결여를, 소유 또는 향유의 결여를 보게 된다. 그런데 이런 결여는 무한을 의미한다.

여기서 관건은 이런 의미작용을 통해 새로운 '신 존재 증명'을 발견하고자 하는 것이 아니다. 왜냐하면 그런 일은 실정성 자체로 되돌아갈 것이기 때문이다. (시몬 베유Simone Weil는 이런 점에서 신은 실존하지 않는다 말했다. 실존은 신에게 충분치 않다.) 중요한 것은 동일자 안의 타자가 빚는 타율을 사유하는 것이다. 이 타율 속에서 타자는 동일자를 굴복시키는 것이 아니라, 동일자를 깨우고 일깨운다. 동일자에 대한 사유보다 더 사유하는 사유인 일깨움 안에서, 세계의 천체적 휴식

---

44) 「아모스」 3장 8절.

을 불안정케 하는 깨움 안에서 말이다. 관계로서의 불안정에 대한 이런 사유가 어떤 신학적 고려와도 무관하다는 것은 의심할 여지가 없다. 모리스 블랑쇼는 이런 사유를 다음과 같이 표현했다. "우리는 재난이 사유임을 꿰뚫어 본다." 여기서 우리는 재난désastre을 탈脫;dés-천체astre로, 즉 천체 아래의 세계에 존재하지 않는다는 것으로 이해해야 한다.[45)46)]

---

45) Maurice Blanchot, "Disocurs sur la patience"(「인내에 대한 담론」), *Le Nouveau Commerce*(『새로운 교류』), n°s 30~31, 1975, p. 21. 이 단편은 『새로운 교류』에 실린 대다수의 다른 글들과 함께 『카오스의 글쓰기』(*L'écriture du désastre*, Paris: Gallimard, 1980[『카오스의 글쓰기』, 박준상 옮김, 2012, 그린비])에 재수록되었다.

46) 'des-astres'와 'désastre'의 발음이 유사한 점을 이용하여 재미있게 표현하고 있다. ―옮긴이

주체-대상 상관관계

— 1975. 12. 19 금요일

여기서 중요한 것은 초월의 의미 즘을 타자로 향하는 동일자의 운동
으로 생각하는 것이다. 이제 의미작용의 의미 즘은 동일자가 스스로
만족하며 그 자신에게서 취하는 휴식 속에 놓이는 것이 아니라, 동일
자를 깨우는 타자에 의한 동일자의 불안정 속에 놓인다. 무한의 관념
은 사유 안에 있다. 그러나 이 안은 여기서 동일성을 파열시킨다. 이 안
은 내재성과 내재성의 불가능성을 동시에 가리킨다.[47] 이러한 넘어섬
은 지속이다. 이것은 동일자 안에서의 타자의 **우발성**incidence 같은 것
이자 시간의 비일치 또는 **통시성** 같은 것이다. 이러한 시간 모델은 존
재와 무 사이의 매개를 의미하는 것이 아니라, 사유가 포함할 수 없는
것과의 관계, 담을 수 없는 것(즉 무한)과의 관계를 의미한다. 무한은
존재와 무 바깥에서 '너무 많음'trop-plein 으로, 많음이 적음을 불안정
케 하는 양상으로서 사유되어야 한다. 그럼으로써 욕망이나 탐구(이

---

47) 그러므로 이 안은 in-fini의 in의 구조를, 유한(fini)의 안에 그리고 유한하지-않음으로
   서 유한의 **바깥**에 이미 가지고 있다고 생각해야 한다. 다음에 이어질 강의들과 『관념
   에 오는 신에 대하여』의 「신과 철학」("Dieu et la philosophie", 특히 p. 106과 그 밖의 여
   러 곳)을 참조하라.

것들은 비어 있음을 가리킬 텐데)에는 자신을 재발견하고 주장하며 확증하는 존재보다 더 나은 의미작용이 주어진다. 적음 속의 많음은 깨움이다. 달리 말해 이런 깨움은 적음 속의 많음이 갖는 의미다. 이 비-휴식은 타인에 대한 책임으로, 회피할 수 없는 책임으로, 대체될 수 없는 유일성으로 구체화될 수 있다. 이런 깨움은 윤리의 얽힘 또는 다른 인간의 근접성이다. 이 깨움은 천체의 고정성에 기초한 존재론의 성과가 아니다. 앞선 강의에서 인용했던 블랑쇼의 말로 하자면 **재난**이다.

동일자가 타자의 영향 아래서 이렇게 파열하는 데에는 소외의 모든 폭력이 있지 않은가? 동일적인 것의 자기 충족성이 사유 가능한 것과 합리적인 것의 궁극적인 의미라면, 그렇다고 답할 수 있을 것이다. 그러나 타자는 외상처럼 개입한다. 이것이 타자의 고유한 방식이다. 그렇게 해서 주체성은 존재의 존재성을 의미하기에 앞서 자신의 사유 불가능한 깨어 있음을 말하는 것이 아닌가? 또 깨어남의 외상 속에서 자신의 사유 불가능한 깨어 있음을 '보여 주지' 않는가? 깨어남은 그 이후 존재 안에서 수립되고 굳어지며 살찌고 부르주아가 되어 동일자의 그칠 줄 모르는 권태 속에서 만족해한다. 깨어남은 자신의 깨어난 **상태** 안에서 휴식을 취한다. 그러므로 주체성은 깨어남 안에서의 깨어남으로, 이 깨어남의 깨어남으로 사유되어야 할 것이다. 주체성은 예언일 것이다. 천재성이라는 의미에서가 아니라 타자에 의한 일자의 깨어남으로서 말이다.[48]

그러나 여기서 한 가지 문제가 제기된다. 대상과 상관적인 주체가 어떻게 해서 대상으로 흡수되는가? 주체성이 지향적 주체로 환원되는 것이 아니라 깨어남이라고 할 때, 존재보다 더 나은, 그리고 선善 그 자체가 될 의미작용이라고 할 때 말이다. 주체성과 더불어 예외적인 무조건성이, 즉 지위-없음, 조건-없음(볼모의 무조건)이, 그리고 무조건적인 것, 거부할 수 없는 것, 피할 수 없는 것으로서의 무조건적인 것이 말해진다 할 때 말이다. 그러므로 우리는 오늘 주체-대상 상관관계의 문제와 대면할 것이다.[49]

존재가 대상과 상관적인 주체를 흡수하고 그것을 극복하면서, 그리고 자기 몸짓의 진리 속에서 주체적인 것의 우선성과 주체-대상 상관관계를 극복하면서, 대상적인 측면에서 자신의 대열을 끌고 가는 방식을 떠올려 보자. 인간이 존재를 사유할 수 있다는 것, 이것이 의미하는 것은 존재의 나타남apparoir[50]이 존재의 자기 대열 자체에 속한다는 것, 현상성이 존재적이라는 것, 현현이 만들어지는 의식을 존재가

---

48) 우리는 여기서 주체성이 『존재와 달리 또는 존재성을 넘어』 및 그것과 동시대에 작성된 텍스트들(물론 이 책의 강의도 거기에 속한다)의 사유에서 결정적인 낱말이자 개념임을 보게 된다. 그 책의 몇 문장 (다시 한 번, 맨 첫 구절들 가운데 하나!)을 이런 의미에서 다시 읽어보자. "존재와 달리. 관건은 존재성에서 군림하는 운명의 파열을 언표하는 일이다. 파르카이에 의해 잘려진 실 끝이 이후에 다시 연결되는 것처럼, 존재성의 부분들과 양태들은 그 다양성에도 불구하고 서로가 서로에게 속한다. 즉, 동일한 질서를, 그러니까 질서를 벗어나지 못한다. (……) 중요한 것은 존재성에서 빠져나옴의 가능성을 사유하는 것이다. (……) 이제부터 우리가 보여 줘야 할 점은, '존재의 타자'라는 이 예외가 존재하지-않음을 넘어서 **주체성** 또는 인간성을 **의미한다**는 것, 존재성의 병합들을 밀쳐 내는 자기-자신을 의미한다는 것이다"(*Autrement qu'être ou au-delà de l'essence*, p. 9[26~27쪽]. 강조는 내가 했다. 특히 강조되어야 할 것은 "이제부터"이다).
49) 『존재와 달리 또는 존재성을 넘어』 5장 1절 "의미작용과 객관적 관계"("La signification et la relation objective")의 첫 번째 단락이 이런 의도를 분명하게 밝혀 줄 것이다.

간과할 수는 없다는 것이다. 그러나 존재성과 현현이 함께하는 것이라면, (나타나는 존재의 몸짓으로서의) 존재성이 참된 것의 진리 자체라면, 존재성은 어떤 속성으로 나타나는 것의 본질 속에 결코 기입되지 않는다. 참된 것의 진리, 그 진리의 드러남, 이런 드러남의 벌거벗음은 어떤 속성도 아니고, 존재가 받아들일 어떤 것도 아니다. 만약 그 무엇이 의식에서 연유한다면, 그것은 가장假裝에 불과할 것이다. 이런 벌거벗음은 존재가 존재로서 끌고 가는 대열이나 놀이에 속해야 한다. 대상성은 존재性의 진행을 방해하는 것으로부터 존재의 전개를 어떤 방식으로든 보호한다. 존재 양태인 이 대상성은 나타나는 것이 그 자신의 고유한 나타남에 대해 무관심함을 의미한다.

진리 속에 있는 존재의 **존재성**은 우리 철학적 전통의 영원한 전제다. 존재자를 존재자이게끔 하는 존재의 **존재**esse는 **사유의 관심사이**며, 곧바로 동일차 속에 머문다. 이로부터 존재 외부에서 전개되는 사유에 대한 무관심이 생겨난다. 또 그와 동시에 존재의 어떤 빈곤이 생겨난다. 존재는 그 자신과는 다른 것으로, 현현을 모아들이도록 요구받는 주체로 강제된다. 이런 수용성은 존재의 자기 대열에 필수적이다. 존재에 **유한함**이 있는 것은 이런 의미에서다.[51]

---

50) 이 시기의 텍스트에서 'apparoir'는 '현현'(manifestation)에 상응하는 전문용어 역할을 한다. 레비나스는 미셸 앙리가 현현의 본질을 사유했던 방식을 높이 산다. 자세한 내용은 2부의 강의 「존재와 의미」, 190쪽의 각주 15를 보라.

51) 이런 언급이야말로 하이데거의 견해를 잘 보여 준다. 이 점에 대해선 하이데거가 1969년에 토르(Thor)에서 했던 세미나(*Question* IV, pp. 305~306)의 마지막 대목을 참조하라. 특히 다음의 문장을 보라. "스스로를 개방하는 존재는 자신이 현현하는 장소로서 인간을 필요로 한다."

그러나 이런 수용의 기능, 즉 수용성의 바깥에서는, 의식이 그 자신의 고유한 판단으로 행하는 모든 놀이는, 또 의식이 존재 바깥에서 그 자신의 고유한 놀이를 하는 모든 순간은, 단지 존재의 존재성에 대한 은폐나 가림에 지나지 않을 것이다. 거짓이나 이데올로기에 지나지 않을 것이다. 이런 것들의 지위는 애매함 없이 정해지기 어렵다. 『파이돈』에서 모든 이데올로기를 종식시키고 존재를 영광스럽게 나타나게 하는 것은 바로 죽음이다.[52]

거짓과 이데올로기는 존재의 유한함의 순수한 결과로, 어떤 책략의 결과로 해석될지 모른다. 그러나 우리는 이 분석을 더 멀리 밀고 나가야 한다. 진리의 탈은폐는 단순히 시각상의 용어로 진술되지 않는다. 만약 자신을 드러내는 존재들의 가시성이 그들의 가시성의 속성으로 새겨지지 않는다면, 그것은 존재들의 **공-현존**, 그들 상호 간의 놓임 때문이다. 즉 그것은 존재들이 서로에게 기호가 되는 상대성 때문이고 의미작용들의 재결합 ─ 혹은 구조나 체계 ─ 때문이다. 이 의미작용은 이해 가능성이며 탈은폐 그 자체다. 이해 가능성 또는 전체성의 체계적 구조는 전체성을 나타나게 하며, 시선에서 오는 모든 변화로부터 전체성을 보호한다. 그러나 **그림자**가 항들이 속하는 관계 바깥에서 포착된 항들을 은폐한다. 그것은 구조들을 속박하는 체계의 바깥에서 불시에 포착된 구조들을 덮어버린다.

---

52) 특히 플라톤, 『파이돈』, 68b를 보라. "오히려 그는 큰 환희 속에서 저승으로 떠날 것이 아니겠는가? 오오, 나의 벗이여! 만일 그가 참철학자라고 하면 그럴 것일세. 그는 저세상에서, 그리고 거기에서만 순수하게 지혜를 발견할 수 있다는 굳은 확신을 가지고 있겠으니 말일세."

구조는 이해 가능성이며 의미작용이다. 의미작용의 항들은 언어가 그 항들에 부여하는 동일성이 아니고서는 어떤 의미작용도 갖지 못한다. 관계 속에서 그 항들은 우아함, 투명함, 가벼움을 획득한다. 반면 그 항들이 관계로부터 분리될 때 그것들은 무거워지고 희미해진다. 그러므로 우리는 주제화하는 가운데 분리된 이해 가능한 것들과 체계의 이해 가능성 자체를 구별할 수 있다. 그리고 우리는 이런 주제화로부터 이해 가능성으로 나아가는 운동 속에서, 어떤 망설임을, 즉 축적되는 구조들에게 좋거나 나쁜 기회를 식별할 수 있다. 우리는 주체성을 이런 좋은 기회로 돌릴 수 있다. 그렇게 하면 주체성은 전적으로 구조들의 배열에 종속된다. 이 주체성은 합리적인 이론적 의식―우리가 정신이라 부르는 것―이다. 이해 가능성은 현현이 그러한 것처럼, 존재자들이 의미를 갖는 체계 안에서의 배열을 의미한다.

현재는 동시성 자체이며, 존재의 현현은 영구적인 재현이다. 따라서 주체는 존재적으로 그 말의 능동적 의미에서 재현의 능력일 것이다. 주체는 '과거지향/다시 붙잡음'과 '미래지향/미리 붙잡음'을 통해 시간을 현재로 다시 모은다. 사라지는 것처럼 보이는 것이 다시 붙잡힌다. 시간은 주체에 의해 다시 붙잡힌다. 이런 주체는 흩어지는 시간 안에서 작용한다. 그리고 고립된 구조는 그 구조의 무의미로 흐려지지 않고서는 자신을 드러낼 수 없다. 그래서 주체성은 흩어진 요소들을 다시 결합하기 위해 개입한다. 흩어지는 것을 모아 드러내는 데 요구되는 주체의 이러한 자발성은 지향이 맹목적이기를 멈추는 계기다. 그렇게 요소들을 구조로 모으는 것은 우연, 지연, 망설임 등을 포함하며, 행운이나 불운을 무릅쓴다. 이런 점에서 존재는 유한하다. 비-동

시적인 것을 모으는(하이데거의 용어로는 'Sammeln') 주체의 자발성
이 개입한다. 이렇게 하여 봄/비전이 이루어진다. 주체의 자발성은 다
양한 것들을 이해 가능한 구조로 모으며, 그렇게 해서 빛이 생산된다.

　　이러한 이해 가능한 배열을 탐구하게 된 사유하는 주체는, 주체
자신의 이 모든 자발성에도 불구하고, 존재가 진정으로 나타나기 위
해 빌려 와야 하는 우회로로 해석된다. 이해 가능성이 존재에 내재적
인 것은 그래서다. 존재성을 부여받는 주체를 흡수할 이런 가능성이
존재성의 고유함이다. 이렇게 이해할 때, 주체성은 존재에 종속되고
주체성은 그 앞에서 사라진다.

주체성에 대한 질문
— 1976. 1. 9 금요일

다시 질문해 보자. 우리는 존재-신-론의 외부에서, 존재와 신의 관계 외부에서 신을 사유할 수 있는가? 이 질문을 명확히 하기 위해서, 지향성과 다른 사유의 형태들을, 즉 그 형태들을 넘어서는 것에 의해 야기되는 사유의 형태들을 탐색해 보자. 이를테면 칸트의 이념들은 앎을 넘어서는 사유의 형태들이며, 자신이 포함할 수 없는 것에 의해 일깨워진 주체성을 가리킨다.[53]

그러나 우리는 존재나 대상 ─ 주체성이 사유하는 대상이자 존재로부터 이해되기에 이르는 대상 ─ 에 흡수되는 주체성에 대한 묘사로 다시 돌아와야 한다. 우리는 존재가 사유될 수 있다는 사실로부터, 존재의 현현으로, 존재의 존재 대열에 본질적인 현상성으로 나아간다.[54] 그렇지만 사유될 수 있다는 사태, 현상한다는 사태, 자신을 드러

---

53) 칸트에 대해서는, 이어지는 다음 강의를 보라. 아울러 [이 책의 1부에 있는] 1976년 2월의 강의들, 특히 91~102쪽을 보라.

54) 이를테면 헤겔에서 존재는 자신의 존재 대열에 본질적인 주체를 포함한다. 그래서 정신은 그 자신인 바의 것, 즉 자신을 완전히 아는 주체가 되기 위해 하나의 현상학[정신현상학]을 필요로 한다. ─ 레비나스

낸다는 사태는 나타나는 존재자의 어떤 속성에 기입되지 않으며, 어떤 점에서든 주체에 기인하지 않는다.

자신의 현현을 넘어서는 존재의 이런 무관심성은 주체의 유한함과는 구분되는 존재의 유한함에 대해 말할 수 있게 해준다. 그러나 언제나 존재보다 못한 앎, 개체를 부정하는 개념적 앎과 존재의 관계를 생각할 때, 우리는 또 다른 의미에서 유한함에 대해 말할 수 있다. 개념이 있다면, 그것은 오직 죽음을 거치는 존재가 가지는 개념일 뿐이다. 여기서 다시 주체는 존재의 수용성 속에서, 앎 속에서 소진된다. 그리고 의식이 자신의 편에서 행하는 모든 놀이는 이데올로기적인 은폐가 되고 말 것이다.

그러나 현현은 또한 자신을 드러내는 구조의 항들에 대한 이해 가능성에 의미를 준다. 항들이 다른 항들을 지시한다는 점, 다시 말해 항들이 체계를 구성하고 그 체계 안에 있는 각 항들의 위치에 따라 의미작용이 생겨난다는 점(의미작용이 구조인 것은 그래서이다)을 안다고 할 때, 항들의 그 이해 가능성은 역설적인 것으로 나타난다. 각각의 항들이 그 자체로는 의미작용을 갖지 못하고 서로서로 포개져 쌓임으로써 자신의 의미작용을 받아들이게 된다는 점에서 그렇다. 이러한 결합에는 주저함이 나타날 수 있는데, 이때 서로를 모색하는 이 항들을 서로서로 연결시키는 일은 주체와 관련이 있다. 그러므로 주체는 이러한 주저함 또는 발명인 셈이다. 주체는 자신이 어떤 것을 발명했다고 생각할 것이지만, 주체에게 기껏 허용되는 일은 사물에서는 더 낫게 포개 쌓는 것뿐이며, 체계에서는 이런 포개 쌓음을 실현하는 것뿐이다. 여기서 다시, 주체는 완전히 대상 또는 존재의 함수로 사유된다.

사유하는 주체는 이런 이해 가능한 배열을 탐구하도록 요구받지만, 자신의 자발성에도 불구하고 결국 존재의 활동이 빌려 오는 우회로 같은 것으로 해석된다. 즉 사유하는 주체란 존재의 존재성이 진실로 나타나기 위해 빌려 오는 우회로 같은 것으로 여겨지는 것이다. 이해 가능성 또는 의미작용은 존재 왕국의 일부를 이룬다. 모든 것은 동일한 측면에서 —존재의 측면에서— 존재한다. 주체를 흡수할 이러한 가능성이 존재성의 고유함이다. 그런 주체에게 존재의 지배나 존재성이 부여되는 것이다. 주체성은 존재 앞에서 지워지며, 존재에 종속된다. 주체성은 존재를 존재하게 한다. 하이데거의 말로 표현하자면 주체성은 **존재하게 함**Seinlassen[55]이다. 주체성이 구조들을 말해진 것 속에서 진술되는 의미작용들로 모으는 것인 한에서 말이다. 말해진 것은 존재가 스스로를 환히 밝히는 개관[56]의 위대한 현존이다. 그러므로 주체는 비록 종속되지만, 존재의 대열 속에서 나름의 역할을 한다. 주체가 존재 사건에 참여하는 한, 주체는 또 그 자신에게 현현한다. 의식의 자기의식이 있게 되는 것이다. 주체성은 탈은폐하는 가운데 자신을 탈은폐한다. 주체성은 자기 자신에게 스스로를 드러낸다. 그렇게 해서 주체성은 인간과학의 대상으로 자신을 드러낸다. (헤겔의 용어로는, 죽을 수밖에 없는 내가 스스로를 개념화한다고 말할 수 있을 것이다.) 그럼에도 불구하고 스스로를 드러내는 존재와 다르다는 점에서, 드러남과 구분된다는 점에서 주체성은 아무것도 아니다. 자신의 유한

---

55) 여기서 이 단어는 전회(Kehre) 이후의 하이데거가 사용한 의미로 쓰였다.
56) 이 책 172~173쪽, 각주 73 참조. —옮긴이

함에도 불구하고 ─ 또는 자신의 유한함 때문에 ─ 존재는 그리스의 가시적인 신들처럼 자신을 드러낼 것이다.[57] 자신의 유한함에도 불구하고, 존재는 포괄하고 흡수하는 존재성을 가진다. 주체의 진리는 존재의 진리성 안에 있다. 주체성이 갖는 의미작용은 현존 앞에서 지워짐, 즉 주체의 재-현의 결과물 이외의 것이 아니다.

그러나 주체는, 현현된 존재성에 대한 타인과의 **소통**을 강조할 경우 부각될 수 있는 다른 의미작용을 가지지는 않을까?[58] 우리가 말함을 순수한 정보로, 내용 또는 말해진 것의 단순한 전달로 여긴다면(언어는 주석이나 해석을 필요로 하지 않는다는, 앵글로색슨에서 유래한 분석철학에서처럼), 이런 질문은 제기조차 되지 않을 것이다. [존재의] **타인에 대한** 현현, 존재에 대한 인간 상호 간의 이해는 이러한 현현 안에서 그리고 존재의 대열 안에서 자신의 역할을 수행하는 것이라고 해석할 수 있다. 말한다는 것은 그렇게 해서 현현의 조건이 될 것이다. 메시지는 자신의 유한함이 존재에 치르는 비용이 될 것이다. 소통은 전적으로 존재의 드러남과 관련될 것이다. 달리 말해, 소통함은 주체가 자신이 봉사하는 진리와 무관하게 생산하는 어떤 고유한 의미작용으로도 돌아가지 않을 것이다. 과학은 그 존재성의 모든 단계에서 존재를 전체화할 수 있을 것이다. 소통은 **존재의** 사건일 것이며, 거기서 존재의 이른바 주체적 재현이 작동할 것이다. 여기서 말함은 말해진 것 속에

---

57) 오방크의 『아리스토텔레스에서 존재 문제』(*Le Problème de l'être chez Aristote*, pp. 315ff)를 다시 보라.
58) "의사소통의 존재성은 현현의 존재성이 나타나는 양상이 아니다." Levinas, *Autrement qu'être ou au-delà de l'essence*, p. 62, n. 34[111쪽, 각주 36].

서 잠잠해진다. 마치 어느 누구도 말하지 않았다는 듯이.

우리는 다시 세 번째 가능성을 생각해 볼 수 있다. 이 경우에는 말해진 것이 소통에 선행할 것이며, 존재가 의미작용을 하는 하이데거에서 그렇듯, 침묵 속에서 그리고 인간적이지 않은 언어 속에서 스스로 현현할 것이다. '언어(또는 말)가 말한다'는 의미의 "Die Sprache spricht"라는 유명한 어구[59]가 뜻하는 바가 바로 이것이다. 존재의 지배 속에서 존재는 언어다.[60] 그리고 존재는 침묵의 언어 혹은 침묵의 목소리(Läute der Stille)이다. (이런 방식으로 하이데거는 자기도 모르는 사이에 그리스를 '유대화'했다![61]) 이런 침묵의 목소리는 시인이 듣는 목소리다. 시인은 그것을 인간의 언어로 바꾸어 놓는다. 존재의 환기가 시 속에서 울리게 하는 것, 그것은 말해진 것을 울리게 하는 것이다. 레게인^{λέγειν}이, 즉 로고스^{λόγος}의 의미 자체가 모음^{rassemblement}이될 것이다.[62] 의미작용, 이해 가능성 그리고 정신은 현현 속에, 현존의

---

59) Heidegger, *Acheminement vers la parole*(*Unterwegs zur Sprache*), trans. F. Fédier, Paris: Gallimard, 1976, p. 16[『언어로의 도상에서』, 신상희 옮김, 나남, 2012, 19쪽]을 보라.

60) Heidegger, *Lettre sur l'humanisme*, p. 139, n. 1[「휴머니즘 서간」, 국역본에는 이 각주가 없다].

61) 이것을 지적하면서 레비나스는 작은 목소리로 「열왕기(상)」 19장 11~13절을 인용한다. "여호와께서 이르시되 너는 나가서 여호와 앞에서 산에 서라 하시더니 여호와께서 지나가시는데 여호와 앞에 크고 강한 바람이 산을 가르고 바위를 부수나 바람 가운데에 여호와께서 계시지 아니하며 바람 후에 지진이 있으나 지진 가운데에도 여호와께서 계시지 아니하며, 또 지진 후에 불이 있으나 불 가운데에도 여호와께서 계시지 아니하더니 불 후에 세미한 소리가 있는지라. 엘리야가 듣고 겉옷으로 얼굴을 가리고 나가……." 하이데거가 그리스적인 것을 읽을 때 받았을 법한 성서적 영향에 대해서는, 자라데(Marlène Zarader)의 저작 『생각지 못한 빚: 하이데거와 히브리적 유산』(*La Dette impensée : Heidegger et l'héritage hébraïque*, Paris: Seuil, 1990)을 보라.

개관 속에 머문다. 그렇게 하여 모든 통-시성 dia-chronie 은 배제된다. 의미는 계시로, 존재의 현현으로 사유된다. 그리하여 주체의 심성은 주체가 증여하는 공시화와 재-현에서 성립한다. 이 덕택에 어떤 것도 외부에 있지 않게 된다. 이렇게 해서 심성은 모든 외상을 배제하는 의식이 된다. 존재는 정확히 말해, 충격을 가하기에 앞서 자신을 드러내는 것, 또는 충격을 주고 이어서 스스로를 드러내며 자신이 가한 폭력을 앎으로 흡수하는 것이 된다.[63]

타자를 책임질 수 있는 상황, 철학이 알긴 하지만 부차적인 것으로 취급하는 윤리적 관계, 존재론 안에서 정립되곤 했던 이 관계를, 여기서는 환원 불가능한 것으로 놓고 접근할 것이고, 타자를-**위한**-일자로, 목적성과 체계의 이성 바깥에서 의미를 주는 것으로 구조화할 것이다. 이러한 책임은 처음에는 **역설적인** 것으로 나타난다. 내 안의 어떤 현재도 타자를 포괄할 수 없으며, 현재에 이루어지는 어떤 개입도 이런 책임을 내면으로 삼는 표면이 아니기 때문이다. 그러나 타자를 위한 동일자의 의무에는 어떤 예속 상태도 포함되지 않는다. 그런 예속 상태가 없기에, 나의 유일성이 이 책임에 의해, 그리고 이 책임 속에서 요구되는 것이다. 아무도 나를 대체하지 못할 것이다.

---

62) Heidegger, *Le principe de raison*(『근거율』; *Der Satz vom Grund*), trans. Préau, Paris : Gallimard, 1957, p. 232. "레게인은 모아들인다는 것을, 어떤 것을 다른 것을 함께 둔다는 것을 의미한다"['레게인'은 세다, 배열하다, 말하다 등의 뜻을 가진 동사로, '로고스'는 여기서 파생한 명사라 할 수 있다].

63) 바로 이런 의미에서, 존재가 필요로 하는 것은 수용성이지 레비나스가 모색하는 '특별한 수동성'이 아니다. 이에 관해서는 『관념에 오는 신에 대하여』(*De Dieu qui vient à l'idée*, p. 142)에 있는, "우리의 서구적 '수동성'은 떠맡음에 뒤따르는 수용성이다"라는 지적을 보라.

칸트와 초월론적 이상

— 1976. 1. 16 금요일

우리는 여기서 존재론의 도움 없이 신을 사유하고자 한다. 즉 우리는 신을 진정한 의미의 존재, 최상으로 존재하는 존재라고 이해하는 철학적 전통, 신의 관념을 통해 그 철학적 의미를 앎의 합리적 규칙들에 맞게 이끌어 내는 철학적 전통과 구별되는 하나의 사유를 탐색하고자 한다. 그렇지만 신에 대한 존재-신-론의 발상이 그 '종말의 시작'을 알리는 것은 칸트와 더불어서다. 『순수이성비판』에는 주어진 것을 넘어서는 모든 사유에 대한 비판이 있다. 칸트에게서 주어진 것은 존재의 원형으로 남는다. 사유한다는 것은 직관을 개념 아래 포섭하는 것이다. 그래서 직관 없는 개념은 미망에 빠질 뿐이다. 칸트는 「초월론적 논리학」의 도입부에서 이렇게 말한다. "감성이 없다면 어떠한 대상도 주어지지 않을 것이고, 지성이 없다면 어떠한 대상도 사유되지 않을 것이다. 내용 없는 사상은 공허하고, 개념 없는 직관은 맹목이다."[64]

그러나 더 중요한 것은 칸트가 사유에 필연적으로 부과되는 합리적 이념들의 실존을 받아들이고 있다는 점이다. 존재를 말하는 사유

---

64) Kant, *Critique de la Raison pure*, p. 77[『순수이성비판』1, 274쪽].

이자 이성에게는 의무가 되는 사유, 그렇지만 **존재와 결합하지 않는** 그런 사유의 실존을 인정하는 것이다. 그러므로 칸트가 『순수이성비판』에서, 특히 「초월론적 변증론」에서 발견한 것은 바로 **사유가 존재로 귀착하지 않을 수 있다는** 점이다. 그렇다고 해서 그 사유가 자의적인 데로 빠지는 것은 아니다. 오히려 그것은 이성의 요구를 만족시킨다. 초월론적 이념들은 "모든 조건 일반의 무조건적 통일에 관여하며", "경험적 인식 일반의 다양함의 종합적 통일"을 지향한다. 여기서 다뤄지는 것이 심리학적 이념("사고하는 주체의 절대적 통일"), 우주론적 이념("현상의 조건들의 계열의 절대적 통일"), 신학적 이념("사고 일반의 모든 대상들의 조건의 절대적 통일"[65])이다.

주어진 것을 넘어서기에, 어떠한 직관에도 상응하지 않는 이런 이념들은 이성의 비합법적인 또는 변증적인 사용으로 나아갈 수 있다. 그러나 그것을 올바르게 사용하는 일도 마찬가지로 가능하다. "순수이성의 이념들은 결코 그 자체로는 변증적일 수 없다. 이념들의 순전한 **오용**만이 그것들로부터 기만적인 가상이 우리에게 생기도록 하는 것이 틀림없다. 왜냐하면 이념들은 우리 이성의 자연 본성에 의해 우리에게 부과되는 것이어서, 우리 사변의 모든 권리들과 권리 주장들에 대한 이 최고 법정[이성]이 그 자신 근원적인 착각과 환영들을 지닌다는 것은 불가능한 일이기 때문이다. 그러므로 짐작컨대 이념들은 우리 이성의 자연 소질 중에서 좋고 합목적적인 사명을 가질 것이다."[66]

---

65) *Ibid.*, pp. 273~274[『순수이성비판』 2, 554쪽].
66) *Ibid.*, p. 467[같은 책, 831쪽]. 강조는 편집자.

우리가 이러한 이념들로 행할 수 있는 올바른 사용은 **규제적 사용**이다. 이 규제적 사용에서 이념들은 존재를 규정하는 기능을 하지 않는다. 이념들은 존재로 나아가지 말아야 **한다**. 그러나 이념들은 지성의 노동을 지도하고 이끈다. "비록 세 가지의 초월론적(즉 **심리학적, 우주론적, 신학적**) 이념들이 직접적으로 그것들에 대응하는 대상 및 그것의 **규정**에 관계되어 있지 않다 하더라도, 이성의 경험적 사용의 모든 규칙들은 이런 **이념에서의 대상**을 전제로 하여 체계적 통일에 이르고 또 경험적 인식을 항상 확장해 간다. 그러나 이것은 결코 경험적 인식에 거스를 수 없다. 이런 점을 보여 줄 수 있다면, **그러한 이념들에 따라 태도를 취하는 것이 이성의 필연적 준칙이 된다.**"[67]

그럼에도 불구하고 칸트의 사유에는 존재-신-론으로 돌아가는 면이 있다. 신의 관념을 규정하는 방식이 그렇다. 경험에서 출발하여 신은 실재의 전체^{omnitudo realitatis}로 정립된다. 이 실재의 모든 가능적 술어들의 총괄을 칸트는 **초월론적 이상**이라 부른다. 이것이 요구되는 것은 어떤 원인이 필요해서가 아니라, 사물의 개체성과 사물의 규정 때문이다. 이 개체성과 규정이 사물에 존재할 권리를 부여한다. 사물을 완전하게 규정하려면, 사물을 그것의 개체성 속에서 규정하려면, "술어들만 상호 간에 논리적으로 비교해야 하는 것이 아니라, 사물 자신을 모든 가능한 술어들의 총괄과 초월론적으로 비교"[68]해야 한다. 각각의 사물은 이 **이상**과의 관계 속에서 규정되어야 한다. 이 이상은

---

67) Kant, *Critique de la Raison pure*, p. 468[『순수이성비판』 2, 832쪽].

68) *Ibid.*, p. 415[같은 책, 755쪽].

인과적 계열의 이상적 관계다. 규정된 사물은, 그것이 잔여 전체를 부정하는 동시에 전체를 열망하는 한에서 규정된다. 개체적인 것 속에는 전체에서 떨어져 나왔으나 동시에 이 전체를 열망하는 긴장과 같은 것이 있다. 이 전체 또는 이 이상은 직관 속에 주어지지 않는다. 그러나 그것은 이성에 필수적인 이념을 구성한다. 그것은 **구체적으로**in concreto, **개체적으로**in individuo 존재한다. 그것은 존재하는 것의 전체성으로서, 구체와 개체성의 최고 형식이다. 그것은 하나의 사물이 아니다(오히려 모든 사물은 그것을 전제한다). 그렇지만 존재하는 것은 '어떤 사물'이다. 칸트는 이 이상을 신과 동일시한다.[69] 이것은 존재의 전체성을 하나의 존재자로 사유하는 서구 사유의 흐름 속에 있다. 비록 칸트는 이 구체적 최고의 실존, 이 개체의 실존을 증명할 수 없다고 주장하면서 자신을 구별했지만 말이다. "그토록 최고로 뛰어난 자의 실존에 대해 우리는 완전히 무지한 채로 남아 있다."[70] 그러므로 우리는 초월론적 이상의 존재를 사변적으로 (이론적 사유를 통해) 증명할 수 없다. 반면 칸트는 한 개념의 궁극적인 의미가 그것의 존재 속에 있다는 생각을 견지한다. 즉 그는 존재의 표준과는 다른 표준을 생각할 수 있음을 인정치 않는다.

---

69) "이제 우리가 우리의 이 이념을 실체화하면서 더욱 멀리까지 추적해 간다면, 우리는 근원존재자를 최고 실재성이라는 순전한 개념에 의해 유일한 것, 단순한 것, 완전히 충족적인 것, 영원한 것 등등, 한마디로 말해 무조건적인 완전성에서 모든 술어를 통해 규정할 수 있을 것이다. 그러한 존재의 개념이 초월론적 의미로 받아들여진 신의 개념이다. 그렇게 하여, 내가 위에서 언급했듯, 순수 이성의 이상은 초월론적 신학의 대상이 된다"(*Ibid.*, p. 419[같은 책, 760~761쪽]).

70) *Ibid.*

여기서 중요한 것은 존재 개념을 사물 너머로 확장하는 것이 아니라 근본적인 질문을 던지는 것이다. 인간적인 것은 **존재와 다르게가** 아닌가? 존재가 가장 인간의 관심을 끄는 것인가? 존재는 의미 있는 것의 의미인가? 이 질문들은 비단 칸트뿐 아니라, 우리에게 전승된 모든 철학자에게 해당하는 것이다. 이런 질문들은 다음과 같은 생각에서 출발하여 제기된다. 이런 질문들을 제기하는 출발점은, 우리가 의미작용을 찾아야 하는 곳은 타자를-위한-일자 속에서라는 생각, 근접성 속에서라는 생각이다. 말해진 것의 소통이 아니라, 말함으로서의 의미작용이 일어나는 근접성 말이다. 합리성의 이해 가능성은 원래 말해진 것의 언어 안에 또는 내용들의 소통 안에 있는 것이 아니라, 말함 그 자체 안에, 이웃에게 건네지는 말 안에 있을 것이다. 이런 말은 곧 책임의 얽힘이다.

서구 철학에서는 타인에게 접근하는 것이 문제로 부각되지 않는다. 문제가 되는 것은 전달된 것의 소통이다. 의미작용은 어떤 존재가 없는 곳에 그 존재를 재현하는 한 양태다. 존재는 부재하지만, 그럼에도 존재와 어떤 관계가 있고, 그 덕택에 의미작용은 의미가 된다. 존재가 암시되는 것이다. 그래서 의미작용은 주어진 것의 출현과 함께 이뤄진다. 여기서 우리는 모든 내용 및 내용의 모든 소통에 앞서며 그로부터 독립된 의미작용을 탐구한다. 이것은 말함이라는 항에 의해 확립될 수 있다. 타인에게 말함으로서의 말함, 타자를-위한-일자로서의 말함에 의해 말이다. 이 '위한'을 숙고해 보아야 한다. 이것은 존재론의 주제화 가능한 평면과는 다른 의미작용을 가진다. 이 '위한'은 거기서 지위-없음을 도출하며, 근거의 합리성과 단절하는 것에 의미를 준다.

말함으로서의 의미작용

— 1976. 1. 23 금요일

'타자를-위한-일자'라는 표현에서, 이 '위한'은 어떤 말해진 것을 다른 말해진 것으로 환원하는 데로 귀착하지 않는다. 어떤 주제화된 것을 다른 주제화된 것으로 환원하는 데로 귀착하지 않는다. 그렇게 환원한다면, 그것은 말해진 것으로서의 의미작용에 머물고 말 것이다. 하지만 우리가 탐구할 것은 말함으로서의 의미작용이 뜻하는 바다.

'위한'은 인간이 그의 이웃에게 접근하는 방식이다. 결코 일자의 척도 안에 있지 않는 관계가 타자와 수립되는 방식이다. 이것은 근접성의 관계다. 여기서 타자에 대한 일자의 책임이 행해진다. 이 관계에는 주제화할 수 없는 이해 가능성이 있다. 이 관계는 그 자체로 의미를 지니는 것이지, 주제나 주제화의 결과로 그런 것이 아니다. 적어도 여기서 이것이 의미하는 바는, 이해 가능성과 합리성이 본래 존재에 속하지 않는다는 것이다. 타자를 위한 일자라는 관계 속에 새겨지는 것은 이제 더 이상 근거의 합리성에 바탕하여 사유되지 않는 관계다.[71]

의미작용과 책임의 타자를-위한-일자 속에 주체성이 있다. 그것은 자신의 정체성을 지닌 유일한 주체인데, 그 정체성은 외부로부터는 식별될 수 없다. 이 주체는 속성이나 술어에 따라 정의되는 것이 아니라, **소환됨**의 정체성을 갖는 주체며, 책임질 수 있는 자의, 대체될 수 없는 자의 정체성을 갖는 주체다. 이웃이 기대는 이는 바로 이런 주체다. 그 주체의 정체성은 이 책임 앞에 회피할 수 없음으로 이루어진다. 이것은 하이데거에게서 죽음 앞의 도피가 불가능한 것과 같다. 하이데거에게서 죽음은 언제나 내가 죽어야 하는 나의 죽음이며, 어느 누구도 나를 대신해서 죽을 수 없는 나의 죽음, 내가 타인을 대신해서 죽을 수 없는 것처럼 어느 누구도 나를 대신해서 죽을 수 없는 나의 죽음이다.[72]

그러나 여기서, 불가능한 회피는 **나의** 죽음 앞에, 나의 존재 및 나의 존재의 종말 앞에 있는 것이 아니다. 불가능한 회피는 죽음 앞의 이러한 태도와 다르다. 불가능한 회피는 주체의 유일성의 격앙이자 고조다. 이것은 현존의 과잉 속이 아니라, 수동적인 초과 속에 있다. 모든 수동성보다 더 수동적인 초과, 타자를 **위해** 있는 일자의 초월 ─ 이 초월의 수동적 초과 속에 있는 것이다. 이것이 의미하는 것은 지향성도 아니고, 타자에 대한 책임이라고 하는 나의 속성도 아니다. 오히려 내가 자신의 유일성을 획득하는 것은 책임으로서며 책임 안에서다.

일인칭에서조차 자아는 하나의 개념이다. [그러나] 책임의 얽힘

---

71) 이것도 레비나스와 하이데거의 친근성 가운데 하나다. 근거의 사유와 단절하는 것, 적어도 이것은 하이데거에게만큼이나 레비나스에게도 근본적인 것이다. 하이데거에 대해서는 주석가들이 이 점을 집요하고도 장황하게 말해 왔다. 한편 레비나스가 근거의 사유와 단절할 때, 그가 찾는 것은 여전히 다른 **합리성**임을 기억해 두자.

72) 이 책 1부의 강의 「죽음과 현존재의 전체성」, 63쪽과 각주 21참조.

안에서는 마치 내가 자아라는 개념을 벗어나 나의 유일성 속에서 내가 되는 것과 같은 방식으로 모든 일이 일어난다. 이 유일성은 볼모로서의 유일성이어서, 누구도 그것을 대신할 수 없다. 그 책임을 어떤 연극 장면의 역할로 바꾸지 않는 한 말이다. 그런 경우라면 이 무조건적인 책임은 주체에 의해서 **선택**될 수 있을 것이고, 이 주체는 자기만의 태도를 유지할 수 있을 것이며, 그래서 내적 삶의 온갖 피난처가 보전될 수 있을 것이다. 그러나 반대로 여기서는, 주체성과 심성이 타자를 위함으로 수동적으로 구조화하여, 타자를-위한-일자로서 드러난다. 나 자신이 놓이는 나의 처지는 타자를-위함이다. 다시 말해 타자를 위한 나의 속죄다(책임 속에는 보상이 없는 까닭이다). 그렇기에 주체는 자신의 자리를 상실한 자다. 이러한 상실 없이는, 나는 언제나 하나의 점, 하나의 견고한 점으로 남게 된다. 그때 남는 궁극적인 점도 지워져야 할 것일 수밖에 없다.

타자를 위한 일자란 주체성의 참여로 빚어지는 상황이 아니다. 참여는 **현존재**의 현사실성과 **현존재**의 이미-여기에도 불구하고 언제나 이론적 의식을 전제한다.[73] 참여 속에서 의식은 떠맡겨질 수 있는 것의 범위 안에 있는 수동적인 모든 것을 떠맡을 수 있는 가능성을 가진다. 이것이 자유에 대한 사르트르 사상의 핵심이다. 사르트르에 따

---

73) 이미 『탈출에 관해서』에서 레비나스는 이와 같은 점을 처음으로 다루었는데, 거기서 그는 '구토'에서 출발하여 현사실성을 발견하려고 암묵적으로 노력했다. 이 현사실성은 곧바로 **기투**(Entwurf)로 바뀌지 않는다는 점에서 하이데거의 현사실성 개념과는 다르다. 이 점에 대해서는 나[편집자]의 해석을 참고하라. *De l'évasion*, Monptellir: Fata Morgana, 1982, pp. 21f.

르면, 우리는 우리가 선택하지 않은 것까지 떠맡아야 하고, 결국 자신의 탄생까지 선택하는 셈이 되고 만다. 여기서 받아들임은 기투에 의해, 지평의 틀을 만들 줄 아는 지향적 사유 속에서 다시 포착된다.[74]

타자를 위한 일자의 받아들임에는 어떤 참여도 없고, 갚아야 할 어떤 빚도 없다. 애당초, 나는 면제되어 있지 않다. 원래, 나는 잘못이 있다. 책임으로 다다른 나^{je} ─ 또는 나^{moi} ─ 는 벌거벗었으며 정감에 노출되었고 어떠한 열림보다 더 열려 있다. 이 나는, 언제나 의식의 척도에 따르는 세계에 대해 열려 있는 것이 아니라, 그런 세계가 포함하지 못하는 타자에 대해 열려 있다. 이 책임 속에서 나는 자신을 정립하는 것이 아니라 자신의 자리를 상실한다. 자아는 추방당하거나 자신이 추방당했음을 발견한다. 타자를 대신함^{substitution}은 유배와 추방의 흔적과 같다. 나는 오직 자신의 피부에서만 자신을 발견하다. 그러나 그 피부는 더 이상 보호막이 아니다. 그것은 보호 없는 노출의 양상이다.[75] **스스로를 유배하다**$^{s'exiler}$, **스스로를 추방하다**$^{se\ déporter}$ 또는 **스스**

---

74) 사르트르(Jean P. Sartre)의 『유대인 문제에 대한 반성』(*Réflexions sur la question juive*, Paris: Gallimard, 1946)에 따르면, '진정한 유대인'의 경우가 이와 같다. 그는 **자신에게 주어진 상황을 선택할 수 있고 또 선택해야 한다.** 반면, 레비나스가 추구하는 것은 이번에는 탄생이다. 이 탄생은 철학적으로는 **피조성** 개념으로 바뀌는데, 떠맡을 수 없는 수동성의 상황을 뜻한다. "주체의 '피조성'은 창조의 재현이 될 수 없다"(*Humanisme de l'autre homme*[『다른 인간의 휴머니즘』], Monptellier: Fata Morgana, 1992, p. 108, n. 17).

75) 『존재와 달리 또는 존재성을 넘어』에서는 **감성**을 사유하는 방식을 통해 이 점을 설명하고 있다. 또 이 점은 『전체성과 무한』에서 감성 개념이 다뤄진 방식을 진정으로 **전복시킨** 것이다. 이 점에 대해, 우리는 실바노 페트로시노(Silvano Petrosino)의 『노마드적 진리』(*La Vérité nomade*, Paris: La Découverte, 1984, pp. 44~48)에 나타나 있는 분석을 참조할 수 있다.

로를 내맡기다se livrer라는 동사가 표현하고 암시하는 것은 바로 이런 수동성이다. 여기서 떼어 냄 및 떼어 냄의 과잉이 말해진다. 시몬 베유는 이 떼어 냄의 폭력을 다음과 같이 잘 표현하고 있다. "아버지께서는 (……) 내게서 이 신체와 이 영혼을 떼어 내서서 (……) 나를 그대의 것으로 만드시고, 나에게 남겨진 것이라곤 영원토록 이런 떼어 냄뿐이게 하신다."[76]

76) Simone Weil, *Attente de Dieu*(『신을 기다리며』), Paris : Gallimard, 1950, p. 205(*Autrement qu'être ou au-delà de l'essence*, p. 176[299쪽, 각주 3]의 주석에서 재인용).

윤리적 주체성

— 1976. 1. 30 금요일

존재-신-론은 신을 존재자로 사유하는 데서, 존재를 이 최고 또는 최상의 존재자로부터 사유하는 데서 성립한다. 하이데거의 비판은 존재를 잘못 이해하는 이러한 방식을 겨냥하고 있으며, 궁극적으로 존재자 없이 존재를 사유해야 한다고 말하는 데서 성립한다. 모든 형이상학이 그랬던 것처럼 존재를 **존재자로부터**, 단지 **존재자의** 존재로 사유해서는 안 된다고 그는 주장한다.[77] 여기서 우리가 하는 탐구도 존재-신-론에 대한 비판에서 출발한다. 하지만 우리는 신과의 관계 속에 어떤 존재나 존재자를 도입하지 않고 신을 사유하고자 한다. 이 탐구는 신을 존재 너머로서 사유하고자 한다.[78]

---

77) 하이데거가 1962년에 행한 강연 「시간과 존재」("Zeit und Sein")의 근본적 사상은, 비록 존재가 언제나 **존재자의** 존재라 하더라도, 존재는 **존재자 없이** 사유되어야 한다는 것, 존재자의 유일한 근거로서가 아니라 그것과는 달리 사유되어야 한다는 점을 보여 주는 것이었다[이 강의는 『사유의 사태로』(문동규·신상희, 도서출판 길, 2008)에 수록되어 있다].

78) "그러나 존재에 의해 오염되지 않은 신의 소리를 듣는 것은 형이상학과 존재-신학 속으로 떨어지게 될 망각으로부터 그 존재를 끄집어내는 것 못지않게 중요하고 또 그것 못지않게 불확실한 인간적 가능성이다." 이것은 『존재와 달리 또는 존재성을 넘어』의 「예비 노트」(p. X[11쪽]) 마지막 구절이다.

존재로서의 존재는 모든 의미가 매달린 어떤 얽힘의 매듭이다. 존재는 지배한다. 즉 존재는 단순히 존재하는 것이 아니라 **존재화한다**west. 이는 "**세계는 세계화한다**"Die Welt weltet는 하이데거의 명제 속에서 세계가 단순히 존재하는 것이 아니라 지배하는 것과 마찬가지다.[79]

존재는 존재 속에서 드러나는데, 이 존재에 대한 인식은 그 자체가 존재의 대열에 속한다. 존재의 몸짓에, 존재의 드라마 또는 존재의 얽힘에 속한다. 헤겔에게, 존재가 의식에 현현하는 것은 이 존재가 전개되는 한 계기다. 헤겔은 이 존재의 전개를 논리학이라 부른다. "사변적인 것이 되는 논리학은, 논리학과 구분되는 학문으로 다루어져 온 형이상학을 대체한다."[80]

그렇지만 사유의 역사는 인식과 존재 사이의 분열을 드러낸다. 이것이 헤겔에게 의식으로부터 정신으로 나아가는 여정이 있는 이유다. 이 정신은 종국에는 절대지로 귀착할 따름이다. 하이데거에게서 존재의 현현은 망각으로, 은폐나 은닉으로 이루어진다. (존재의 현현인est) 이런 방황은 단지 철학사와 관계할 뿐 아니라, 역사 전체와 관계한다. 이런 점에서 우리는 역사에 대한 하이데거의 사유와 맑스의 역사철학 사이의 어떤 유사점을 발견할 수 있다.[81]

---

79) Heidegger, *Essais et Conférences*, trans. A. Préau, Paris: Gallimard, 1969, p. 214[「사물」, 『강연과 논문』, 232쪽] 참조.

80) Hegel, *Encyclopédie des sciences philosophiques*, trans. Bernard Bourgeois, Paris: J. Vrin, 1970, p. 191.

81) 맑스와 하이데거가 함께, 또 다르게 사유될 수 있는 방식에 대해서는, 우선 악셀로스(Kostas Axelos)의 저작 『미래의 사유로 가는 길』(*Einführung in ein Künftiges Denken*, Tübingen: Niemeyer, 1966)을 참조할 수 있을 것이다.

철학의 이론적 특성 탓에 존재에 대한 **물음**은 불가피하다. 존재는 앎의 상관물이다. 앎은 존재에 의해 존재의 현현으로 나타난다. 그러나 우리는 이렇게 물어볼 수 있다. 현현 속에서 모든 의미작용이 존재론적 사건의 형식을 갖는다고 할 때, 그러한 현현은 의미작용의 의미줌을 고갈시키는가? 모두가 이 형식에 의해 고갈되는가? 이 사건 속에서 다른 것은 아무것도 일어나지 않는가? 만일 우리가 이러한 물음에 그렇지 않다고 긍정적으로 답할 수 있다면, 아마 우리는 이 존재론적 사건의 형식을 넘어서는 것으로부터 이론 자체를 끌어낼 수 있을 것이다. 타자를-위한-일자에서 일어나는 의미작용, 이해 가능성의 다른 양상을 제공할 수 있는 의미작용에 대한 물음이 자신의 자리를 발견하는 것은 바로 여기에서다.

타인과의 관계는 타자와의 결코 끝나지 않은 관계며, 비-무관심성이자 모든 의무 너머로 나아가는 차이, 탕감할 수 있는 빚으로 흡수되지 않는 차이다. 이런 관계 속에서 이루어지는 이해 가능성은 이론적 앎이 아니다. 그것은 주제화된 것의 주제화를 함축하지 않는다. 그것은 우리가 공시성 속으로 모아들일 수 있는 탈은폐와 관련되지 않는 어떤 의미를 암시한다. 대면의 상황 속에는 일자와 타자 사이에서 일어나는 것을 주제화하는 제삼자가 없다.

나는 봉사의 관계 속에서 타자를 위해 있다. 즉 나는 타자에 봉사하고 있다. 다른 말로, 타인과의 책임의 관계는 말함으로서 의미를 준다. 정보나 내용을 전달하는 모든 언어에 앞서는, 말해진 것으로서의 언어에 앞서는 말함은 이런 의무에 대한 노출이다. 누구도 이 의무에서 나를 대신할 수 없다. 이 의무는 주체를 볼모의 수동성에 이르기까지 벌거벗긴다. 말함 속에서 내가 나타나는 방식은 출두다. 즉 나는 고발된accusé 자로서, 대격accusatif에 놓인다. 다시 말해, 나는 모든 자리를 상실한다. 이런 의미에서, 이 나는 정립되는 것이 아니라 지위를 박탈당한다. 이러한 박탈은 타인을 위해, 심지어 타인의 잘못에 대해, 스스로를 타인의 자리에 두고/대신하고 고통받고 벌받는 데까지 이르며, 타인의 죄를 속죄하는 데까지 이른다. 여기서 중요한 것은 자기를 반성하는 어떤 행위acte가 전혀 아니다. 중요한 것은 수동성이지만, 이것은 능동성activité에 대립되지 않는다. 왜냐하면 이 수동성은 단지 행위의 이면에 불과한 그런 수동성 너머에 있기 때문이다.

소환되며 대격에 놓이는 나는 보편적인 것의 특수한 경우, 차아 개념의 특수한 경우가 아니다. 나는 첫 번째 인칭, 즉 자신의 자리를 양보해야 할 첫 번째 사람이다. 우리가 주체에 대해 말할 때, 이 주체는 분명히 어떤 방식에서는 보편적이다. 그러나 의미작용 속에서 나는 유일하며, 나의 유일성은 내가 나를 벗어날 수 없다는 데 있다. 말함은 내가 자신의 정체성 이편에서 스스로를 타인의 자리에 두면서/대신하면서 회귀하는 가운데 자신을 벌거벗기고 또 그렇게 하여 자신의 유일성을 드러내는accuser 하나뿐인 방식이다. 따라서 주체는 자신이 균등하게 만드는 세계에 열려 있는 초월론적 주체성으로 동화될 수 없다. 말함은 의식이나 참여에 있는 것이 아니다. 말함은 그 말함이 전해지는 누군가와의 결합을 그리지 않는다. 말함은 극한에 이르기까지 자신을 노출시키고 제한 없이 자신을 노출시키는 한 방식이다.

볼모로서의 주체는 시작을 갖지 않는다. 주체는 모든 현재의 이편에 있다. 이로 인해 기억은 주체의 주체성을 공시화하는 데 이르지 못한다. 주체는 결코 현재였던 적이 없는 과거, 타인에 의해 전-근원적으로 영향을 받은 과거인 기억 불가능한 과거로 회부된다.[82] 이 주체성은 이웃의 다가감인 근접성의 얽힘 속에 연루되어 있다. 이것은 역설적인 다가감이다. 왜냐하면 다가감에서, 그 거리는 다가감만큼 늘어나, 더 다가갈수록 더 멀어지기 때문이다. 그러나 이런 역설은 흔히 간주관적이라고 하는 관계에 무한의 영광을 새겨 넣는다. 이 관계로부터 무한은 영광스럽게 떠오른다.

---

82) 이런 언급을 통해 우리는 레비나스 사유의 새로운 요점에 다다르게 된다. 이에 대해서는 같은 날 행해진 1부의 강의(「하이데거의 이편, 베르그송」)를 참조하라.

초월, 우상숭배 그리고 세속화
— 1976. 2. 6 금요일

우리가 여기서 서술하고자 하는 것은 사유된 것을 포함하는 데로 귀
착하는 사유가 아니라, 초월이라는 낱말이 의미하는 바로 그것을 사
유하게끔 하는 사유다. 이런 탐색을 가능하게 하는 것, 그것도 구체적
으로 가능하게 하는 것이 바로 **윤리**다. 그런데 초월의 양상으로 제시
된 윤리는 신성한 것의 세속화에서 출발하여 사유될 수 있다.[83]

초월은 **건너감**trans의 운동, **올라감**scando의 운동을 의미한다. 초월
은 이러한 점에서 상승과 단계의 변화를 통해 간극을 넘어서고자 하

---

83) 레비나스는 신성한 것(le sacré)의 사상가가 아니다. 오히려 그는 신성한 것과 **성스러운
것**(le saint)을 대립시킨다. 1977년에 출판된 탈무드 강의 2권의 제목[『신성한 것에서 성
스러운 것으로』(*Du sacré au saint*, Paris : Éditions de Minuit, 2003)]은 그런 예들 가운데 하나
다. 히브리어 kadosh에 해당하는 **성스러운 것**은 어원적으로 **분리된 것**(le séparé)을 뜻
한다. 그러므로 이런 의미의 신이라는 명칭을 쓰는 것은 차이를 근원적으로 기재하는
것이 될 것이다. 또한 우리는 레비나스를 세속화의 사상가로 읽을 수 있다는 점에 주
목해야 한다. 사후-세계의 거주자인 특정 신의 죽음을 사유의 기회로 삼으려 했다는
점에서 그렇다. 이런 생각은 그 근본에서 장-뤽 마리옹(Jean-Luc Marion)의 문제 제기
와 그렇게 멀지 않다. 장-뤽 마리옹의 문제틀은 『우상과 거리』(*L'Idole et la Distance*,
Paris : Grasset, 1976) 및 『존재 없는 신』(*Dieu sans l'être*, Paris : Fayard, 1982)에서 찾아
볼 수 있다.

는 이중의 노력을 의미한다. 따라서 이 단어는 모든 메타포에 앞서, 장소의 변화라는 의미로 사유해야 할 것이다. 높이를 향한 운동이 산 정상의 능선에 의해 제한되던 시대에, 천체, 즉 항성이나 닫힌 궤도를 움직이는 행성은 손닿을 수 없는 것이었다. 하늘은 봄의 시선과는 다른 시선을 요구한다. 봄의 시선은 이미 목표가 정해져 있기에, 욕구에서 비롯하여 사물을 쫓는 데로 나아간다. 반면에 하늘은 모든 탐욕을 벗어난 눈을, 포획물을 기다리는 교활한 사냥꾼의 시선과는 다른 시선을 요구한다. 그래서 하늘을 향한 눈은 결국, 자신이 자리 잡고 있는 신체로부터 분리된다. 이러한 분리 속에서, 앎과 행위의 구분보다 더 오래된 눈과 손의 복잡한 얽힘이 해체된다. 그리하여 하늘을 우러르는 시선은 접촉할 수 없는 것, 신성한 것을 만난다(접촉할 수 없는 것은 금지의 이름 이전에 불가능성의 이름이다). 이렇게 시선이 뛰어넘는 거리가 초월이다. 시선은 오름이 아니라 공경이다. 그래서 시선은 경탄이고 숭배다. 운동이 접근할 수 없는 공간에 높이의 비상한 단절이 있고, 이 단절 앞에서 경이가 생겨난다. 이렇게 하여 높이는 최고의 위엄을 취하고 신적인 것이 된다. 봄이 뛰어넘는 이러한 공간적 초월에서 우상숭배가 태어난다.

육욕epithemiticon이 몸부림치는 동요와는 달리, (눈이 손의 움직임을 예상하는) 목표물을 향한 이동과는 달리, 하늘의 궁륭은 단단한 대지의 흔들림 없는 평안을 확고히 한다. 이 평안이 세력을 떨치고, 그리하여 모든 서약에 앞선 충성이, 즉 종교가 주권자의 권위를 향해 상승한다.[84] 규범적인 것은 규범의 명령함 자체를 찬양하며, 위계의 탁월함을, 영원토록 수립된 질서의 탁월함을 찬양한다. 이 탁월함은 교류와 새로움을 배제한다. 그 어떤 낯섦도 이 탁월함을 방해하지 못한다.

아리스토텔레스는 "사물들이 그 사물들인 바대로 있다는 놀라움"[85]을 무지 그 자체를 인정하는 것으로, 따라서 철학의 기원으로 해석하고, 앎을 앎에 대한 사랑으로부터 도출하였다. 그리하여 아리스토텔레스는 앎의 기원이 삶의 실천적 어려움에 있다는 점을, 서로 소통에 이르지 못한 인간들이 겪는 교류의 어려움에 있다는 점을 거부한다. 앎의 기원은 욕구 속에 있는 것이 아니라 앎 그 자체 속에 있다. 천체가 보여 주는 평안의 지배란 그것이 불러일으키는 놀라움 속에, 그 경이로움의 우상숭배 속에 놓인 일종의 무지가 아닌가? 자신을 앎에 대한 기대로, 그래서 합리주의의 어떤 시초로 인식하는 무지가 아닌가? 모든 서약에 앞선 이 종교는 모든 역사보다 더 오래된 것이고, 동일차의 이해 가능성의 신비와 같은 것이 아닌가? 그 동일성 가운데서도, 동일적인 것의 이 지배를 이미 전제하고 있을 판단의 종합 가운데서도 여전히 알려지지 않은 비밀이 아닌가?

그러므로 서양의 앎은 우상숭배의 세속화가 아닌가? 초월이 야기하는 비상한 단절 ─ 우상숭배 ─ 에서, 하늘의 궁륭 아래 있는 대지의 평안은 동일차의 왕국을 예시한다. 놀라움이란 무지의 의심을 받는 앎, 그렇지만 동일적인 것을 동일화하는 데서 성립하는 그런 앎의 고백이다. 그것은 합리적인 것을 포괄하는 이성의 탄생이며, 다양한

---

84) re-ligio의 어원을 생각해 보라[종교라는 유럽어 religion은 라틴어 religio에서 왔는데, religio, 곧 re-ligio는 다시 묶음, 재-결합이라는 뜻을 담고 있다. ─옮긴이].
85) 아리스토텔레스, 『형이상학』, A, 2, 983a 13.

것을 모으는 이해의 탄생이다. 인간 신체의 부피를 하나의 점으로 모아, 이제 더 이상 그림자를 드리울 수 없게 하는 축소의 대가로 사유가 탄생하는 것이다. 이것은 눈이 더 이상 안와眼窩 속에 제자리를 갖는 것이 아니라, 자신이 이해하는 공간에 자리를 잡는 개념의 통일이 되는 것과 같은 사태다.

우리는 이런 우상숭배가 종말을 고할 때 다른 초월이 고지되는지, 이런 세속화 속에서 어떤 사회적 자리가 발견되는 것은 아닌지를 묻지는 않을 것이다. 관조는 그 위계적 의미에서 자연스러운 의미로, 즉 인식과 직관의 의미로 이동한다. 우리는 찬양에서 철학으로, 우상숭배에서 천문학, 합리성, 무신론으로 이동한다. 천체의 고정성 속에서 존재의 내재적 몸짓과 존재의 지배 또는 왕국이 펼쳐진다. 이것은 평안 또는 실정성이다. 주제의 평평한 표면 위에서 지식이 진열되는 것이다. 이것은 높이에 대한 무관심이며, 진열대의 전면에 놓이는 현존이다. 다시 시작하는 현존으로서의 존재, 동일화의 방식을 취하는 평안의 행위인 존재로서의 존재다. 자신의 동일화 가운데서 생겨나고 자신의 이해 가능성에 의해 자신의 존재로 존재하는 그런 존재로서의 존재, 따라서 존재론의 형태를 띤 존재다. 존재로서의 자신의 존재에 대한 강조는 존재론으로 **존재한다**. 우상숭배의 초월은 지식 속에서 내비쳐지는데, 이 지식에 이론의 평온함을 가져다 주는 것이 바로 그런 초월이다. 평안의 세계 속에 있는 이 우상숭배의 초월은 경험적인 것에 근거하지는 않는 한 사태다. 존재의 몸짓 속에서, 이 지나가 버린 것은 모든 합리성이 의미와 근거를 취하는 실정성이 된다.

존재의 왕국을 이루는 초월의 이 세속화가 놀라움 속에서 발견하는 것은 자신의 가능성일 따름이다. 앎이 실제적으로 놀라움에서 나오기 위해서는, 무지가 무지로서 인식되기 위해서는, 존재가 존재로서 다가오기 위해서는, 또한 하늘의 빛이 인간의 지략과 술책을 밝혀 줄 필요가 있었다. 눈이 그 광채를 찬양했던 빛은 이 눈을 주어진 것으로 향하게 하는 빛이다. 그래서 자신의 타고난 탐욕에 매여 목표를 겨누고 지각하는 이 눈, 사냥꾼의 교활한 이 눈은 인내를 배워 영악한 시선이 된다. 그러므로 존재론이 되는 우상숭배의 세속화(우주의 이해 가능성, 서로 견주어 보고 서로 같아지는 재현과 현존)와, 굶주림으로 고통스러워하고 자신의 집 안에 머물며 거주하고 건축하는 인간들의 실천적인 상식 사이에는 합치하는 면이 있다. 세계와의 모든 실천적 관계는 재현이며, 재현된 세계는 경제적인 것이다. 존재의 삶으로 열리는 경제적 삶의 보편성이 있다.[86] 그리스는 이런 연결의 장소다. 문화의 다양성에도 불구하고 프로메테우스의 동료인 메세 가스터^{Messer Gaster}는 이 세계의 첫째가는 기예의 대가다.[87] 그러므로 유럽 문명이 기술과 과학과 무신론을 지니고 있다는 점보다 더 잘 이해될 수 있는 것은 없다. 이런 점에서 유럽적 가치들은 확실히 수출할 만한 것들이다.

기술의 모순을 인식하지 못할 만큼 멍청한 사람은 없다. 그러나 우리가 습관적으로 작성하는 손익 계산은 어떤 엄밀한 회계 원리에

---

86) 경제의 철학적 의미에 대해, 우리는 『전체성과 무한』 2장 전체를 참고할 수 있을 것이다. 거기서 자신의 세계 속에 있는 자아의 삶은 **경제**로 기술된다.
87) 프랑수아 라블레(François Rabelais), 『제4서』(*Quart Livre*) 57장과 62장 참조.

의존하지 않는다. 기술에 대한 비난은 손쉬운 레토릭이 된다. 그런데 세속화로서의 기술은 이교도의 신들을 파괴한다. 기술은 몇몇 신들을 죽여 버렸다. 점성술과 결부된 신, **운명**fatum의 신, 지역적 신, 장소와 풍수의 신, 의식에 빙의하여 불안과 공포 속에 출몰하는 온갖 신들과 하늘의 신 등등. 기술은 우리에게, 이러한 신이 세계에 속하며, 따라서 신은 일종의 사물이라고 가르친다. 나아가 그 신들은 사물chose일 뿐, 위대한-사물[grand-chose : 대수로운 것]이 아니라고 가르친다. 이러한 의미에서 세속화하는 기술은 인간 정신의 진보 속에 새겨진다. 그러나 세속화하는 기술이 끝/목적은 아니다.[88]

---

88) 이런 언급은 레비나스에게 기술에 대한 (단순히 기술적이거나 도구적이 아닌) **철학적** 의미가 있음을 이해하게 해준다. 기술이란 아마도 '자신의 존재성'에 의해서가 아니라 자신의 의미의 관점에서 제대로 사유될 수 있을 것이다. 그러므로 기술에 대한 모든 기술적 개념화에 반대하는 하이데거의 공격은 레비나스에게는 적용될 수 없다.

돈키호테, 마법 걸기 그리고 굶주림
— 1976. 2. 13 금요일

존재-신-론의 밖에서 신을 사유하는 것, 달리 말해서 더 이상 실정성에서부터, 즉 세계로부터 사유하지 않는 것, 이것이 이번 강의가 명확히 하려는 문제다. 세계는 언제나 인식이나 사유에 상응하며, 세계는 언제나 이 사유에 주어진다. 그 결과 세계는 사유에 의해 포착되고^{pris} 이해될^{compris} 수 있다. 사유는 세계를 포함한다. 또는 세계와 상관적이다. 여기서 상관적이라는 말은 선행한다는 것과 등가임을 강조해두자.[89] 포착과 이해라는 방식으로 사유하는 이 사유는 세계와 상응하는 것이 아닌 다른 방식의 모든 사유, 이른바 '낭만적' 또는 '신학적' 사유를 평가절하한다.

이렇게 평가절하된 사유는 일종의 결핍으로, 즉 기다림이나 희망의 대상과 관련한 결핍으로 여겨진다. 하지만 이 사유는 **물음**이나 **희망**의 형태로, 포함하는 것과 포함된 것 사이의 **불균형**에 의미를 줄 수 있다(실은 신만이 **불-균형**을 말하는 데 충분한 은유다). 이 사유는 세

---

89) 이런 상관성의 의미는 레비나스가 늘 반복해서 말하는 구분, 수용성과 '모든 수동성보다 더 수동적인' 수동성을 구분하는 흐름 속에서 이해할 수 있다.

계의 외부가 아닌 외부, **비공간적인 외부**에 대한 사유일 것이다. 충분히 외재적이지 않은 외재성보다 더 외재적인 밖의 특성extranéité을 갖는 외부에 대한 사유일 것이다.[90] 그리고 세계 속에서는 모든 것이 미리 평가되는 까닭에, 또 끝내 버티는 것은 아무것도 없는 까닭에, 우리는 다음과 같이 묻게 된다. 어떻게 또 어느 정도로, 불균등한 것의 영향affection이, 포착되고 이해될 수 없는 것의 영향이 있을 수 있는가?

기술은 **세계의 신들** 및 **사물-신들**의 파괴자로서 마법을 푸는 효과를 지닌다. 그러나 기술이 모든 신비화를 막아 주는 것은 아니다. 이데올로기의 사로잡힘이 남는다. 거기서 사람들은 스스로 속고 속임을 당한다. 절제된 앎조차도, 또는 인문학이 내세우는 바를 원하는 앎조차도 이데올로기에서 벗어나지 못한다. 무엇보다도 기술은 모든 현상에 깃들어 있는 애매함을, 즉 존재의 모든 나타남에 똬리를 틀고 있는 가능한 가상을 막아 주지 못한다. 이로부터 미혹에 대한 근대인의 지속적인 두려움이 나온다.

이 점을 세르반테스는 훌륭하게 표현한다. 그의 책 『돈키호테』 1부의 주제는 마법 걸기, 모든 현상에 잠들어 있는 가상의 마법 걸기다. 우리는 여기서 특별히 1부 46장 이하를 살펴볼 것이다.[91] 거기서 "슬

---

90) 이런 의미에서 우리는 『전체성과 무한』의 부제가 "외재성에 대한 에세이"(Essai sur l'extériorité)였다는 점을 되새겨 볼 필요가 있다. 레비나스가 이후에 <u>스스로</u>에 대한 내적 비판을 가했던 이유 중 하나가 아마 여기에 있을 것이다. 이 점과 관련해 『우리 사이』(*Entre nous*, Paris: Grasset, 1991)에 재수록된 「독일어판 서문」을 참조할 수 있다.

91) Miguel de Cervantes Saavedra, *Don Quichotte*, trans. Jean Cassou & Cesar Oudin & Francois Rosset, la Bibliothèque de la Pléiade, 1949, p. 457f 참조[『돈끼호떼』 1, 민용태 옮김, 창비, 2005, 671쪽 이하].

픈 얼굴을 한 기사"는 마법에 걸려 이성을 잃고, 세계와 그 자신이 마법에 걸렸다는 점을 모든 사람들에게 단언한다. "산초, 이 사람아, 이제야 자네는 내가 전에 몇 번이고 이야기했던 말이 사실임을 알게 될 거야. 이 성에서 일어나는 모든 사건은 모두 마법에 의해 벌어진 일이라는 것을".[92] 이러한 사태에서 산초만이 어떤 명철함을 견지하여, 그의 주인보다 강해 보인다. ("비록 산초의 머리가 둔하고 멍청하다고 해도 그 사건이 거짓 없는 적나라한 사실이 아니었다고 믿을 정도는 아니었지만 (……) 주인이 생각하고 말하는 것처럼 그 일이 꿈이나 상상 속의 도깨비들에 의해 벌어진 사건이 아니라 살과 뼈가 멀쩡한 사람들에 의해 공중으로 내동댕이쳐진 것이 사실이었으니까."[93] ; "거기 있는 모든 사람 중에 오직 산초만이 제정신이고 제 모습 그대로였다. 산초의 정신이나 자기 주인의 병이나 거기서 거기로 오락가락하는 처지였지만, 그는 그 괴상망측한 모습들이 누구인지 금방 알아차렸다."[94]) 산초가 의심하는 이 '괴상망측한 모습들'은 신부, 이발사 그리고 그의 친구들이다. 이들은 돈키호테를 치료하기 위해 고향으로 데려오려 했다. 그를 데려오기 위해, 그들은 돈키호테의 망상으로 들어가 이 이성을 잃은 기사가 쉽게 믿을 수 있는 유령인 체한다.[95] 이렇듯 돈키호테의 모험은 그 자신과 세계에 대한 마법 걸기의 열정이다. 데카르트의 악마가 온전히 이 페이지들에 나타난다는 점을 이해해야 한다![96] 그러나 이런 도정의 근대성을 다시

---

92) *Ibid.*, p. 462[같은 책, 678쪽].
93) *Ibid.*, p. 462[같은 책, 678쪽].
94) *Ibid.*, p. 463[같은 책, 679쪽].
95) *Ibid.*, Ch. 46.

강조할 필요가 있다. 여기서 마법 걸기가 작동하는 방식은 불확실함의 미로 속에, 가면이나 가상일 뿐인 얼굴들 가운데, 아무런 실마리도 없이 가두는 것이다.[97]

미로와 같은 마법에 이렇게 갇힌 채, 돈키호테는 그 나름으로, 어떤 확실함이 자기 근거를 갖는 **코기토**를 경험한다. "내가 알기로 확실한 건 지금 내가 마법에 걸렸다는 걸세. 생각을 이렇게 하면 내 마음이 편하고 좋네. 만일 내가 마법에 걸리지 않았는데 비겁하고 나태한 모습으로 이렇게 닭장에 갇혀 있다고 생각하면 이거야말로 정말 큰일이지. 바로 이 시각에도 극도의 곤궁에 처하여 나의 도움과 보호를 바라고 있을 수많은 궁핍한 사람들이나 수난자들에 대한 구원의 의무를 기피하다니."[98]

아마 거기에는 궁핍한 사람이나 수난자의 목소리를 피할 수 있게 해주는 귀먹음 따위는 없을 것이다. 그런 점에서 이 목소리는 마법 풀기에 해당할 것이다. 이 목소리는 또 다른 세속화를 이끌 것인데, 이

---

96) 확실히 그렇다! 그런데 이 악마는 레비나스 자신이 『전체성과 무한』의 1부 3장 「진리와 정의」(Vérité et justice)의 3절 "진리는 정의를 전제한다"(La vérité suppose la justice)에서 다뤘던 바로 그 악마다.

97) Cervantes, *Don Quichotte*, p. 463[『돈끼호떼』 1, 679쪽] 참조. "그들은 얼굴들을 가리고 위장을 했는데, 한쪽 사람들이 한 모습으로 위장을 하면 다른 사람들은 또 다른 모습으로 꾸며 돈키호테가 보기에는 그 성에서 본 사람들과 다른 사람이라는 인상이 들도록 만들었다. (……) 마침내 그가 놀라 잠에서 깼을 때는 이미 꼼짝달싹할 수가 없었고 눈앞에 서 있는 그 이상한 몰골들을 보고는 질겁해서 입을 다물 수밖에 없었다. 이윽고 그는 그가 늘 생각했던 그 이상한 상상의 세계가 그대로 눈앞에 벌어지고 있다는 것을 알아차렸고, 거기의 그 모든 것은 마법에 걸린 그 성의 괴물들이라고 믿었으며, 그 자신도 역시 그런 괴물이라고 믿어 조금도 의심하지 않았다."

98) *Ibid.*, p. 484[같은 책, 713쪽].

세속화의 작인作因은 굶주림의 열악함일 것이다. 굶주림의 결핍에 의한 세계의 세속화, 이것은 제1원인으로서 시작하는 초월이 아니라 인간의 신체성에서 시작하는 초월을 의미할 것이다. 그런 한에서 이 초월은 비존재론적인 초월이다. 또는 적어도 존재론에서 자신의 기원이나 척도를 발견하지 않는 초월이다. 존재론은 가시적인 신들을 졸아들게 하지만, 이 다른 초월이 없다는 듯 우리를 돈키호테의 처지에 놓아 미로에 갇히게 할 것이다.

마법의 확실함에 돈키호테를 가둬 놓은 포위에서 어떻게 벗어날 것인가? 어떻게 비공간적인 외재성을 발견할 것인가? 그것은 오직 다른 사람을 향한 운동 속에서만, 또 단적으로 책임인 운동 속에서만 가능하다. 가장 열악한 단계에서, 굶주림의 열악함 속에서 우리는 인간의 신체성에서 시작하는 비존재론적인 초월을 그려 볼 수 있다. 이런 의미에서 인간의 동물적 경험은 존재 서사의 **파열**로 생각되어야 한다. 이 파열 속에서 가시적인 신들과는 다른 신이 머무는 저 너머로 향하는 틈과 균열 그리고 활로가 열린다.

굶주림의 깊이를 헤아려 보았는가? 굶주림에서 우선 나의 동일자는 자신의 동일성을 확고히 하고자 할 뿐이다.[99] 굶주림에 귀가 먼 언어는 정말 놀랄 만하다("허기진 배는 귀가 없다"는 속담이 있다). 굶주림은 안심시키는 모든 이데올로기에, 모든 균형에 둔감하다. 그 균형이란 전체성의 균형에 불과할 것이지만 말이다. 굶주림은 그 자체로 욕구 또는 진정한 의미의 **결핍**인데, 이것이 물질성 또는 물질의 위대

---

99) 『전체성과 무한』에 따르면, 굶주림은 먹음이라는 존재적인 **향유**에 이미 사로잡혀 있다.

한 솔직함을 이룬다.[100] (논리적 결핍은 굶주림의 모델에 따라 이해되는 것이지, 그 반대가 아니다.) 이 결핍은 우리가 정신적으로 정돈된 세계의 이미지로 이런 결핍을 가라앉히지 못하게 한다. 어떠한 음악도 달래지 못하는 굶주림은 이런 낭만적 영원성을 모두 세속화한다. 결핍의 날카로움은 이 결핍 자체에 절망하는 데 있다. 바위 같은 표면에 대항하여 몸부림치는 절망, 무의 어떤 이면을 부르기라도 하듯 벽에 짓찧는 머리, 이유도, 기도도, 목표도, 주제화도 없는 부름, 지향적인 것에 앞선 쏠림과도 같은 것, 세계 밖으로의 포기와도 같은 것. 기도에 앞선 간구, 구걸로서의 요구, 주어진 것 없는 물음, 이 물음 자체의 자리조차 갖추지 못한 물음, **너머의 물음**. 그러나 어떤 배후-세계를 향하는 것이 아닌 물음. 양자택일의 항들이 동요하는 가운데서의, 죽음과 신 사이의 동요 가운데서의 물음. 어떤 확언적 **억견**이 똬리를 틀고 있는 개연적 양상으로 환원될 수 없는 물음, 그 이해관심/존재 사이 intéressement의 심층에서 서로 부딪히는 역-설적 물음. 그 까닭은 우리

---

100) 이것에 대응하여, 「마르틴 부버의 사유와 동시대의 유대주의」("La pensée de Martin Buber et le judaïsme contemporain")에 나오는 다음 구절을 참고하라. 레비나스는 여기서 『나와 너』(*Ich Und Du*)의 저자에 대해 유머러스하게 논쟁을 끌어가고 있다. "우리는 물어볼 수 있다. 벌거벗은 자를 입히고 굶주린 자를 먹이는 것이야말로, 부버가 말하는 만남이 이따금 머무는 에테르보다, 이웃에게 우리를 더 가까이 다가가게 하는 것은 아닌가. '너'를 말함은 이미 나의 신체를 가로질러, 발성 기관 너머의, 줌을 행하는 손으로까지 나아간다. 이것은 멘 드 비랑(Maine de Biran)의 바람직한 전통과 이어지며 또 성서의 진리와 합치한다. 신에게는 빈손으로 가서는 안 된다. 이것은 또한 다음과 같은 탈무드 텍스트와 합치한다. '먹을 것을 주는 것'은 가장 중요한 일이며, 마음과 생명을 다하여 신을 사랑하는 것은 우리가 가진 돈을 다 바쳐 신을 사랑하는 것보다 못하다. 아, 유대인의 물질주의여!"(*Hors sujet*, pp. 15~32에 재수록).

의 존재하려는 **자기보존 경향**이 확증되는 모든 욕구 중에서 굶주림이 가장 큰 관심사/존재 사이의 문제이기 때문이다. 이 물음에서 관건은 포착하는 것이 아니라 무한히 구걸하는 것이다. 이런 점에서 이 물음은 비공간적인 외부, 존재론 너머로 향하는 물음이다.

굶주림을 통한 세속화는 신에 대한 그리고 신을 향한 물음이다. 그래서 경험 이상이자 경험 이하의 물음이다. 이 세속화는 기도에 앞서는 물음, 응답 없는 물음이며, 물음의 수수께끼 같은 메아리 또는 애매한 메아리와도 같다. 그렇지만 우리는 이러한 분석을 통해서, 중요한 것은 초월을 주체화하는 것이 아니라 주체성에 대해 놀라는 것임을 명확히 할 것이다.

세계의 첫째가는 기예의 대가인 메세 가스터가 완전히 지배하지는 못한다는 점에 주목하자. **존재하려는 자기보존 경향** 속에서 굶주림은 다른 사람의 굶주림에 놀랍게도 예민하다는 점에 주목하자. 타인의 굶주림은 사람들을 식곤증과 충족에서 일깨운다. 우리가 나 자신의 굶주림에 대한 기억으로부터 다른 사람의 굶주림에 대한 고통과 연민으로 옮겨 가는 것은 정말 놀랄 만한 일이다. 여기서 양도할 수 없는 책임과 회피할 수 없음이 말해진다. 이 회피 불가능함은, 자신이 배부른 까닭에 굶주린 자를 이해하지 못하고 자기를 벗어나지 못하면서 자기의 고유한 책임은 끊임없이 벗어나고자 하는 자까지도 개체화한다. 개체화, 그것은 이렇듯 회피하고자 하지만 회피할 수 없음이며, 자기 자신으로 존재한다는 것에 대한 이와 같은 규탄이다. 나의 유일성, 그것은 이 불가능한 회피의 흔적, 양도 불가능한 책임의 흔적이다. 돈키호테는 그의 마법 속에서도 이런 책임을 여전히 기억하고 있다. 나로 존재할 가능성 속에서, 삶은 그 자신의 숨결과 작동하는 생명력을 유지한다. 일자가 타자를 들음, 타자를 향해 일자가 자기를 떠남, 이것은 물음에 대한, 그리고 굶주림의 기도에 앞선 간구에 대한 응답이다.

이렇게 하여 굶주림에서, 가장 열악한 단계에서 초월이 그려진다.

무-아르케로서의 주체성

― 1976. 2. 20 금요일

신 관념에 대해 존재-신-론이 아닌 방식으로 접근하는 일은 지향성의 구조로 편입되지 않는 사람-사이의 관계들을 분석함으로써 이뤄진다. 지향성은 언제나 내용을 가지며 그 사유는 언제나 자신의 척도에 따른다. 반면에 사람-사이의 관계는 욕망, 탐구, 물음, 희망처럼 자신의 한계를 넘어서는 사유들이다. 즉 자신이 사유하는 것 이상을 사유하는, 사유가 포함할 수 있는 것 이상을 사유하는 사유들이다. 이러한 것이 다른 인간들에 대한 윤리적 책임이다. 윤리는 지향성과, 또 자유와 뚜렷한 대조를 이룬다. 책임지는 것, 그것은 모든 결단에 앞서 책임지는 것이다. 여기서는 모든 행위의 근원적 지향성이 실패하는 것과 마찬가지로, 초월론적 통각의 통일이 빠져나가며 실패하고 일그러진다. 마치 여기에는 시작에 앞선 어떤 것이, 이를테면 **무-아르케**an-archie가 있다는 듯이.[101] 그리고 이것이 의미하는 바는 자발성으로서의 주체를 문제 삼는다는 것이다. 나는 나-자신에게서 나의 기원이 아니다. 나는 내 속에 나의 기원을 갖지 않는다. (우리는 여기서 심장이 제 몸 바깥에 있는 기사騎士가 등장하는 유명한 러시아 설화를 생각해 볼 수 있을 것이다.[102])

타인에 대한 이 책임은 타자를-위한-일자라는 구조를 이루며, 타자의 **볼모**에까지 이른다. 이 볼모는 모든 자기 회귀에 앞서, 대체될 수 없는 자로 부름을 받았다는 자기 정체성을 지닌다. 자기-자신의 방식인 타자를 위함, 타인을 **대신함**으로까지 나아가는 타자를 위함.[103] 이것은 존재 안에서는 이해 불가능한 관계라는 점을 이해해야 한다. 이 말은 또한 이 대신함이 존재성에 대해 예외라는 것을 뜻한다. 물론 동정이란 굶주렸던 자의 입장에서 타인에 대해 그리고 타인의 굶주림에 관해 느끼는 자연스런 감정이다. 그러나 대신함과, 세계 또는 존재 속에서 통용되는 기계적 연대 사이에는 엄연한 단절이 있다. "나에게 헤쿠바Hecuba는 무엇인가?" 우리는 셰익스피어와 더불어 이렇게 물어봐야 한다.[104]

우리는 여기서 주체성을, 존재를 주제화하는 초월론적 의식으로 환원될 수 없는 것으로서 기술하려 한다. 근접성은 이미지로 흡수될

---

101) an-archie라는 말은 두 가지로 이해되어야 한다. 우선 그것은 아르케(ἀρχή)에 속하지 않는 것, 그렇기에 『존재와 달리 또는 존재성을 넘어』에서 전(前)-기원적이라고 부른 것을 뜻한다. 그러나 이 말은 또한 국가의 전능성에 저항하는 무정부 및 무정부주의라는 그 단어의 자연스런 의미로도 이해되어야 한다. 이 두 번째 의미는 선지자주의(prophétisme)의 또 다른 의미이기도 하다.

102) 『단코의 심장』(*Le cœur de Danco*)이라는 제목의 설화.

103) 대신함이라는 개념은 『존재와 달리 또는 존재성을 넘어』 4장의 주제다. 그리고 「예비 노트」에 따르면, 4장이 책의 '중심부'를 이룬다.

104) 『햄릿』(*Hamlet*), 4막 2장 593~594행, "그에게 헤쿠바가 무엇이기에, 또는 헤쿠바에게 그는 무엇이기에 그렇게 그는 그녀를 위해 우는가?"[헤쿠바는 트로이의 마지막 왕비로 자식들을 잃고 비탄에 빠지는 인물이다. 햄릿은 그 장면을 다루는 연극 공연에서 헤쿠바 때문에 우는 극중인물을 보고 이렇게 묻는다. ─옮긴이].

수 없고 주제로 드러날 수도 없는 타인과의 관계로 나타난다. 타인은 과도한 것이 아니라, 통약 불가능하다. 즉 그는 주제에 머물지 않으며, 의식에 나타날 수 없다. 타인은 얼굴인데, 거기에는 사로잡힘을 이루는 얼굴의 비가시성과 같은 것이 있다. 이 비가시성은 다가오는 것이 무의미함을 뜻하는 것이 아니라, 현시나 제시와는 완전히 다른, 따라서 봄과는 완전히 다른 의미함의 방식을 시사한다.

사실, 우리에게 전해진 철학이 가르쳐 준 것과는 반대로, 의미작용이 반드시 주제화를 함축하는 것은 아니다. 타자를-위한-일자는 직관의 결여가 아니라, 책임의 **잉여**다. 그 잉여를 말해 주는 것은 타자를-위한-일자라는 관계에서의 '위한'이다. 주어진 것 너머로 나아가는 의미작용, 그리고 그 유명한 **의미부여**Sinngebung 또는 '의미의 증여'donation de sens와는 구분되는 의미작용의 의미함이 신호를 보내는 것은 이 '위한'에서다.

의미작용은 이 타자를-위한-일자 또는 타인을 위한 이런 책임이다. 의미작용은 모든 것이 같아지는 앎의 무해한 관계가 아니라, 타인에 의한 나의 소환이며, 우리가 알지도 못하는 인간들에 대한 책임이다. 극단적인 긴급함인 소환, 모든 참여와 시작에 앞선 소환. 즉 **시간을 거스름**anachronisme. 이것이 바로 우리가 **사로잡힘**이라고 부르는 것이다. 이 사로잡힘은 행위에 앞선 관계, 행위도 아니고 정립도 아닌 관계다. 이것은 의식 속에 있는 모든 것이 의식에 의해 정립되기를 바라는 피히테의 테제와 뚜렷이 구분된다.[105]

여기서는 사정이 완전히 다르다. 의식에 있는 모든 것이 의식에 의해 정립되지 않는다. 사로잡힘은 의식을 거슬러 관통하고, 의식 속에 **낯선 것**으로 기입되어, 타율을, 불균형을, 기원을 놀래키는 망상[106]을 의미하기에 이른다. 이런 것들은 기원보다 더 일찍 일어나며 아르케와 시작 이전에 일어나고, 의식의 모든 번뜩임에 앞서 생산된다. 존재가 자신을 상실하고 다시 발견하는 존재론적 유희를 중단시키는 것은 바로 아나키anarchie다. 근접성 속에서, 자아는 자신의 현재에 무근원적으로 뒤처지며, 이 뒤처짐을 따라잡지 못한다. 이런 무근원은 **박해**persécution다. 무근원은 나에 대한 타자의 지배인데, 이 지배는 나를 말 없게 만든다.

이런 박해가 가리키는 것은 광적인 의식의 내용이 아니라, 자아가 영향을 입는 형식이다. 박해란 의식의 전도를 뜻하며, 지향성의 용어로 정의될 수 없는 수동성을 뜻한다. 지향성에서 겪음은 언제나 **떠맡음**이 되고 만다. 그러나 전적으로 자유인 의식에서, 또는 적어도 최종적으로는 자유인 의식에서(왜냐하면 의식 속에서는 모든 것이 지향적으로 떠맡아지기 때문인데), 어떻게 **당함**pâtir이 가능한가? 어떻게 **정념**passion[107]으로서 가능한가? 어떻게 광기와 사로잡힘이 의식 안으로 들어올 수 있는가? 여기에 의식의 얽힘에 놓인 역설이 있다.

---

105) "'비-아(非-我)로서의 자아'란 자아의 근원적 행위의 산물이며, 의식 그 자체는 자아의 근원적인 첫 행위의 산물, 자아의 자기 정립의 산물"이라는 나름의 논거로 피히테의 테제는 설명된다. Johann G. Fichte, *Principes de la doctrine de la science*(『학문론의 원리』), trans. Alexis Philonenko, in *Œuvres choisies de philosophie première*, Paris: J. Vrin, 1972, p. 28.
106) 이런 점에서 "심성은 이미 정신병이다".

우리가 여기서 말하고 있는 타율성 —비대상적이며 비공간적인 (공간적 외재성이라면 의식에 의해 다시 회수될 수 있을 것이므로) 외재성, 나를 사로잡으며 주제화할 수 없고 아나키적인 외재성 —은 아나키의 메타-존재론적 드라마 혹은 얽힘을 가리킨다. 이 아나키는 **로고스**를, 말하기를, 이성을 해체한다(이 이성에서 내가 나 자신을 옹호하는 변호적인 재장악의 활동이 행해진다). 여기서 초점이 되는 것은 극단적인 정념인데, 그것은 적어도 세 가지 면에서 그렇다. 정념에 의해 의식은 **자기에 반하여** 타격을 입는다. 또 정념 속에서 의식은 어떠한 **선험성**도 없이 포착된다(우리는 언제나 예기치 못한 방식으로 타인과 마주친다. 그는 '최초로 온 자'다). 그리고 이 정념을 통해 의식은 **바랄 만하지-않은**non-désirable 것과 접촉한다(타인은 **달갑지 않은**in-désirable 자다! 여기에는 외국인에 대해 말할 때 몇몇 사람들이 사용하는 의미가 포함되어 있다. 타인과의 관계에는 리비도가 없다. 타인과의 관계는 진정한 의미로 반-에로스적 관계다).[108] 그러므로 여기에는 모든 질문함에 앞선 문제 삼음이 있는 것이다.

　　책임 없는 자유, **순수한** 유희로서의 자유를 요구한 하이데거, 핑크, 잔 델롬Jeanne Delhomme의 견해와 달리,[109] 우리는 여기서 책임이

---

107) 여기서 일단 '정념'이라고 옮긴 'passion'에는 '수동적'(passif)이라는 뜻이 들어 있다. '예수의 수난'이라고 할 때에 '수난'(受難)도 passion의 역어다. 그러므로 여기서 '정념'은 감성을 통해 수동적으로 야기되는 충동적 변화나 영향을 뜻한다고 보면 좋다.—옮긴이

108) 이 점에 대해서는, 이 책 2부에 수록된 1976년 5월 21일의 강의 「부재에 이르기까지 초월적인 신」, 각주 189(334쪽)와 각주 191(335쪽)을 참조하라.

어떤 약속에도 근거하지 않는다는 점을, 그 책임이 **선택 없이** 존재에 기입된다는 점을 분명히 한다. (타자는 억압당한다——나로서의 나는 의무를 질 수 있을 뿐이다!) 자유·비-자유의 쌍 이전에 소명이 수립된다. 이 소명은 오직 자기를 위해 있는 자——자신의 현재에서 시작하지 않은 불행이나 잘못에는 손을 씻는 자——의 제한적이고 에고이즘적인 구상을 넘어선다.[110] 이것은 결코 현재였던 적이 없는 과거와의 관계다. 이것은 자기를 위해 있는 것이 아니라 **모든 존재를 위해** 있는 한 존재의 포섭 또는 서임敍任이다. 여기에 그 존재의 있음-사이를-벗어남dés-inter-essement이 있다. (존재Sein는 단지 있다esse가 아니다. 그것은 또한 '있음'essement ——또는 **존재하려는 자기보존 경향이다!**)

자기의 정념에서 성립하는 예외적인 유일성, 그것은 모두에 대한 종속이라는 이 끊임없는 사건이며, 곧 주체성이다. 자신을 벗어나며 자신의 존재를 비우고 자신을 뒤집는 그런 존재의 주체성, 즉 **존재와 달리** '있는' 주체성이다. 존재와 달리, 그것은 있음-사이를-벗어남이고, 타자의 비참을 짊어지는 것이다. 타자가 나에 대해 가질 수 있는 책임까지 짊어지는 것이다. 여기에는 '인간들의 거래'도, 책임의 단순

---

109) 핑크는 이 강의와 같은 날 이루어진 강의(「어떻게 무를 사유하는가?」)에서 자주 언급되었다. 그런데 레비나스가 여기서 참조하는 것은 『세계의 상징으로서의 놀이』(*Le Jeu comme symbole du monde*, Paris: Minuit, 1966)라는 저작이다. 델롬에 대해서는 레비나스가 『고유명사들』에서 썼던 그에 관한 에세이를 볼 수 있을 것이다. 이 두 사상가에 대한 논쟁으로는, 발라바니디-비브랑(Harita Valavanidis-Wybrands)의 에세이 「말함의 방식」("Manière de dire", *Cahiers de la nuit surveillée*, n° 4, 1991, 잔 델롬 특집호)을 참조하라.
110) 그러므로 도스토옙스키가 『악령』에서 한 장의 제목을 "타인의 죄"라고 단 것은 의미가 있다.

한 교환도 없다! 자기로 있다는 것 ─이것은 볼모의 조건이자 무조건인데─, 그것은 언제나 더 많은 책임을 지는 것이다. 이것은 가장 강한 의미로 이해해야 할 볼모로서의 책임이다. 왜냐하면 타인이 나와 관계한다는 것은 내게 이해할 수 없는 것으로 남기 때문이다. "나에게 헤쿠바는 무엇인가?" 달리 말해, "내가 아우의 보호자입니까?"[111] ─이런 질문들은 존재 안에서 이해될 수 없다.

자아의 전-사前-史에서,[112] 나는 전적으로 볼모다. 에고ego보다 훨씬 오랜 볼모다. 자기에게 중요한 것은 자신의 존재 속에 존재하는 것이 아니다. 여기에, 전-근원적으로 타인에게 묶인 나의 종교성re-ligiosité이 있다. 그리고 용서, 자비, 동정을 가능케 하는 것은 바로 볼모의 이 무조건성이다. 마무리 삼아 파울 첼란Paul Celan의 다음과 같은 말을 상기해 보자. "내가 나일 때 나는 너다."[113]

---

111) 이것은 카인이 신에게 한 대답이다. 「창세기」 6장 9절 참조. 『카라마조프의 형제들』(2부 5편 3장)에서 도스토옙스키는 이반의 입을 빌려 이 말을 한다.

112) 『전체성과 무한』이 다룬 자아─『존재와 달리 또는 존재성을 넘어』는 그것의 전-사를 서술하려 했다.

113) 파울 첼란(Paul Celan)의 시 「먼 곳의 찬미」("Lob der Ferne", in *Gesammelte Schriften*, Frankfurt am Main, Suhrkamp, 1986, Vol. I, p. 33)의 한 구절. 블랑쇼는 「말해야 할 마지막 것」("Le dernier à parler", *Revue de Belles Lettres*, 1972, nᵒˢ 2~3, p. 188)에서 이 구절을 프랑스어로 번역했다.

자유와 책임

— 1976. 2. 27 금요일

다른 인간의 무게를 감내하면서 나는 책임에 의해 **유일성**을 요구받는다. 나의 초-개체화는, 즉자적으로 존재하는 모든 존재의 **존재하려는 자기보존 경향**을 공유하지 않고 자신의 피부 속에 존재하는 데 있다. 나는 존재하는 모든 것과 **관련되어**à l'égard 있는데, 그것은 내가 존재하는 모든 것을 **존중하기**par égard 때문이다. 모든 존재의 **죗값을 치루는** 나는 모든 타자들의 죄 값을 치룰 수 있는 어떤 존재자가 아니다. 다시 말해, 나의 즉-자en-soi는 의지의 주도권에 앞선 근원적인 속죄다.[114] 나의 유일성은 나에 대해 타자가 갖는 지배력의 무게인 셈이다.

이런 얽힘 속에 묶이는 것, 즉 모든 소유와 모든 대-자pour-soi를 포기하라는 요구 아래 내가 타자를 대신하는 것을 **선함**이라고 부를 수 있다. 선함은 일자에 다수성을 도입하지 않는 하나뿐인 속성이다. 만약 선함이 일자와 구별된다면, 선함은 더 이상 선함이 아닐 것이다. 선함 속에서 책임을 진다는 것은 자유의 심층/이편에서 또는 자유의 바

---

114) 우리는 이것을 수용성보다 더 수동적인 수동성이라는, 여기서 무수히 되풀이되었던 의미에서 이해해야 한다.

깥에서 책임을 진다는 것이다. 윤리는 자유에 앞서 내 안으로 미끄러져 들어온다. 선과 악의 양극성 이전에, 나는 감당함의 수동성 속에서 선과 관련을 맺는다. 나는 선을 선택하기 이전에 선과 관계한다. 이것이 의미하는 바는 자유와 비-자유의 구분이 인간적인 것과 비-인간적인 것의, 더욱이 의미와 무-의미의 궁극적인 구분이 아닐 것이라는 점이다.

이는 마치 내 속에는, 언제나 현존으로 환원될 수 없는 과거, 모든 과거의 심층/이편에 있는 과거, 절대적이고 재현 불가능한 과거가 있는 것과 같다. 현재는 주도권과 선택의 장소다. 그러나 선은 모든 선택 이전에 주체를 **선출**하지 않았는가? 이 선출은 나의 책임의 선출이다. 나는 그 책임에서 벗어날 수 없고 그 책임으로부터 자신의 유일성을 지탱한다.[115] 자유에 대한 책임의 이 선행성은 선의 선함을 의미한다. 선은 내가 그것을 선택할 수 있기 이전에 나를 선출해야 한다. 선은 나를 첫째로 선출해야 한다.

그러므로 나의 바탕에는 전-근원적인 받아들임, 모든 수용성 이전의 수동성, 결코 현재하지 않았던 과거가 있다. 나의 시간의 한계들을 초월하는 수동성, 재현 가능한 모든 선행성 이전의 선행성. 이는 마치 내가 타인을 책임지는 자로서, 기억할 수 없는 과거를 가지는 것과 같다. 이는 마치 선이 존재와 현존에 앞서 있는 것과 같다.

---

115) 이 선출에서 출발해서 이스라엘의 [대통령] 선출을 이해해야 한다. 이것은 공화국의 이전 대통령에 대한 존경으로서, 지배나 자기 확실성과는 전혀 다른 것을 의미한다.

이것이 우리가 **통시성**이라 명명하는 것의 강한 의미다.[116] 한 주제의 통일 속으로 들어가는 데 이르지 않는 환원될 수 없는 차이. 선과 나 사이의 넘을 수 없는 차이. 짝이 맞지 않는 항들의 동시성 없는 차이. 그러나 또한 비-무-차별인 환원될 수 없는 차이. 이것은 타인에 대한 책임으로 **나를** 소환하면서 나를 서임한 선과의 관계다. 바랄 만하지-않은 것에 대한 욕망으로의, 에로틱하지 않은 또 육욕 없는 욕망으로의 소환. 육욕은 악마와 같은 방식으로 선의 가상을 선과 동일한 것으로 제공함으로써 끊임없이 유혹한다. 그러나 이런 가상 속에서 육욕은 자신이 선에 종속되어 있음을 고백한다. 이렇게 하여 선과 악은 **동일한 평면에 있지 않다**는 점이 시사되는 것이다.

선과 나의 관계, 이것은 타인으로의 나의 소환이다. 이 관계 속에서, 신의 죽음 뒤에도 살아남는 어떤 것이 발생한다.[117] 왜냐하면 사람들은 '신의 죽음'을 일종의 '계기'로 이해할 수 있기 때문이다. 그 계기를 통해서는 **한 충동을 유발하는 전적인 가치가 한 가치를 유발하는 한 충동으로 환원될 수 있다.**[118] 반면 이러한 동등성과 상호성이 거부되는 경우, 선이 이웃을 향하도록 나를 기울여 나를 변화시키는 경우, 통시성의 차이는 내가 받아들이기 이전에 나를 선출했던 선의 무관심하지-

---

116) 통시성은 다음과 같은 시간성이다. 즉 근원적으로, 또 근본적으로 반-후설적인 방식으로, 과거나 미래가 현재에서 자신들의 기원을 갖지 못하게 하는 시간성이다.

117) 레비나스가 바실리 그로스만(Vassili Grossman)의 소설 『삶과 운명』(*Vie et Destin*)에서 감탄했던 것은 이런 살아남음이었다. 그 소설에서 반미치광이 이코니코프(Ikonnikov)는 '이데올로기 없는 작은 선행'이 사형 집행인의 악함보다 더 강하다고 생각한다.

118) 이런 점에서 우리는 레비나스의 근본적인 반-프로이트주의를 이해할 수 있을 것이다!

않음으로서 유지된다.

타인에 대한 책임 속에서 나는 이미 이웃에 사로잡힌 자기다. 이 사실이 가리키는 바는 시간을 거스르는 선출이다. 나는 주권을 지닌 나의 자기-변용auto-affection에서 시작하지 않는다. 이런 나는 두 번째 시간에야 타인을 동정할 수 있을 뿐이다. 오히려 나는 모든 나의 자기-변용에 선행하는 시작 없는 외상을 통해 시작한다. 타인의 출현에서 기인하는 외상을 통해 시작하는 것이다. 여기서 **일자는 타자에 의해 변용된다**est affecté. 여기에는 인과성의 용어로는 사유될 수 없는, 타자에 의한 일자의 불어넣어짐/영감inspiration이 있다.[119]

우리는 유토피아적이지 않은 책임의 상황으로부터 출발하여 **유한한 자유**라는 개념을 그려 보았다.[120] 자유와 타자가 함께 존립할 가능성은 존재한다. 그 덕택에 유한한 자유라는 이 개념은 그 유한함 속에서의 자유를 침해받지 않으면서 의미를 가질 수 있다. 그러나 어떻게 그 자유는 제한되는 가운데 존재할 수 있는가? 어떻게 자유로운 차아 또는 피히테적인 차아가 비-아로부터 자신에게 오는 고통을 감내할 수 있는가? 자신의 능력을 제한하는 주어진 상황 속에서 자유가 의욕하는 만큼? 이것으로는 충분치 않다. '유한한 자유'에서 등장하는

---

119) 레비나스가 미셸 앙리의 철학 작업을 존중하면서도 결정적으로 그와 단절하는 것은 바로 자기-변용성(auto-affectivité)에 대한 이런 문제와 관련해서다. 게다가 우리는 [존재성과 결합하지 않는] 근거 없는 사유 속에 있는 까닭에, 여기에는 어떤 인과성도 작용하지 않는다는 점을 이해할 수 있다.

120) 이 점에 관해서는 『존재와 달리 또는 존재성을 넘어』(*Autrement qu'être ou au-delà de l'essence*, pp. 156~166[266~283쪽])를 참조하라.

자유의 영역에서는 유한함 또는 제한이 그 능력에는 영향을 줄지 몰라도 그 의욕에는 영향을 미치지 못한다. 유한한 자유는 유한한 장에서 활동하는 무한한 자유가 아니다. 유한한 자유는 그런 식으로 제한된 자유가 아니다. 오히려 유한한 자유는, 나의 무제한의 (자유에 의해 측정될 수도 없고 비-자유로 환원될 수도 없는) 책임이 어떠한 것도 그리고 그 누구도 대체할 수 없는 것으로서의 주체성을 요구하는 그런 나의 자유다. 이 책임은 이러한 주체성을 수동성으로, 주격 없는 대격의 형식을 지닌 자기로 벌거벗긴다. '유한한 자유'는 최초의 자유도 아니고, 주도적 자유도 아니다. 유한한 자유가 불러일으키는 의욕은 어떠한 수동성보다도 더 수동적인 수동성을 바탕으로, 떠맡을 수 없는 수동성을 바탕으로 의욕하기 때문이다. 유한한 자유가 유한한 것은 그것이 타자와의 관계라서다. 유한한 자유가 그래도 자유인 것은, 이 타자가 타인이라서다.

유한한 자유는 우리가 해야 할 바를 행하는 데서, 나 이외의 어느 누구도 행할 수 없는 것을 행하는 데서 성립한다. 이렇게 하여, 타인에 의해 제한되는 유한한 자유는 자유로 머문다. 왜냐하면 유한한 자유는 불어넣어짐인 타율성에서 기인하기 때문이다. 여기서 불어넣어짐이란 심성의 **호흡**pneuma 그 자체를 일컫는다. 이 유한한 자유인 주체의 **타자를-위함**은 죄책감의 콤플렉스나 자연적 자비심으로('신적 본능'으로) 해석될 수 없으며, 더욱이 희생적 성향으로 해석될 수 없다. 존재론에서는 의미를 갖지 못하는 이 유한한 자유는 **존재의 찢어질 수 없는 존재성의 파열**이다. 이런 식으로 책임은 권태로부터 주체를 벗어나게 하며, 우울한 동어반복과 존재성의 단조로움[121]으로부터 주체를

자유롭게 한다. 또는 내가 자기 속에서 질식하게 되는 그런 속박으로부터 주체를 해방시킨다.[122]

실제로 책임은 자신이 감내할 수 있는 능력 너머에서 감성을 감내하는 가운데 발생하는 자기와의 비동등성을 의미한다. 이런 감성은 내 안에 있는 타자의 형태로, 즉 불어넣어짐의 형태로 이뤄지는 상처받기 쉬움이다. 나는 자기로 복귀하지 않는, 짝이 맞지 않는 자기성이다. 의식의 고정되고ferme 닫혀 있는fermé 핵에서는 외상과 활동 사이의 동등성과 균형이 언제나 복원되는데, 그 핵이 여기서 균열을 일으킨다. 동일자를 깨어나게 하는 타자, 그것은 동일자를 소외시키지도 노예로 만들지도 않는, 동일자 **안의** 타자다. 이것이 선함의 탁월함이다.

이러한 방식이 가능한 것은, 기억할 수 없는 시간 이래로(즉 무無-아르케적으로) **타자에-의함**은 또한 **타자를-위함**이기 때문이다. 타자의 잘못에 **의해** 고통받음 속에서, 타자의 잘못을 **위해** 고통받음이 움

---

121) 『존재와 달리 또는 존재성을 넘어』의 뒷부분에 따르면, 이것은 끔찍한 권태다. "그러나 동요하지 않으며 모든 책임 ―이제 그 자신이 아우르는― 에 대해 동등하고 무차별한 존재성은, 불면 속에서, 이 중립성과 동등성에서 단조로움으로, 익명성으로, 무의미로 변한다. 더 이상 무엇으로도 멈출 수 없는 웅성거림으로, 이 북적거림이 그 양상의 하나인 의미작용에 이르기까지 모든 의미작용을 흡수해 버리는 끊임없는 웅성거림으로 변해 버린다. 그것은 무한정하게 뻗어 나가는, 되잡히지 않고 가능한 멈춤도 없이 뻗어 나가는 존재성이다. (……) 그것은 주제화하는 **자아**의 고유한 모든 목적성 배후에 놓인 공포스러운 **그저 있음**이다. 이 자아는 자신이 주제화하는 존재성 속으로 빠져들 수 없다"(pp. 207~208[352~353쪽]). **그저 있음** 개념에 대해선 1947년 퐁텐 출판사에 나온 『존재에서 존재자로』(*De l'existence à l'existant*)와 1978년 브랭 출판사에서 나온 2판 서문 참조[국역은 『존재에서 존재자로』, 서동욱 옮김, 민음사, 2003].

122) 질식이라는 주제는 1935년 구토에 대한 분석에서 이미 논의되었다. 『탈출에 관해서』 참조.

튼다. 타자에 의해 고통받는 가운데 타자를 위해 고통받는다. 그러므로 주체의 회귀는 유희의 자유가 아니라, 내 능력의 능동성을 넘어선 타자로부터 오는 요구다. 이 요구는 계산하지 않고 (그런 점에서 자유롭게) 자신을 소진하는 한계 없는 출발점이 된다. 존재성이 자신을 방해하려는 무의 모든 간격을 어떤 것도 상실되지 않고 어떤 것도 창조되지 않는 엄격한 회계 속에서 메우고자 한다면, 유한한 자유는 증여를 통해 이런 회계를 거부한다. 증여란 흔적도 없고 기억도 없이 유희에서 절대적으로 놓여나는 것으로 이해하여야 하며, 또 무엇보다 타인을 위한 **책임** 또는 속죄로 이해하여야 하기 때문이다.

존재론의 출구로서의 윤리적 관계
— 1976. 3. 5 금요일

우리가 여기서 그 개념을 모색하고자 하는 증언은 지각을 이중화하는 것이 아니다. 증언은 우리가 보았거나 들었던 것을 설명하는 데서 성립하지 않는다. 특히 이 증언은 '종교적 경험'의 불순하고 번지르르한 증언 개념과 뚜렷이 구분된다. 종교적 경험은 그 구조 면에서 우리가 세계에 대해 가질 수 있는 경험과 유사하다. 지각에 종속되지 않는 증언은 고유하며 환원 불가능한 접근 양식을 이룬다.

우리는 여기서 타인과의 관계 속에서만 의미를 가지게 되는 개념들을 정식화하고자 한다. 그리고 우리는 일종의 존재-사이에서-벗어남으로부터 출발해서 존재론적이지 않은 신 개념으로 접근하고자 한다. 즉 우리는 차이를 빚는 타인과의 관계에서 출발하여 존재론의 출구를 모색하고자 한다. 타인의 이 차이는 (언제나 내용을 포함한다는 것을 함축하는) 대상성을 불가능하게 하는 차이이며, 타자에 대한 책임인 차이이다. 이 책임에서 말함 그 자체는 어떤 보호도 없는 노출의 보충과도 같다. 이 말함 그 자체는 자신을 내어 주는 방식이다.[123] 자신을 내어 주는 이 방식은 앞선 참여나 헤아린 책임의 결과가 아니다. 그것은 오히려 **볼모**라는 단어로 말해진다. 이것이 의미하는 바는 바로 대신함이다. 그러나 대신함은 내가 누구를 동정할 때 그렇게 하듯이 '나를 어떤 사람의 자리에 두는' 것이 아니다. 대신함은 **속죄**의 방식으로 타인을 위해 고통당함을 뜻한다. 이러한 **속죄**만이 모든 동정을 가능하게 한다.

그 형식적인 얼개를 검토해 볼 때 **볼모로서의 주체성**이라는 개념은, 정립으로 특징지어지는 주체 개념, 또 우리가 차아라고 부를 수 있는 주체 개념을 뒤집는 것이다.[124] 차아는 세계 속에 또는 세계 앞에 자신을 정립한다. 그리고 이 정립은 차아가 자기 자신에 현존함을 뜻한다. 차아로서의 주체는 스스로를 유지하고 스스로를 소유하는 자다. 그는 세계의 주인이듯 그 자신의 주인이다. 그러므로 이 주체는 모든 것에 앞선 듯한 **시작**이다. 그는 우주의 시작인 양 우주를 확증한다. 비록 그가 뒤늦게 도착한다 해도, 그는 모든 것에 앞선 듯이 존재한다. 역사를 통해 그는 자신에 앞서 있던 것을 알 수 있다. 그러나 시작으로서의 주체는 또한 완성이다. 역사의 종말은 자기를 통해 자기를 완전히 소유하는 것이며, 완전한 자기 현존이다.

자신이 아직 해명하지 못한 타인과의 관계 속에서 이 자기 현존은 애초부터 타자에 패배한다. 주체, 즉 자기를 근거로 삼는 이 유명한 주체는, 타인에 의해, 말 없는 고발 또는 요구에 의해 낙마한다. 그 요구에 나는 말로써 응답할 수 없지만, 그 책임을 거부할 수도 없다. 주

---

123) 기술적인 용어로서의 '말함'에 대해서는 특히 『존재와 달리 또는 존재성을 넘어』(*Autrement qu'être ou au-delà de l'essence*, pp. 167~178[284~303쪽])를 참조하라.

124) 이 전복은 『전체성과 무한』에서 『존재와 달리 또는 존재성을 넘어』로 나아가는 여정을 이루는 전복이다.

체의 정립은 이미 주체의 탈정립이다. (자아가 아니라) 나로 존재한다는 것, 이것은 자신의 존재에 머물려는 집착이 아니라, 자신이 겪는 핍박을 끝내 속죄하는 볼모의 대신함이다. 거기까지 나아가야 한다. 왜냐하면 그럴 경우에만 우리는 주체의 탈-물화脫-物化를 목도하기 때문이다. 주체의 예속을 특징짓는 이 조건 또는 무조건의 탈실체화를 목도하기 때문이다.

그러므로 우리는 여기서 **자유가 첫째가 아니라는** 점을 강조해야 한다. 자기는 자유에 앞서 책임을 진다. 사회의 상부구조로 이끄는 길들이 무엇이든 간에 그렇다. 대-자對-自는 대격對格으로서, 자유에 앞서 책임을 진다. 그를 유일한 것으로 만드는 양도 불가능한 책임을 진다. 여기서 자유는 어느 누구도 나를 대신해서 할 수 없는 것을 행할 가능성으로 여겨질 것이다. 그러므로 자유는 이런 책임의 유일성이다.

관계의 비대칭성 탓에 나는 타자와 **짝이 맞지 않는** 처지에 놓인다. 탈정립된 나는 사회의 상부구조에서, 정의에서 법을 다시 발견할 것이며, 이 법을 통해 자율과 평등을 다시 찾을 것이다. 그러나 나는 무엇보다도 대신함이다. 이 명제를 말하는 것은 원리의 보편성을 말하거나 개념을 고정시키는 것이 아니다. 그것은 모든 일반화를 거부한 것인 한에서 나를 사유하는 것이다. 주체는 자아성égoïté의 구조를 존재의 본질적인 구조로 갖는 불투명한 존재자가 아니다. 그렇게 보는 것은 주체를 한 개념으로 생각하게 하고 개별적 존재자를 그 개념이 현실화한 것이라고 여기게 할 것이다. **대신함에 의해 확증되는 것은 나의 개별성이 아니라 유일성이다.**[125] 볼모인 나의 이 상황이 갖는 고유함은, 나에게 즉각 뼈대를 제공해 주고 나를 정립해 주는 개념을 벗어난다는 것이다.

현대적 반-인간주의의 위대함 ―이것은 반-인간주의가 스스로 제공하는 근거들을 넘어설 때만 참일 수 있는데 ―은 인격적 개인이라는 개념을 쓸어버리고 볼모로서의 주체성에 말끔한 자리를 제공한다는 데 있다. 반-인간주의가 옳은 것은 인간주의가 충분히 인간적이지 않은 한에서다. 실제로, **다른 인간**autre homme의 인간주의만이 인간적이다.[126)]

'자유로운 나'라는 생각을 포기하는 건 확실히 어려운 일이다. 세계가 세계의 모든 고통과 무게로 나를 짓누른다는 점에 대해서는 우리의 주장을 수긍하는 경우에조차, 사람들은 그래도 자유로운 나만이 자신을 짓누르는 그 무게를 느낄 수 있고 다른 사람들과의 연대를 결심할 수 있지 않겠느냐고 우리에게 항의할 것이다. 잠시 그렇다고 해보자. 그 경우 만약 카인이 그의 아우[아벨]의 보호자이지 않다면, 그는 아우의 보호자로 **스스로 개입해야** 한다. 적어도 사람들은 이 자유가 조금도 지체하지 않고 이 긴급한 무게를 **떠맡아야** 한다는 점을 인정할 것이다. 이웃의 부름을 회피하는 것이 불가능하고, [이웃에서] 멀어지는 것이 불가능할 때, 타인의 잘못과 고통을 떠맡는다는 것은 수동

---

125) 개별성에 대한 이런 거부는 또한 헤겔을 무시하는 한 방식이다(그러나 레비나스는 헤겔을 잘 알고 있었다. 이는 『존재와 달리 또는 존재성을 넘어』의 pp. 223~224[375~378쪽]를 보면 확인할 수 있다). 이렇게 하여 레비나스는 헤겔이 그 정당성을 전적으로 부인한 **특수성**을 강조한다. 달리 말해, 이것은 로젠츠바이크의 방식이다.

126) 이 점에 관해서는 『존재와 달리 또는 존재성을 넘어』의 p. 164[279~280쪽]에 나오는 강력한 구절들을 참조하라.

성passivité을 아우르지 못한다. 이 수난passion은 떠맡음이 아니다. 그러므로 볼모의 조건 없음은 적어도 자유의 근본적인 한 양상이지, 제 스스로 잘난 차아가 겪는 우연한 사건이 아닐 것이다.

주어진 사회[127]에서, 만인을 위한 나의 책임은 스스로를 한정하면서 나타날 수 있고 또 그렇게 나타나야 한다. 볼모로서의 책임의 이 과도함은 자신의 과잉 가운데 그 한계를 가지고 있다. 나는 나의 무한정한 책임의 이름으로 자기를 염려하는 데 이를 수 있다. 타자는 또한 자신의 이웃인 어떤 타자와 관련해 제삼자일 수 있다는 사실로 인해(사회 속에 우리는 결코 둘만 있는 것이 아니다. 적어도 셋이 있다), 내가 이웃과 제삼자 앞에 있다는 사실로 인해, 나는 비교해야 하고, 무게를 달아야 하며, 무게를 헤아려야 한다. 나는 생각해야 한다. 그러므로 나는 의식을 가져야 한다. 여기서 앎이 나타난다. 나는 정의로워야 한다. 의식, 앎, 정의의 이 탄생은 또한 사랑의 지혜인 철학의 탄생이다. 정의에 대한 이런 염려[128]를 정당화하는 최초의 무한정한 책임은 망각될 수 있다. 이 망각 속에서, 자기에 의한 순수한 자기 소유로서의 의식이 태어난다. 그러나 이런 에고이즘이나 에고티즘[자아중심주의]은 최초의 것도 궁극적인 것도 아니다. 기억은 이 망각의 바닥에 잠들어 있다. 수동

---

127) 이런 사회는 타인이 아니라 제삼자라고 불리는 최초의 **동반자**와 함께 나타난다. 『존재와 달리 또는 존재성을 넘어』에서는 p. 200[340쪽]에서부터 이 모든 급변이 일어난다.

128) 여기서 『존재와 달리 또는 존재성을 넘어』의 마지막 페이지(p. 233[391~393쪽])를 떠올려 보아야 한다. 이 자리에서는 다음 한 구절만 인용할 것이다. "아무튼, 그런 것들이 지상을 장식하는 얼마 안 되는 인간성에 필요하지 않은 것은 아니다. 그 인간성이 순수한 예절이나 관습의 순수한 반짝임에서 온 것에 불과하더라도 말이다."

성이란 단지 현-존재의 죽음의 가능성(불가능성의 가능성)일 뿐 아니라, 나의 이 궁극적 가능성 이전의 불가능성, 즉 회피 불가능성이다. 그것은 절대적인 민감성이고, 경솔함 없는 엄숙함이다. 이것은 사실, 이 망각에서 구성되는 존재의 둔함 속에 있는 의미다.

제도와 국가 그 자체는 근접성의 관계에 개입하는 제삼자로부터 재발견할 수 있다. 우리는 인간을 다른 인간의 볼모가 아니라 '인간에 대한 늑대'라고 정의하는 데서부터 제도를 끌어낼 수 있는가? 폭력을 제한함으로써 태어나는 제도들과 책임을 제한함으로써 태어나는 제도들 사이에는 어떤 차이가 있는가? 적어도 다음과 같은 차이가 있다. 두 번째의 경우에서 우리는 제도를 태어나게 했던 것의 이름으로 그 제도들에 저항할 수 있다.

이러한 최초의 수동성 속에서, 모든 주격에 앞선 이 대격 속에서, 자기는 동일자의 제국주의를 폐지하며, 존재에 **의미**를 도입한다. 존재로서의 존재 속에는 의미가 있을 수 없다. 죽을 수밖에 없음은 내가 나의 운명을 염려하는 것을 무의미하게 만든다. 죽음이 기다리는데 자신의 존재에 매달리는 나로 자신을 정립하는 것 ―이것은 출구 없는 세계로 도피하는 것과 같다. 파괴가 확실함에도 어떤 존재가 자신의 존재를 염려하는 것보다 더 희극적인 것은 없다. 그것은 행동하기 위해 천체를 탐구하는 일만큼이나 부조리한 일이다. 천체의 판결에는 어떤 항의도 할 수 없기 때문이다. 그러나 희극적인 것은 또한 비극적인 것이다. 그리고 인간에게 특유한 일은 희극적인 동시에 비극적인 배역을 맡는 것이다.

반면, 한계 없이 근접성에 다가가는 것은 죽음에 의미를 준다. 여기서는 책임질 수 있는 자의 절대적 독특성이 죽음의 일반성을 포섭한다. 삶은 존재에 의해 측정되지 않는다. 죽음은 삶에 부조리를 끌어들일 수 없다. 죽음은 쾌락에 반론을 제기한다. 그러나 우리는 죽음이 의미를 지니게 할 애착을 가질 수 있다. 죽음의 독침을 제거한다고 주장할 만큼 위선적이지 않아도 그렇게 말할 수 있다. 간단히 말해, 타인은 우리를 거슬러 우리에게 영향을 미친다. 그리고 이런 수동성이 주체의 주체성이다.

칸트주의는 존재론으로 인간적인 것을 측정하지 않은 채 인간적인 것에서 의미를 찾는다. 또 "그것은 무엇으로 되어 있는가?"라는 존재론적 질문 너머에서 의미를 찾는다.[129] 마찬가지로 우리는 여기서 불멸성과 죽음의 문제 바깥에서 의미를 찾는다. 불멸성과 신학이 정언명령을 규정하는 것에 속하지 않는다는 사실은 코페르니쿠스적 전회의 새로움을 나타낸다. 의미는 존재나 존재하지-않음을 통해 규정되지 않는다. 반대로 존재가 의미로부터 규정된다.

---

129) 이 점에 대해서는 [이 책의 1부에 있는] 1976년 2월의 강의들(「근본적 질문: 하이데거를 거스르는 칸트」)을 참조하라.

책임의 비-상함
— 1976. 3. 12 금요일

주체성은 다른 인간들에 대한 내 책임의 일상적 비-상함이다. 즉 내 능력 안에 있지 않은 자에 대한 내 책임의 비상함이다(타인은 나의 능력 아래 있는 세계의 대상과 같은 것이 아니기 때문이다). 그러므로 이런 책임 속에는 일종의 실패가 있다. 초월론적 주체성이 활동하는 활동성 속에서, 초월론적 주체성의 (활동 중인) 존재 속에서 실패로 돌아가는 어떤 것이 있다. 주체의 자발성이 깨지는 어떤 일이 일어나는 것이다.[130]

실정적이지 않은 개념들을 어떻게 다듬어 낼 것인가를 모색하는 우리의 연구를 이끄는 것은 인간적인 관계들, 윤리적 관계들이다. 만약 윤리éthique라는 말이 **에토스**ethos로서 관습과 제2의 본성을 뜻한다면,[131] '윤리적'이라는 표현은 부적절할 것이다. 인간적인 관계들은 사

---

130) 그런데 여기에는 생각하기 까다로운 점이 있으므로 다음을 강조할 필요가 있다. **근원적인 이 균열은 나의 동일화 자체다. 이때의 나는 자아가 아니다. 이 균열은 주체의 주체성이다.**

131) 또는 하이데거에게게서처럼 "에토스가 체류지, 즉 거주의 장소를 의미"(Heidegger, *Lettre sur l'humanisme*, p. 145[「휴머니즘 서간」, 171쪽])한다면.

회학이 다룰 따름인 집합체로서의 면 바깥에서 존재의 모델과는 다른 모델에 따라 구조화된다. 이 관계들은 존재와 달리를 의미한다.

사람들이 신이라고 부르는 것은 이 다른 관계들로부터만 의미를 가질 수 있다.[132] 신이 스스로 '현현'할 수 있는 것은 오직 이 관계들로부터다. 그러나 윤리로부터 출발하여 신을 사유하는 것은 결코 능란하게 사유하는 사유가 아니라는 점을 강조하자. 오히려 (비공간적인 바깥이 의미를 주는) 비-상함으로서의 인간적 관계를 부각시키는 것이 중요하다. 또 신을 세계의 원인으로 생각하지 않는 것이 중요하다. 세계의 원인인 신이란 여전히 세계에 속하게 될 것이다. 하지만 우리는 존재에 따른 사유와 달리 사유하려는 이 시도가 사유 가능하다는 점을 알게 될 것이다. 반면에 모든 구조주의적 사유는 사유에는 존재와 다른 모델이 있을 수 있다는 생각에 맞서는 투쟁이다.

수동성은 그 끝까지(타자의 볼모에 이르기까지) 밀고 간 타자를-위한-일자에서만 의미를 갖는다. 거기서 인간은 자신이 유일하고 대체 불가능한 정체성 속에 있음을, 즉 자기로 회귀하지 않는 타자를 위함 속에 있음을 발견한다. 자기가 놓이는 그의 **처지** 속에서 주체는 속죄다. 우리가 나의 존재라고 간주할 만한 것도 속죄다. 여기에 존재성 가운데 존재성에 대한 예-외가 있다.

이런 관계 또는 이런 공경을 명확하게 하기 위해 우리는 **대신함**이

---

132) 이것은 어떻게 신이라는 단어, 신이라는 이름이 의미를 가질 수 있는가 하는 레비나스의 문제다. 『관념에 오는 신에 대하여』의 「서문」 첫 번째 단락 참조.

라는 단어를 사용했다. 이 대신함은 실체 변환이 아니다. 다른 실체로 들어가 거기서 자신을 정립하는 것이 문제가 아니다. 대신함은 타인과의 관계로 남으며, 타인과의 관계인 대신함은 비연속성 속에, 통시성 속에, 일치함이 없이 머문다. 대신함은 어떤 결과가 아니며, 체험된 한 상태를 의미하지도 않는다. 대신함은 스스로를 정립하는 존재성의 이면에 놓인 한 과정과 같은 것이다. 책임이 그치지 않는 대신함은 그러므로 존재와 달리 머문다.

책임의 비-상함이라고 해서 존재론의 수면 위를 떠도는 일이 금지되는 것은 아니며, 책임에 어떤 지위를 반드시 찾아 주어야 할 필요는 없다. 책임은 종합을 의미하는 것이 아니라, 타자를-위한-일자에서 타자와 분리된 일자를 의미한다. 이 분리는 비-무-차별이 지우지 못하는 차이의 사이시간이나 간격에 의해 일어난다. 책임은 언제나 존재론적 지위를 갖게 되는 **체험**Erlebnis[133]이 아니다. 그러나 책임은 계시로 환원되지도 않고 인식적인 특성을 갖지도 않는다. 책임은 앎이 아니다.

현상학은 인식적이지 않은 것에서 의미를 찾기 시작했다. 느낌도, 행위나 결단도 의미를 갖는다. 후설의 현상학은 이러한 심리적 상태들이 단순히 상태일 뿐 아니라 지향이라고 하면서 이 점을 설명했다. 모든 느낌은 이미 어떤 느껴진 것의 느낌이다. 이렇듯 지향성은 자

---

133) 이렇게 체험이 존재론과 연결되는 것은 후설이 『이념들』의 88절에서 기술했듯, 체험의 지향적 특성이라는 사태 자체 때문이다. Husserl, *Idées directrices pour une phénoménologie*, p. 303[『순수현상학과 현상학적 철학의 이념들』 1, 293~296쪽]

기-의-바깥을 가리키지만, 이 바깥은 언제나 인식적인 특성을 보존하는 것이었고 ~에 대한 경험, ~에 대한 정보로 귀착하는 것이었다. 사람들은 언제나 겨눠진 것과 관련을 맺었고, 이 관련 속에서 어떤 것을 알았다는 얘기다. 『이념들』의 가르침은 모든 것이 언제나 앎으로 변형될 수 있다는 것이며, 모든 가치론적 테제가 언제나 억견적 테제로 변형될 수 있다는 것이다. 또 모든 심리학적 삶의 바탕에는 언제나 이런 이론적 견지가 있다는 것이다. 그리고 『논리연구』는 브렌타노^{Franz Brentano}의 테제를 계승하고 있는데, 그 테제에 따르면 "모든 지향적 체험은 그 자체로 (단순한) 표상이거나 표상을 바탕으로 한다."[134]

여기서 이뤄지는 탐구는 이런 이론적 겨눔에 기초를 두지 않으면서 **의미를 지닐** 수 있는 관계에 대한 탐구다. 윤리적 관계는 주어진 것의 탈은폐가 아니라, 모든 결정(모든 결정은 결정된 것의 결정이고, 결론의 결정이다)에 앞서 있는, 타인에 대한 나의 노출이다. 여기서는 일종의 폭력을 겪게 된다. 이것은 나-자신의 중심에 가해지는 외상이며, 타자에 의한 이 동일자의 반환청구이고, 지향성과 반대되는 운동이다. 타인이 내게 행하는 명령의 극단적인 긴장. 내 편에서의 모든 열림에 앞서는 명령. 동일자에 대해 타자가 주는 외상의 영향력. 나의 도움을 요청하는 극단적 긴급함 속에서 내가 발견하는 영향력. 이 긴급함에서 나는 언제나 너무 늦게 도착한다. 나를 기다릴 시간이 없기

---

134) Edmund Husserl, *Recherches logiques*, trans. Hubert Élie & Arion Kelkel & René Schérer, Paris : P.U.F., 1972, p. 268.

때문이다.

　나의 반환을 요구하고 내 안에서 동요를 일으키는 이런 방식을 우리는 생기animation(이것은 은유가 아니다. 나는 타자에 의해 생기를 띤다)나 영감/불어넣어짐inspiration이라 부를 수 있다. 이 영감/불어넣어짐이라는 말이 고유한 의미를 얻게 되는 것은 윤리적 상황 속에서다. 우리가 시인에 대해 말하면서 이 말을 사용할 때는 은유적인 의미를 띤다. 그러나 윤리적 상황에서 중요한 것은 소외 없는 달라짐altération sans aliénation이다. 심성은 타자에 의한 동일자의 이런 생기이고 이런 영감이다. 이런 것들이 표현하는 바는 주체를 소환하여 응답하게 함으로써 그 내면성의 핵이 분열되는 사태다. 이 소환은 어떤 피난처도 남겨두지 않고 어떤 회피도 허용치 않는다. 이것은 나를 거스름인 셈이다. 이 나를 거스름은 나-자신보다 더한 나다. 즉 선출이다. 내 전부tout moi가 선출된다. 다른 그 누구도 내가 해야 할 것을 할 수 없다. 이것이 도스토옙스키가 "모든 다른 이보다 더한 나"라고 말한 의미다.[135]

　이런 달라짐이 심성이라면, 심성은 "망상의 씨앗"[136]이다. 또는 모든 심성은 정신병이다. 바로 이렇게 해서 심성은 자아를 규정하는 것이 아니라 소환 속의 나를 규정한다.[137] 소환 속에서, 대명사 나je는 대격이다. 이것이 의미하는 것은 내가 여기 있습니다me voici이다.[138] 이것은 마치 모든 격변화 이전에 격변화된 [대격의] 나, 어떻게든 주격으

---

135) 도스토옙스키, 『카라마조프의 형제들』, 2부 6편 3장.
136) 몰리에르(Molière)의 극작품 「할 수 없이 의사가 되어」에 나오는 대사. ―옮긴이
137) 이런 의미에서 『존재와 달리 또는 존재성을 넘어』는 "이미 정신병인 심성"이라고 말한다.

로 정립되기 이전에 격변화된 [대격의] 내가 타자에 의해 소유된 것으로 깨워지는 것과 같다. 그리고 이것이『성경』에서 "나는 사랑으로 병이 들었다"[139]고 말할 수 있는 이유다. "내가 여기 있습니다"는 불어넣어짐/영감의 말함이다. 이 불어넣어짐은 아름다운 말이나 노래의 재능과 혼동될 수 없다(시인의 영감이 첫째가 아니다). 이 내가 여기 있습니다는 증여로, 충만한 손으로, 물질성으로 수렴됨을 뜻한다. 물질^{corps}은 증여의 조건 자체다. 증여에 값하는 모든 것과 더불어. 여기에 돈의 의미가 있다. 이런 점에서 레옹 블루아^{Léon Bloy}는 자기에게 돈을 주는 사람을 친구라 부른다고 말할 수 있었다.[140]

데카르트에게 영혼과 신체^{corps}의 결합은 기적적인 개입을 전제한다. 왜냐하면 이런 결합은 재현의 합리성에 따라 모색되었기 때문이다. 그때의 관건은 두 개의 구별되는 실체가 모이고 동시에 공존하는 것을 생각하는 것이었다. 그러나 다른 인간에 대한 책임으로부터 출발하여 다다른 주체의 심성은 타자를-위한-일자고, 타자에게 줌 앞에서의 일자며, 따라서 주기 위한 손을 가진 일자다. 인간의 주체성은 살과 피로 되어 있다. 타자에게 특별-송환되는 주체의 수동성은 인과적 연쇄 속에 있는 결과의 수동성보다 더 수동적이다. 여기서 중요한

---

138)『존재와 달리 또는 존재성을 넘어』(*Autrement qu'être ou au-delà de l'essence*, p. 186, 각주 11)[316쪽, 각주 11]에서는 "내가 여기 있습니다"를 언급하며 그 말을 뜻하는『성경』의 표현 히네니(hineni)를 상기시키고「이사야」6장 8절 "내가 여기 있습니다, 나를 보내소서"에 대해 이렇게 설명한다. "'내가 여기 있습니다'는 '나를 보내세요'를 의미한다."
139)「아가」2장 5절 ; 5장 8절.
140) 돈에 의미에 대해서는『우리 사이』에 재수록된 1954년의 논문「자아와 전체성」('Le Moi et la Totalité')의 마지막 장(章)을 참조.

것은 어떤 물질을 함축하는 증여에서 일어나는 자기로부터의 떼어 냄
이다. 왜냐하면 끝까지 준다는 것은 자기 입에서 떼어 낸 빵을 주는 것
이기 때문이다. 여기서 주체성은 자신의 고유한 **코나투스**에서 뿌리 뽑
힌 물질의 무게 전체다.

어떻게 책임의 양상인 말함이 책임을 조절하기에 이르는가? 왜
타자를 위한 나의 책임은 줌으로 한정되지 않고 말함을 이루는가?
줌에는 없지만 말함에 더 있는 것은 무엇인가? 왜 우리는 타자를 말
하는가? 타인과의 관계 속에서 언어가 의미하는 것은 무엇인가? 대
화dialogue가 타인과 맺는 관계의 특권적 양태이기 때문인가?—아니
다.[141] 여기서 말함은 대화로서가 아니라 무한의 증언으로서 이해해야
한다. 내가 무한하게 그에게로 열리는 그런 자에 대한 무한의 증언으
로 이해해야 하는 것이다. 타인과 관계하는 가운데, 앞선 인식에 의존
하지 않는 증언의 이러한 차원이 의미를 준다(앞선 인식에 의해 증언을
제한하는 것은 우리를 존재론으로 다시 떨어뜨리고 말 것이다).

---

141) 레비나스의 사유를 '대화의 철학'으로 해석하는 것보다 더 잘못된 일은 없다. 레비나스
와 부버의 모든 논쟁은 이 문제를 둘러싸고 벌어진다. 『우리 사이』와 『주체 바깥』에 재
수록된 논문들이 이 점을 잘 보여 준다.

말함의 진솔성
— 1976. 3. 19 금요일

질문을 이어 나가 보자. 주는 것, 그것은 자신의 입에서 떼어 낸 빵을 주는 것이다. 주는 것은 단번에 물질적인 의미작용을 갖는다. 그러나 왜 우리는 이런 줌으로 우리를 한정하지 않는가? 그리고 왜 말함은 책임을 조절하기에 이르는가? 왜 이런 말함이 필요한가? 이 말함은 내가 여기 있습니다라는 정식으로 표현된다. 이 내가 여기 있습니다는 주체의 대격을 정식화한 것이다. 여기에는 어떤 주격도 추정되어 있지 않다. 그러므로 이 말함 속에는 수동성이 있다. 말함이 행위로, 주체의 수동성에 대한 부인으로 보인다 해도 그렇다. 하지만 이 말함은 또한 어떤 말해진 것의 말함일 수밖에 없다. 그렇다면 책임에는, 책임에 앞서 있는 진리에 대한 참조가 은밀하게 재도입되는 것이 아닌가? 그렇게 해서 우리는 재현의 우위를 복권시키는 것이 아닌가? 달리 묻자면, 말함으로서의 언어는 무엇을 의미하는가?[142] 여기서 드러나는 것을 '대화dialogue의 철학'이라 여길 수도 있을 것이다. 그러나 사실 우리는 대화가 언어의 첫 번째 형태라는 데 반대한다. 그에 앞서, 언어는 증언이

---

142) 이 책 2부의 강의 「존재론의 출구로서의 윤리적 관계」, 274쪽, 각주 123 참조.

다. 이전 강의에서 명확히 한 의미에서의 증언이다.

드러냄은 자기 안에 갇힘을 금지함에도 불구하고, 고통 그 자체 안에 자리 잡는 것으로 선회할 수 있다. 또 실체와 오만(오만이란 자기 속에서 안정을 구하는 데서 성립한다)으로 부풀어 오른 자기만족으로 선회할 수 있다. 핍박에서 실체로의 선회. 주체의 수동성 속에는 능동성의 흡수되지 않는 잔여 같은 것이, 나의 능동성의 잔여 같은 것이 있다. 이것은 어떤 인물로 내세워지고 성인聖人의 형상으로 재현될 수 있는 능동성의 잔여다. 그 결과, 타인에 대한 의무는 한계를 갖고 안정되는 것처럼, 그래서 면제받을 수 있는 것처럼 보인다.

반면 타인에 대해 면제될 수 없음, 타인에 다가감은 그 거리가 주파될수록 점점 더 엄격해지는 의무다. 이것은 점점 더 먼 것이 되는 어떤 것 또는 우리가 다가가는 만큼 멀어지는 어떤 것과 같다. 점점 더 넘을 수 없게 되는 거리와 같다. 의무를 증대시키는 것, 그것은 무한이며, 영광이다. 또는 거리를 주파할수록, 주파해야 할 거리가 더 많이 남게 되는 사태다.

다가감이 이런 모습이라면, 수동성이 능동성으로 전도되지 않기 위해서는, 주체성이 유보 없이 (즉 손실로서) 의미를 주기 위해서는 수동성의 수동성이 필요하다. 무한의 영광 아래서, 어떤 행위도 되살아나게 하지 않을 재가 필요한 것이다. 수동성의 이 수동성, 타인에 대한 이런 봉헌이 **진솔성**sincérité이며, 이러한 진솔성이 **말함**이다.

그러므로 말함은 말해진 것의 소통이 아니다. 탈레랑[143]이 언어는 사유를 숨기려 존재하는 것이라고 주장했을 때, 그가 가리킨 것은 말해진 것으로서의 언어였다. 말함이 말해진 것에 의해서만 의미작용을 할 때, 말함은 가려지고 말해진 것에 의해 흡수되어 버린다.

　말해진 것 없는 말함에는, 끊임없이 자신을 여는 열림이, 스스로를 그런 것으로 선언하는 열림이 있어야 한다. 말함은 이런 선언이다. (내적 세계로, 내면성으로 구성되는 모든 것을 고발해야 한다.) 말함은 이 말함 그 자체의 말함이어야 한다. 자신을 주제화하지 않고 언제나 자신을 더 드러내는 말함이어야 한다. 드러내는 행위에 머무는 대신 드러냄을 드러내는 것이 중요한 일이라는 듯이 그 자신으로 돌아가는 말함. 말함, 그것은 이렇게 남김없이 자신을 드러내는 것이며, 우리가 신호를 주는 것에 대한 신호를 주는 것이고, 그럼으로써 신호의 형태에 머물지 않는 것이다. 그래서 말함은 포위되어 특별송환되는 것과 같은 수동성이다. 여기서 특별송환은 자리 잡음 속이나 실체 속에서 수립되지 않고 타자에게 내맡겨진다.

　그러므로 말함의 반복itération du Dire이 있다. 그것은 전-반성적인 반복이며, '말함을 말함인 말함'le Dire comme un Dire le Dire을 가리킨다.[144] 이것이 내가 여기 있습니다라는 언표다. 이것은 언표되고 내맡겨진 목소리를 제외한 그 어떤 것과도 동일시되지 않는다. 여기서부터 우리는 언어의 기원을 탐색해야 한다.

　자신이 신호가 되는 데 이르도록 신호를 하는 것, 이것은 더듬거

---

143) 샤를-모리스 드 탈레랑-페리고(Charles-Maurice de Talleyrand-Périgord), 1754. 2. 2~1838. 5. 17. 프랑스의 정치가이자 외교관.—옮긴이

144) 이와 마찬가지로, 깨어남을 깨어나게 하는 깨움의 반복이 있다. 이것이 깨움이 잠들고 살찌고 부르주아가 되는 것을 막는 유일한 방식이다. 이런 문구들은 『관념에 오는 신에 대하여』에 실린 글들에 나온다.

리는 언어가 아니다. 그것은 언어의 극단적 긴장이고, 나의 정체성에 이르기까지 전방위적으로 나를 에워싸는 근접성의 타자를 위함이다. 독백monologue의 또 대화dialogue의 로고스는 이 근접성의 잠재성을 이완시켜 버리고 스스로를 존재의 가능성으로 흩어놓게 될 것이다. 타인에게 한 신호는 이미 우리가 신호를 준다는 신호다(여기서 우리는 어떤 태도도 취하지 않지만). 달리 말해, 그것은 침묵의 불가능성이다. 이것이 바로 진솔성의 스캔들이다. 이 진솔성 안에 증언이 있다. 이 증언은 경험을 전제하지 않는다.

진솔성은 말함의 속성이 아니다. 말함은 진솔성을 성취하는데, 이 진솔성은 줌과 결합해야 한다. 진솔성은 줌과 분리될 수 없다. 진솔성은 곳간을 여는 것이기 때문이다. (진솔성은 과장된 줌이 아니다. 어떠한 외삽外揷도 무한의 원천일 순 없다. 오히려 외삽과 투사는 사람들이 그것들로 창출했다고 주장하는 무한의 차원을 전제한다.) 주는 손은 어떠한 것도 감추지 않은 채 자신의 곳간을 비운다.

진솔성은 말함이 말해진 것으로 흡수되는 것을 막는다. 말해진 것 속에서는, 낱말의 겉옷 아래 정보가 교환되고 맹세가 행해지며 책임은 회피된다. 말해진 것 속엔 현존이 있고 존재가 있다. 어떤 말해진 것도 말함의 진솔성과 같지 않다. 어떤 말해진 것도 참에 앞선 진실성[145]과 일치하지 않으며, 현존과 재현 너머에 있지 않다. 따라서 진솔성은 말해진 것 없는 말함, '아무것도 말하지 않기 위한 말 건넴'parler pour ne rien dire,[146] 신호를 준다는 줌이 될 것이다. 이것은 고백의 투명성과 같으며, 빚에 대한 인정과 같고, 자기 자신에 대한 고발과 같다.

신호를 줌(이것은 아마 인사에 나타날 텐데)은 무엇으로 귀착하는

가? 일자가 유보 없이 스스로를 타자에게 드러내는 진솔성은, 타자에 대한 접근은, 존재적이거나 존재론적인 어떤 것으로도 환원되지 않는 책임은 무엇을 가리키는가? 그것은 무엇에 관해 증언하는가? 이런 대 격 속에서 성취되는 것은 무엇인가? 이런 진솔성의 의미는 근접성 그 자체 속에서 성취되는 무한의 영광을 지시하지 않는가?

이 영광은 나타나지 않을 것이다. 나타남^{apparoir}과 현존은 이 영광을 주제로 만들고 말 것이다. 그때 영광은 재현의 현재에서 시작을 갖지 않을 수 없을 것이다. 반면 이 무한은 기억의 범위 내에서 현재에 펼쳐지는 과거보다 더 먼 과거로부터 온다. '빚'은 계약으로 맺어진 것이 아니다. 빚은 결코 재현되지 않았던 과거, 재현에 저항하며 결코 시작의 자국을 남겨 두지 않는 과거로부터 온다. 이 영광은 주체와 즉시 결합되지 않고서는, 존재의 내재성 속에 그리고 존재의 유한함 속에 자신을 가두지 않고서는 현상이 될 수 없을 것이다. 이런 영광에는 원리가 없다고 우리는 감히 말할 수 있을 것이다. 이 무한에는 아나키적[147) 요소가 있다. 영광이 재현된다면 그것은 영광이 그 속에 갇혀 있어야 했을 주제를 깨뜨리고 말 것이다. 영광은 주제화인 모든 **로고스** 이편에서 의미를 주며, 주체의 특별송환을 의미한다.

---

145) 우리는 여기서 모리스 블랑쇼의 『원하던 순간에』의 한 구절을 생각할 수 있을 것이다. "나는 진리보다 더 참된 것을 통해 진리를 더럽히기를 원치는 않았다"(Maurice Blanchot, *Au moment voulu*, Paris: Gallimard, 1951, p. 83).

146) 또는 1970년 12월 어느 오전에 그가 제안했던 것처럼(다시는 이런 대범한 태도를 공식적으로 취하진 않았지만), 이것은 '반성함 없는 사유함'에 해당할 것이다. 달리 말해서 이것은 노에시스 노에세우스(νόησις νοήσεως)[지향적 사유에 대한 지향적 사유]가 아닌 사유다. 정확히 말해서 그것은 그 자신 이상을 사유하기 때문이다.

주체는 결코 현재한 적은 없지만 외상으로 자국을 남긴 앞선-부름pro-vocation을 느낄 수 있다. 기억할 수 없는 것, 재현될 수 없는 것, '깊디 깊은 옛날'profond jadis[148]을 느낄 수 있다. 영광은 최초로 온 자에게 명령을 받는 수동성의 다른 면일 뿐이다. 여기에, 이 타인과의 관계 속에, 타율성이 있다. 이 관계에서 나-자신인 나는 내 속에 있는 나의 시작에서 뿌리 뽑힌다. 나와 나의 동등성에서 뿌리 뽑힌다. 이런 타율성은 소외도, 노예화도 또 유일성의 상실도 아닌 달라짐이다. 그 누구도 나를 대체할 수 없기 때문이다. 나는 선출되었기 때문이다.

무한과의 관계를 근접성 가운데서 찾는 것, 그것은 증언이 무한에 무한의 무한함을 남겨 두면서 증언하는 방식이다. 무한을 존재로 되돌리지 않으면서 무한을 증언하는 것은 하나의 관계다. 여기서 무한은 전제에 의해서나 단순한 어떤 확장 속에서 얻어지지 않는다. 우리는 근접성과 신을 가까이 놓는 데서만 존재론적이지 않은 신에 대해 말할 수 있을 것이다. 내재성의 관계에서 모델을 취하지 않고서 신을 사유하는 것은 곧바로 모순적 사유가 된다. 윤리 바깥에는 초월의 모델이 없다. '존재와 달리'가 의미를 줄 수 있는 유일한 방식은 이웃과의 관계다. 인간과학은 이 관계를 존재로 환원시켜 버린다. 존재-

---

147) 여기서 레비나스는 (의도적이든 아니든 그건 중요치 않다!) 무-아르케(an-archie)의 아나키스트적(anarchiste) 의미를 확증하는 것처럼 보인다. 실제로 우리는 [아나키즘을 뜻하는] '무원리'라는 말이 스탈린이 자신의 '왼편'에 있던 사람들에게 행한 주요한 비난이었음을 잊을 수 없을 것이다.

148) 폴 발레리(Paul Valéry) 역시 민족문학자다. 이 표현은 그의 시집 『매혹』(*Charmes*)에 수록된 「[신전] 기둥에 대한 송가」("Cantique des colonnes")에 나온다. 이 시의 2행은 다음과 같다. "깊디 깊은 옛날/ 결코 충분치 않은 옛날"

신-론적이지 않은 신에 대한 탐구는 적합성의 사유에서 유래하지 않는다. 이런 탐구가 알아야 할 것은 자신이 세계 없는 모델에서 출발한다는 점, 또 타인과의 관계는 배-리contre-sens라는 점이다.

무한의 영광과 증언
— 1976. 4. 9 금요일

불어넣음/영감, 심성인 불어넣음은 타자가 동일자에 **현존함**이 아니
다. 현존이란 인식과 지향성에 적용되는 것이다. 이 인식과 지향성은
언제나, 자신의 능력에 상응하는 인식이다. 즉 사유된 것과 사유 사이
의 상관성이고 동등성이다. 여기서 우리는 동일자의 파열에 대해 이
야기한다. 타자가 이 동일자를 불안정케 하고 그의 안정을 빼앗는다.
책임은 현존의 용어로 말해질 수 없다. 내 속에 있는 타자를 위한 책임
은 우리가 그것에 응답하면 할수록 더 증대되는 요구다. 그 책임은 빚
을 갚는 것의 불가능성, 따라서 합치의 불가능성이다. 이것은 현재를
넘어선 **초과**다. 이 초과가 영광이다. 이 영광과 더불어 무한은 사건으
로 생산된다. 현재를 넘어선 초과는 무한의 삶이다. 이처럼 타자가 동
일자에 현존하지 않으면서 동일자에 내속해 있는 사태, 이것이 시간
성이다. 이 시간성은 관계의 항들의 환원할 수 없는 불-일치에 의해
생겨난다.[149]

　무한이 영광스러워지는 방식(무한의 영광되기)은 재현이 아니다.

---

149) 이 책 1부에서 검토한 시간의 의미에 따르면 그렇다.

그 방식은 불어넣음 속에서, 이웃을 위한 나의 책임의 형태로, 즉 윤리의 형태로 생산된다. 실체인 어떤 존재론적 층을 전제하지 않는 윤리. 이 얽힘에 연루된 나는 핵이 없는 균열된 주체, 존재해야-함이 아니라 대신해야-함인 그런 주체다. 이 주체는 이웃에 의한 사로잡힘으로부터 자신을 보호해 줄 비밀 속으로 피난하거나 그 내부의 단락短絡 속으로 피신하지 못한다. 이 영광이 영광스러워지는 것은 주체가 자신의 자기에게만 관여하는 어두운 모퉁이 밖으로 떠날 때다. 그 모퉁이는 아담이 영원한 자의 목소리를 듣자 몸을 숨겼던 낙원의 수풀과도 같다.[150] 무한의 영광은 어떤 회피도 불가능한 채로 수풀에서 내몰린 주체에서의 아나키다. 무한의 영광이 진술되는 것은, 내가 그 앞에서 책임을 져야 하는 타인에게 신호를 보내는 진솔성 안에서다. 수풀에서 내몰리는 이런 방식 ―이 **내가 여기 있습니다** ―이 말함이다. 말함의 말해진 것은 "내가 여기 있습니다!"를 말하는 데서 성립한다. 말함은 이 영광의 증언이다.

증언이 참인 것은 탈은폐의 진리로 환원할 수 없는 진리 때문이다.[151] 증언은 자신을 드러내는 어떤 것도 말하지 않는다. 증언은 대화의 방식으로 이루어지는 것이 아니라 비대칭성 속에서, 이 근원

---

150) 「창세기」 3장 8~10절, "그들이 날이 서늘할 때에 동산에 거니시는 여호와 하나님의 음성을 듣고 아담과 그의 아내가 그 여호와 하나님의 낯을 피하여 동산 나무 사이에 숨은지라. 여호와 하나님이 아담을 부르시며 그에게 이르시되 네가 어디 있느냐, 가로되 내가 동산에서 하나님의 소리를 듣고 내가 벗었으므로 두려워하여 숨었나이다".

151) 이 점에 대해서는 「탈은폐로서의 진리와 증언으로서의 진리」("Vérité comme dévoilement et vérité comme témoignage")라는 이름의 강연이 재수록된 『존재와 달리 또는 존재성을 넘어』 5장의 핵심 부분을 참조하라.

적 관계의 본래적 비동등성 속에서 이루어진다. 점점 커지는 이 차이différence는 동시에 비-무-차별non-in-différence이다. 이런 이중부정[non, in]이 차이를 규정한다. 이런 증언에는, 자기로 자기를 다시 덮는 일이 없으며, 피난처나 장막도 없다.

타자에게 바쳐진 신호는 신호에 의미를 주는 신호다. 그래서 신호는 그 조형적 면과 조형성을 잃어버린다. 타인은 조형적인 것이 되자마자 자신의 얼굴을 잃는다. 회피 불가능성은 내가 끊임없이 피난처로 삼는 개념을 벗어나는 비-상한 상황이다. 키르케고르가 생각했던 것과는 달리, '윤리적 단계'는 보편적이지 않다.[152] 윤리적 단계에서 나는 자신의 개념을 망각하며 자기 의무의 한계를 더 이상 알지 못한다. 그래서 사람들은 오히려 자기 의무의 한계를 찾을 수 있는 자신의 개념 속으로 숨고자 할 것이다.

그러나 여기서는 피할 그늘도 없이 내리쬐는 태양 아래처럼, 피난처 없는 노출이 관건이다. 이 태양 아래에선, 회피를 가능케 할 신비나 꿍꿍이의 모든 잔여가 사라진다. 유보 없는 노출 또는 '자기를 때리는 자에게 돌려 대는 뺨'[153]. 여기에, 정의로운 자를 그려내는 몸짓에 돌려 댄 **첫 번째** 뺨이 있다. 보이지 않으면서 보는 기게스Gygès와는 반대로, 여기서 나는 보지 못하면서 보인다.

증언은 자신이 증언하는 것을 주제화하지 않는다. 그러한 증언은

---

152) 키르케고르의 단계 이론에 따르면 윤리는 보편적이다. 레비나스는 키르케고르가 **초월**의 애매성에 대해 말했다는 점에서 그를 높이 평가하지만, 윤리를 잘못 이해했다고 그를 비판한다. 이 점에 관해서는 무엇보다 『고유명사들』(*Noms propres*)에 재수록된 두 편의 논문을 참조하라.

무한에 대한 증언일 따름이다(다른 모든 증언들은 부차적이거나 파생적이며, 그 진리를 경험에서 끌어낸다). 여기서 증언은 존재의 규칙에 대해 예외다. 증언에서 무한은 나타나지 않은 채, 자신을 무한으로 **보여 주**지 않은 채 자신을 계시한다. 무한은 무한을 증언하는 자에게 나타나지 않는다. 증언은 무한의 영광에 속한다. 무한의 영광이 증언되는 것은 증인의 목소리를 통해서다('신이 인간을 필요로 한다'는 것은 단지 이런 의미에서다). 어떠한 현재도 무한을 **받아들일** 수 없다. 데카르트에게서, 자신을 담을 수 없는 사유 속에 머무는 무한 관념(그리 편치 않은 세입자)은 영광과 현재의 이 불균형을 표현한다.

여기서 언급되는 수동성은, 말함 속에서 파열되는 행위를, 즉 증언하는 행위를 여전히 **떠맡는** 모든 수동성보다 더 수동적이다. 외부성은 증언의 진솔성 속에서 파열되는 가운데 내면성이 된다. 예언성prophétisme은 심성의 바탕이다. 내면성은 내 속의 어떤 부분인 한 비밀스런 장소가 아니다. 내면성은 주제로 편입될 수 없는 외적인 사건이 이렇게 전환된 것이다. 무한은 존재**성**에 대해 예외를 이루지만, 그럼에도 불구하고 나와 관계하며concerner 나를 에워싸고cerner 나의 목소리로 내게 명령한다. 무한히 외부적인 것이 무한히 내부적인 것이 된다. 내적 비밀의 분열, 신호의 증여 자체의 분열을 증언하는 나의 목소리가 된다.

폴 클로델Paul Claudel은 『비단 구두』*Soulier de satin*의 제사題詞에 "신

---

153) 「예레미야 애가」 3장 30절, "자기를 치는 자에게 뺨을 돌려 대어 치욕으로 배불릴지어다".

은 꼬불꼬불한 선으로 직선을 그린다"[154]라는 포르투갈 속담을 적어
놓았다.

---

154) 『존재와 달리 또는 존재성을 넘어』(*Autrement qu'être ou au-delà de l'essence*, p.
187[318쪽])에서 재인용.

증언과 윤리

— 1976. 4. 23 금요일

증언은 대화 속에서 또는 대화를 통해서 표현되는 것이 아니라, 내가 여기 있습니다라는 식으로 표현된다. 자기 자신의 봉헌인 이 증언은 자기의 열림이다. 이런 열림이 표현하는 것은, 책임의 요구가 충족되면 될수록 더욱 커지는 요구의 과잉이다.

영광이 영광스러워지는 것은 이런 증언을 통해서다. 증언은 무한이 유한을 지나가는 방식, 무한이 스스로 지나가는 방식이다. 따라서 증언의 말해진 것 없는 말함이 의미하는 것은 무한의 얽힘이다. 얽힘이지 경험이 아니다. 경험이 아닌 얽힘이다. 얽힘이라는 단어는, 관조하는 주체의 특권적 위치를 갖지 못한 채 우리가 속하게 되는 어떤 것을 가리킨다. 얽힘은 스스로를 푸는/떼어 내는 것에 묶여 있고, 절-대$^{ab-solu}$에 매여 있다. 얽힘은 이 절-대를 상대화하지 않는다. 관계에서 그 자신을 풀어 내는/떼어 내는 이런 방식이 삼자성^{Illéité}의 특징을 이룬다. 무한이 말함 속에서 스스로 지나간다는 것, 이것을 통해 우리는 말함이 행위나 심리적인 태도, 영혼의 상태나 다른 여러 사유 중의 한 사유 또는 적어도 존재성의 한 계기로 환원될 수 없다는 점을 이해할 수 있다.[155)]

언어는 사유를 이중화하지 않는다. 말함은 그 자체로 증언이다. 결국 말함이 단어들의 체계인 말해진 것 속에 편입될 운명에 처한다 해도 그렇다. 우리는 내가 여기 있습니다 속에서 파악된 말함으로부터 말해진 것을 제거할 수 있다. 말함은 어떤 것 —이것은 정보를 유통시키는 말해진 것에 해당할 것인데 —의 유아기적 더듬거림과 같은 것이 아니다. 말해진 것 없는 말함은 타인에게 주는 신호다. 이를 통해 주체는 주체로서의 자신의 내밀함에서 나오게 된다.

증언은 표현이나 정보 또는 징후로 덧붙여지는 것이 아니다. 또 증언은 무한의 경험 —나는 무엇이 그런 것인지 알지 못하는데 —과 관련되지 않는다. 어떤 경우에도 무한은 주제화되지 않는다. 주제화될 수 없는 무한을 경험하는 것은 불가능하다. 그러나 신과의 관계는 있을 수 있다. 여기서 이웃이 필수 불가결한 계기다. 『성경』을 통해 이것을 알 수 있다. 신을 아는 것은 이웃에게 정의를 행하는 것이다.

네 아버지가 먹거나 마시지 아니하였으며 정의와 공의를 행하지 아니하였느냐. 그때에 그가 형통하였었느니라. 그는 가난한 자와 궁핍한 자를 변호하고 형통하였나니 이것이 나를 앎이 아니냐. 여호와의 말씀이니라.[156]

---

155) 이 몇 줄의 문단이 『존재와 달리 또는 존재성을 넘어』의 사유를 이끄는 길잡이 역할을 한다.
156) 「예레미야」 22장 15~16절.

신약성서는 동일한 것을 다음과 같이 표현한다.

인자가 자기 영광으로 모든 천사와 함께 올 때에 자기 영광의 보좌에 앉으리니, 모든 민족을 그 앞에 모으고 각각 분별하기를 목자가 양과 염소를 분별하는 것같이 하여 양은 그 오른편에, 염소는 왼편에 두리라. 그때에 임금이 그 오른편에 있는 자들에게 이르시되 "내 아버지께 복받을 자들이여, 나아와 창세로부터 너희를 위하여 예비된 나라를 상속하라. 내가 주릴 때에 너희가 먹을 것을 주었고 목마를 때에 마시게 하였고 나그네 되었을 때에 영접하였고 벗었을 때에 옷을 입혔고 병들었을 때에 돌아보았고 옥에 갇혔을 때에 와서 보았느니라". 이에 의인들이 대답하여 가로되 "주여 우리가 어느 때에 주의 주리신 것을 보고 공궤하였으며 목마르신 것을 보고 마시게 하였나이까. 어느 때에 나그네 되신 것을 보고 영접하였으며 벗으신 것을 보고 옷 입혔나이까. 어느 때에 병드신 것이나 옥에 갇히신 것을 보고 가서 뵈었나이까 하리니". 임금이 대답하여 가라사대 "내가 진실로 너희에게 이르노니 너희가 여기 내 형제 중에 지극히 작은 자 하나에게 한 것이 곧 내게 한 것이니라" 하시고.[157]

타인에게 주는 신호는 진술성과 진실성이다. 이것을 통해 영광은 영광스러워진다. 무한은 타자에 다가감을 통해서만, 내가 타자를 대신하고 타인을 위해 속죄함으로써만 영광스러워진다. 주체는 자신의

---

157) 「마태복음」 25장 31~40절.

심성 자체에서 무한에 의해 **영감을 받고**, 그리하여 자신이 포함할 수 있는 것 이상을 포함하게 된다. 그러므로 헤르만 코헨Hermann Cohen이 말하는 것처럼 인간과 신 사이의 **상호 관계란 있을 수 없다**.[158]

무한이 스스로 지나가는 방식은 윤리적 의미를 갖는다. 그러나 이것은 윤리적 경험을 초월론적으로 정초하려는 기획을 함축하지 않는다. 윤리적 경험은 없다. 얽힘만 있을 뿐이다. 윤리는 무한의 역설에 의해 그려지는 장이다. 무한은 유한과 상호적이지 않은 관계를 맺는다. 이 관계는 포섭이 아니라, 무한에 의한 유한의 **넘쳐흐름**이다. 이것이 윤리적 얽힘을 규정한다.

윤리가 의미하는 것은 경험을 근원적으로 종합하는 통일성의 파열이며, 따라서 이런 경험 자체의 너머다. 윤리는 모든 것을 떠받치는 주체를 요구한다. 모든 것에 종속sujet되는 주체sujet, 명령의 모든 이해와 모든 들음에 앞서는 복종으로 복종하는 주체를 요구한다. 여기에 타율성에서 자율성으로의 전환이 있다. 그리고 이것이 무한이 스스로 지나가는 방식이다. 이것이 영감이다. 즉 내가 지은 바를 그것이 어디서 오는지 알지 못하는 채로 받아들이는 것이다.

우리는 이런 전환을 예언성이라고 말할 수 있다. 이 전환에서 명령에 대한 지각은 복종하는 자가 명령에 의미를 준다는 사실과 일치한다. 따라서 예언성이란 영혼의 심성 자체일 것이고, 동일자 안의 타자일 것이다. 여기서 이 안은 타자에 의한 동일자의 **깨어남**을 의미한

---

158) 헤르만 코헨의 종교철학에 관해서는 실뱅 자크(Sylvain Zac)의 『헤르만 코헨의 종교철학』(*La philosophie religieuse de Herman Cohen*, 1985, Vrin)을 참고하라.

다. 무한은 결코 현재하지 않는다! 무한은 주제의 제1열이나 주제의 계열로 나오기에는 너무나 높은 배후의-사유다. 신이 증언되는 최초의 문장, 즉 내가 여기 있습니다에서도 신은 진술되지 않는다. 우리는 심지어 "나는 신을 믿는다"라고도 말할 수 없을 것이다. 신에 대한 증언은, 마치 영광이 주제나 테제 또는 존재의 존재성으로 정립될 수 있다는 듯이 신이라는 말을 내뱉는 것이 아니다.[159)]

나에게 명령하는 명령은 이면을 표면으로 다시 놓을 어떤 가능성도 나에게 남겨 두지 않는다. 어떤 주제와 대면하듯 외재성으로 다시 올라갈 가능성, 대화에서처럼 너 속에서 어떤 존재를 다시 발견할 아무런 가능성도 나에게 남겨 두지 않는다. 재현의 바깥에서, 마치 도둑처럼 나도 모르는 사이에 나에게 영향을 미치는 타자의 비현상성은 삼인칭의 삼자성이다. 내가 명령을 듣는 것은 나 자신의 목소리에서지, 시선이 우상처럼 그 권위를 찾는 어떤 다른 곳에서가 아니다. 우리는 여기서 플라톤이 방황하는 원인을 생각해 볼 수 있다.[160)]

타자를 듣는 것에 앞서는 복종은 영감의 시간을 거스름anachronisme이다. 이것은 어떠한 예견보다 더 역설적이다. 그 복종은 그것을

---

159) 이것에 대응하여, 『존재와 달리 또는 존재성을 넘어』의 가장 중요한 페이지인 p. 186[315~317쪽]을 다시 읽어 볼 수 있을 것이다.

160) 플라톤, 『티마이오스』, 48a. 이 원인은 두 번째 종류의 원인에 속한다. 다시 말해 이 원인들은 "지성으로 충만한, 작인이고 올바른 결과를 가진 원인들"이 아니라 "반성에서 분리되어 우연히 그리고 질서 없이 순식간에 그들의 결과를 만들어 내는 원인들"이다 (*Ibid.*, 46e). [국역본은 위의 구절들을 이렇게 옮기고 있다. "지성을 지니고서 아름답고 훌륭한 것들을 생기게 하는 것들인 원인"이 아니라 "지혜는 없이 닥치는 대로 그때마다 무질서한 일을 해내는 원인"이다. — 옮긴이]

들기 이전에 따르는 명령에 대한 독특한 복종이다. 모든 서약에 앞서 있는 이 충성은 동일자 안의 타자, 즉 시간이며, 무한의 스스로 지나감이다.[161]

161) 이 점에 관해서는 이 책의 1부를 다시 한 번 보라.

의식에서 예언성으로
— 1976. 4. 30 금요일

증언은 탈은폐로 귀착하지 않는 현현, 현전이나 현전의 재현이 아닌 현현으로 이해될 수 있고 또 이해돼야 한다. 현현은 이런 의미에서 아나키적이며, 그런 것으로서 무-한의 '현현'이다. 윤리는 유한과 관계를 맺은 무한의 역-설(억견이 아니고 정립이 아닌 것)을 그리는 장이다. 모든 경험은 이해이기 때문이다. 또 증언을 유한과 무한의 관계로 생각한다면, 여기서 우린 **증언** 안에서의 **경험의 파열**을 말할 수 있을 것이다.

따라서 현재의 탐구는 **의식**conscience과 **지식**(지식은 con-science[분과적 앎의 합]으로서 의식의 구조다)으로부터, 그리고 지식 속에서 확증되는 동일차(지식은 다양한 것과 다수적인 것 속에서 동일자를 재발견하기 때문에)로부터 내려오려는 시도를 다룬다. 관건은 이 단계에서 내려오는 것이다. 여기서 우리에게 먼저 펼쳐지는 것이 주체의 심성(의식의 바탕)이다. 심성은 **예언성**으로, 영감으로 그리고 정신성으로 전개된다. 여기서 동일차는 자신을 확증하지 못하며 스스로를 수립하지 못한다. 오히려 타자가 동일자를 **뒤흔든다.**[162]

---

162) 이 책 2부의 강의 「윤리로부터 신을 사유하다」, 208쪽, 각주 35 참조.

예언성 안에서 또는 영감 안에서 타자는 이해의 구조를 따르는 동일자 안에 있는 것이 아니다. 도리어 타자는 그 핵을 균열시키기까지 동일자를 뒤흔든다. 여기에 비-일치가 있다(이런 점에서 비-일치는 자기 자신과의 일치이자 동일자의 안정성인 순간과 반대된다). 이 비-일치는 균열이고 넘쳐흐름이다.

타자에 의한 동일자의 이 뒤흔듦은 시간 그 자체의 통시성을 분절하는scander 것이지만, 이런 분절은 어떤 마지막 음절로 끝맺는 것이 불가능한 가운데 이뤄진다.[163] 이러한 분절은 무한을 향한 시간의 올라감montée이고 무한의 거리이며 무한의 높이로 향함이다. 이것이 그 통-시성 안에서의 시간이다. 이러한 시간은 존재의 부패 가능성을 의미하는 것과는 거리가 멀다. 이 시간이 의미하는 것은 신을 향한 상승, 존재-사이에서-벗어남, 존재 너머로의 이동, '존재함'에서 떠남이다.

증언 속에서 스스로 의미를 주는 무한은 자신을 증언하는 자 앞에 있지 않다. 그래서 우리는 어떤 이름에 대해 말하듯이 무한에 대해 말할 수 없다. 무한이 자신의 과도함 속에서 입증되는 것은 그의 부름에 응답하는 "내가 여기 있습니다!"의 대격 속에서다. 나에게 명령하는 명령은, 어떤 주제 속에 정립되는 하나의 이름으로 거슬러 올라가듯 무한을 향해 거슬러 올라갈 어떤 가능성도 내게 남겨두지 않는다.[164] 이렇게 신은 대상화로부터 빠져나온다. 신은 심지어 나-너Je-Tu

---

163) 두드림으로서의 시간, 동일자 안에서 이뤄지는 타자의 두드림으로서의 시간이 바로 이 책의 1부 강의가 탐색하고자 했던 바다.

164) *Autrement qu'être ou au-delà de l'essence*, p. 193[327~328쪽]. "삼차성의 전복을 억제하는 신이라는 단어의 놀라운 의미론적 사건. 이 무한의 영광은 한 단어에 자신

관계 속에도 있지 않다. 신은 어떤 나의 너가 아니며, 대화도 아니고 대화 속에 있지도 않다. 그러나 신은 이웃을 위한 책임으로부터 분리될 수 없다. 이웃은 나에 대한 너Tu pour moi다. 그러므로 신은 삼인칭 또는 **삼자성**이다. 그리고 주체인 내가 복종하는 명령은 내가 오직 나의 고유한 말함 속에서 듣는 이해에서 온다.

나의 고유한 말함 속에서 명령하는 명령은 지배나 강압이 아니다. 왜냐하면 그 명령은 나를 자신의 원천과 맺는 모든 상호 관계 바깥에 남겨 두기 때문이다. 이는 신이 상호 관계 속에 있지 않기 때문이다. 상호 관계 속에서 시선은 시선을 통해 신을 찾고자 한다. 삼자성인 신은 무-한이며 구조의 바깥에 있다. 이 구조 속에서 시선은 자신이 받는 충격을 떠맡아 **로고스** 속에 그것을 담아 버릴 것이다. 신이 의미하는 것은 재현 불가능함, 무-시작, 아나키다. 대상화로 환원할 수 없는, 기억할 수 없는 과거다.

그러나 이웃과의 관계 속에서 이뤄지는 존재 너머로의 운동은 존재론과 신학이 될 수 있다. 이때 그것은 관계가 중단되지 않는 가운데 중단됨을 나타내는데, 이 중단에 무한은 흔적을 남긴다. 이런 중단으로부터 —이 중단arrêt이 조심성 없이 전시되는 가운데, 상像으로 고정arrêt되는 가운데, 조형造型되는 가운데 —미美에 대한 우상숭배가 생

을 가두고 거기서 자신이 존재케 하지만, 이미 <u>스스로의</u> 머무름을 지우며 <u>스스로의</u> 말을 취소한다. 그러면서도 무 속으로 사라지지 않는다. (……) 이것은 그 영역에서 유일한 말해진 것이다. 이 말해진 것은 단어로서 (고유명사로도 보통명사로도) 문법적 범주들과 밀접히 결합하지도 않으며, (존재와 무 외의 삼자를 배제하는 [배중률의]) 의미로서 논리적 규칙을 엄격히 따르지도 않는다."

겨난다. 여기서는 시선이 신을 대신한다. 신학——신학은 존재론과 일정 부분 연결되어 있다——과 더불어, 신은 개념으로 고정된다. 그 본질에서 도상학圖像學인 예술과 더불어, 존재 너머로의 운동은 미로 고정된다. 신학과 예술은 기억할 수 없는 과거를 잡아맨다.[165]

이 강의는 존재-신-론 없는, 신에 대한 이례적 탐구다. 신이라는 단어는 유일하다. 그 단어가 자신의 말함을 없앨 수도, 억누를 수도, 흡수할 수도 없는 유일한 단어라는 점에서 그렇다. 신이라는 단어는 하나의 단어에 불과하지만, 의미론을 전복시킨다. 영광은 한 단어 속에 갇히고 거기서 존재가 되지만, 이미 영광은 자신의 거주지를 해체한다. 즉각 취소되어 버리는 이 단어는 문법적인 범주들을 따르지 않는다(그것은 고유명사도 아니고 보통명사도 아니다). 이 말해진 것——신이라는 단어——은 증언에서 자신의 의미를 얻는다. 순수한 주제화는 이 증언이 출현하는 윤리적 얽힘을 망각하고 이 얽힘을 언어의 체계로 삽입하여 이 증언을 다시 포착하고자 한다. 하지만 그런 남용된 진술은 즉시 금지된다. 여기서, 존재하지-않음은 단순히 무가 아니라, 배제된-제삼자다. 여기에는 현존에 대한 거부가 있다. 그러나 이 거부는 곧 그 극한까지 사유된 나의 현존으로, 즉 내 현존에 대한 궁극적 요청으로 바뀐다.

그러나 명명할 수 없는 신이 신이라고 불리기 때문에, 철학이 신

---

165) 이 점에 관해서는 「실재와 그 그림자」(Emmanuel Levinas, "La réalité et son ombre", *Les temps modernes*, novembre 1948)와 『존재와 달리 또는 존재성을 넘어』(*Autrement qu'être ou au-delà de l'essence*, p. 191의 각주 21[325쪽, 각주 21]) 참조.

학이나 존재-신-론을 통해 신을 주제화하기 때문에, 즉 신을 모든 의미의 원천인 존재의 **존재**esse로 되돌리기 때문에, 존재론적이지 않은 신과 철학 사이의 관계가 무엇인지 물어봐야 한다(철학의 담론이 존재론이다). 철학적 담론은 궁극적 포섭과 이해를 요구한다. 만일 '신학'이 종교를 위해 철학에서 어떤 영역을 떼어 낸다면, 그 영역은 즉시 철학적으로는 타당하지 않은 것으로, 또는 다시 포섭해야 할 것으로 여겨진다. 철학은 자신의 사유와 그 사유가 머무는 존재 사이의 일치를 요구한다. 이 일치가 사유에 의미하는 바는, 사유는 존재 활동에 관련된 것 너머를 사유해서는 안 된다는 것이며, 또 사유가 존재 과정에 이미 속해 있다는 사실을 변경하는 데로 나아가서는 안 된다는 것이다. 그래서 '존재 사유'(=의미 있는 사유)라는 표현은 일종의 **중복법**이다. 이 중복법이 정당한 것이 되려면, 의외의 사태가 일어나 그 가운데서 사유와 존재(의미)의 이와 같은 동일화가 드러나고 또 그런 사태에 의해 이 동일화의 통용이 불가피해져야만 할 것이다.

　　이런 사유, 곧 철학적 담론은 따라서 그 개념이 어떠하든 신을 포섭해야 한다. 그리고 이런 사유에게 신을 사유한다는 것이 우선적으로 의미하는 바는, 신은 사유와 분리되지 않는 존재의 과정 가운데 위치하고 있다는 것이다. 신이 존재의 과정에 속해 있다는 사실로 인해, 신은 하나의 존재자로 놓일 수 있고, 탁월한 존재로, '최상의 존재'로, 탁월하게 존재하는 것으로 생각될 수 있다. 이렇게 신은 주제화하고 존재의 경과 속으로 인도됨으로써 "철학으로 편입된다".[166] 반면에

---

166) 이 책 2부의 강의 「존재와 의미」, 187쪽, 각주 12를 보라.

우리가 여기서 찾고자 하는 신이 의미하는 바는, **있음직하지 않은 방식의**, 존재 너머다. 그렇다면 어떻게 한 관계가 인간과 인간을 초월한 것 사이에 실존할 수 있는가? 어떻게 존재 너머가 그것의 초월성 속에서 사유될 수 있는가? 철학의 역사는 초월의 파괴이고 내재성의 긍정이다. 더욱이, 근본적으로 존재론적인 합리적 신학은 높음을 나타내는 부사들을 통해 이 초월을 표현한다. 예컨대, 신은 탁월하게 실존한다고 말할 수 있을 것이다. 그 탁월함이 의미하는 바는 모든 높음 위에 있는 높음이다.

그러나 이 높음은 여전히 존재론에 속하는 것인가? 이 높음은 내재성과의 단절 속에 있는 것이 아닌가? 높음의 양상은 우리의 머리 위에 펼쳐져 있는 하늘에서 빌려 온 것이 아닌가? "내 위에 별이 빛나는 하늘과 내 안의 도덕 법칙"이라는 칸트의 정식[167]은 주제화할 수 없는 것을 말하는 것이 아닌가?

문제는 다음과 같은 점에 있다. 존재의 **존재**esse에 그치는 의미—철학적 의미—는 이미 의미의 제약이 아닌가? 의미의 파생물이나 의미의 일탈, 또는 여전히 의미의 그림자가 아닌가? 존재성, 즉 존재의 **존재**esse와 등가적인 의미는 동일자의 시간을 규정하는 현존에서 출발할 때 이미 도달된 것이 아닌가? 이 물음은 이런 의미에서 출발하여 존재나 존재자의 용어들로 진술될 수 없는 의미로 거슬러 올라갈 가능성을 함축하고 있다. 이 물음은 이렇게 묻는다. 내재성과

---

167) Immanuel Kant, *Critique de la Raison pratique*, trans. François Picavet, 6ᵉ éd., Paris: P.U.F., 1971, p. 173[『실천이성비판』, 백종현 옮김, 아카넷, 2002, 329쪽.]

동일성의 이해 가능성 저편에서, 현재와 존재에 대한 의식 저편에서, **다른 합리성**일 수 있는 어떤 의미 줌이, 초월의 합리성일 수 있는 어떤 의미 줌이 들려오지 않는가? 존재 너머에서 그 우선성이 (비록 존재론적 언어로 번역되어서라 할지라도) 존재보다 앞서 말해질 수 있는 어떤 의미가 드러나는 것은 아닌가?

그렇지만 우리가 유의해야 할 것은, 이렇게 한다고 해서, 즉 존재와 존재자 저편에 대해 말한다고 해서 우리가 필연적으로 억견의 담론 속으로 다시 빠지는 것은 아니며, 신앙이 이런 언어를 드러내는 것은 아니라는 점이다. 그 반대다. 신앙과 억견(신앙의 억견)이 존재의 언어를 말한다. 아마 억견과 신앙(그리고 신앙의 **억견**[168])보다 존재론에 덜 대립하는 것은 없을 것이다.

---

168) 신앙의 **억견**이란 플라톤적 의미에서, 또 후설적 의미에서 신앙의 독사($\delta\sigma\xi\alpha$)를 뜻한다. 즉 신앙의 **명제적** 본질, 자신이 믿는 바를 **정립하는 믿음**의 본성을 뜻한다.

불면에 대한 찬사
— 1976. 5. 7 금요일

우리 강의는 이제 처음에 제기했던 문제로 되돌아간다. 우리는 존재
와 존재론에 의거하지 않는 합리성이나 의미에 대해 사유하거나 말할
수 있지 않을까?

경험에 의거하지 않는 증언 개념을 경유하는 여정의 끝에서 우리
는 이 질문과 다시 만난다. 증언에서 무한은 유한과 관계하는 가운데
유한을 불안정하게 하거나 유한을 깨운다. 증언은 영감으로서의 심성
과 같은 것이며, 우리는 그것을 윤리적 얽힘의 의미 속에서 구체적으
로 이해하였다. 그래서 우리는 증언 안에서의 경험의 이 파열을, 타자
에 의한 동일자의 이 뒤흔듦을, 시간의 **통시성**으로 해석했다. 그때 시
간은 순수한 결여나 사라져 버릴 것, 즉 영원하지-않은 것의 동의어로
해석되기에 앞서, 신에 의거함으로—**신을-향함**ª-Dieu 자체로—이해
될 것이다. 다시 말해, 신에 대한 전통적 관념과 완전히 대립하는 것으
로 이해될 것이다. 이것은 마치 시간성 속에서, 존재와 무와 관련해 제
삼자인 어떤 '항'(그러나 이것은 정말 어떤 항인가?)과의 관계가 생산되
는 것과 같다. 이 제삼자는 **배제된** 제삼자고, 오직 그렇기에, 존재-신-
론적인 방식으로 사유될 수 없는 신이다. 또한 우리는 다음과 같은 점

에 주목했다. 신과 맺는 관계의 얽힘 속에서, 신은 삼인칭으로서(존재나 무가 아닌 그¹¹로서) 멀어지며 또 대상화나 대화에서 멀어진다. 그렇지만 이 항은, 여기서 이뤄지는 우리의 논의에서조차, 주제화와 대상화를 겪게 마련이다. 이런 주제화와 대상화에서 합리적 신학은 자신의 출발점을 발견했다. 소박한 신앙도 주제화를 겪는다![169] 이렇듯 우리는 비존재론적인 의미의 가능성에 대한 최초의 질문으로 되돌아간다.

우리는 깨어남(타자에 의한 동일자의 뒤흔듦인 불-안정)과, 정신적인 것 혹은 합리적인 것의 개념(우리가 의식이라고 명명한 세계에 맞게 이 사유를 구성하는) 사이의 구분을 더욱 근본적인 방식으로 다시 취할 필요가 있다. 그렇게 해서 또한 의식-존재의 상관관계에 직접적으로 도달함으로써 그 극한에서 존재론을 정당화할 필요가 있다.

철학에서 의미는 현현과 일치한다. 마치 존재의 사안, 존재의 작업, 존재의 몸짓이나 존재의 서사가 이해 가능성의 형식으로 전개된다는 듯하다. 철학이 존재에 들러붙어 있는 것(존재자가 문제든, 존재자의 존재가 문제든 간에)은 이 때문이다. 철학은 인식의 얽힘이며, 밝음과 어두움 사이에서 행해지는 경험의 모험이다. 이런 의미에서 이 모험은 단지 어떤 인간들의 우연적인 기획이 아니라 서양의 정신성을 담고 있다. 이 정신성에서 앎은 존재의 생산이다.

---

169) 신앙은 소박하게 **존재하기** 때문이다. 이때 신앙은 억견적이다. 다시 말해 의견을 갖지 않을 수 없다(바로 앞 강의의 각주 168 참조). 요컨대 이것이 "믿음의 자리를 얻으려면 **앎**을 폐기해야 한다"(칸트, 「2판 서문」, 『순수이성비판』 1, 백종현 옮김, 아카넷, 2006, 191쪽 참조)는 칸트의 주장보다 레비나스에게 더 낯선 것이 없는 이유다.

여기서 앎, 사유 또는 경험은 내면적 판정 속에서 이뤄지는 외재성에 대한 어떤 반성으로 환원되지 않는다. 반성 개념은 앎의 고유한 특성이 아니다. 반성으로부터 규정된 이해 가능한 것을 이해하기 위해서는, 의식 그 자체보다 더 높이 혹은 더 이전으로 올라가야 한다. 의식은 자신이 유래하는 더 오래된 양상을 지시한다. 거기서 의식은 스스로를 정당화하며 그 원천에 의해 자신이 정당화됨을 발견한다. 이 양상이 바로 **깨어 있음**이다. 이것은 (어떤 것)~에 대해-깨어 있음으로 성립하지 않는다.[170]

의식의 모든 열림은 이미 어떤 것을 향함일 것이고 깨어 있음은 그 어떤 것에 대해 깨어 있는 것으로 여겨질 것이다. 그러나 지향성에 앞선 열림을, 회피 불가능성인 근원적 열림을 사유해야 한다. 소환, 자기 속으로 회피할 수 없음, 즉 **불면**('불면'이라는 단어는 적절하다. 왜냐하면 우리는 ~에 대한 불면이라고 말하는 것을 결코 생각할 수 없기 때문이다!). 의식이 ~에 대한 의식인 것은, 또 그러한 것인 의식이 존재와 현존으로의 모아들임인 것은, 이미 불면의 깨어 있음의 양상이나 변형으로서다. 그것은 필요 불가결한 변형이며, 깨어 있음의 특정한 심층에서 정당화된다.[171]

---

170) 이 개념에 대해서는, 『관념에 오는 신에 대하여』에 재수록된 「의식에서 깨어 있음으로: 후설에서 출발하여」("De la conscience à la veille : À partir de Husserl")를 참조.

171) 여기서, 『존재에서 존재자로』에서 제안되었고 또 이 책의 2부 강의("자유와 책임"의 각주 121)에 인용된 『존재와 달리 또는 존재성을 넘어』의 몇몇 문장에서 다시 나타나는 불면의 대한 분석이 마치 장갑처럼 뒤집어진다는 점에 주목해야 할 것이다. 이 점에 관해 나의 이전 연구인 「중립적인 것의 질문에 접근하기 위하여」("Pour une approche de la question du neutre", *Exercices de la patience*, n° 2, 1981, p. 37f)를 참조할 수 있다.

불면은 잠이라는 자연적 현상의 단순한 부정으로 규정되지 않는다. 잠은 언제나 깨어남의 가장자리에 있다. 잠은 깨어 있음에서 벗어나려고 하면서 깨어 있음과 연결되어 있다. ("나는 자고 있지만, 나의 심장은 깨어 있다"고 「아가」는 말한다.[172]) 잠은 자신을 위협하는 깨어 있음에, 깨어 있으라는 요구로 잠을 부르는 깨어 있음에 귀 기울인 채로 있다.

불면의 범주적 특성은 동일자의 동어반복적 주장으로 환원되지 않는다. 의식 속에서는 이미 놀라서 굳어 버린 깨어 있음이 현존으로 모아지는 내용으로 향하게 된다 하더라도, 이 깨어 있음은 ~에 대한 깨어 있음으로 귀착하지 않는다. ~에 대한 깨어 있음은 곧 동일적인 것에 대한 탐구다. 동일적인 것은 우리를 흡수하며 우리는 그 속에서 잠든다. 범주 또는 메타-범주('메타'가 자신의 의미를 얻는 것은 여기서다)로서의 불면은 어떤 규정적 활동에 기초한 범주표에 기입되지 않는다. 규정적 활동은 타자를 소여로 취급할 것이다. 그것은 세계의 동일성에서 출발하여 타자의 무게를 공고히 하거나 보장하기 위해 행사된다. 그러나 불면은 타자에 의해 그 형식적 균등성의 중심에서 불안정하게 된다. 이 타자는 불면 속에서, 휴식으로, 현존으로, 잠으로 응고되는 모든 것을, 동일화하는 모든 것을 깨뜨린다. 불면은 동일적인 것 속에 있는 이런 휴식의 찢김이다.

이런 것이 불면의 환원할 수 없는 특징이다. 동일자 안의 타자는 동일자를 소외시키는 것이 아니라 깨어나게 한다(그리고 우리가 보았

듯 이 안은 시간의 통시성으로 이해되어야 한다). 깨어남은 요구이며, 적은 것 안의 많은 것이다. 그것은 따옴표에 붙잡히기 전의 **안**이다. 안은 동시에 밖에 있기 때문이다. 낡은 용어로 말하자면, 이것은 '영혼의 정신성'이다. 그러나 자신의 상태에서, 자신의 **영혼의 상태**에서 끊임없이 깨어나는 영혼. 여기에 바로 영감의 수동성이, 떠맡음 없는 수동성 혹은 자신의 존재에 집착하는 것에서 깨어난 주체의 주체성이 있다. 이 불면의 형식주의는 현존에 갇힌 형식의 형식주의보다 훨씬 형식적이다. 이것은 비어 있음의 형식주의, 틈 또는 균열의 형식주의다. 왜냐하면 불면 혹은 지향성 없는 깨어 있음, 무사심한^{désintéressé}(존재-사이에서-벗어남이라는 이 말의 어원적 의미에서) 깨어 있음은 하나의 형식을 요구하지 않기 때문이다(불면은 그 형식을 요구하는 어떤 물질성이 아니다). 불면의 형식은 형식이라는 그 고유한 틀을 고정시키지 않으며, 더욱이 자신의 내용^{contenu}을 감싸지도 않는다. 오히려 이 형식은 절대 포함되지 않는 것^{non contenu}(즉 **무한**)에 의미를 준다.

의식은 이미 이런 얽힘과 단절했다. 의식은 동일성, 존재의 현전, 현존의 현전이다. 그러나 현전은 모든 잠을 벗어난 의식 자체의 깨어남을 통해서만 가능하다. 이렇게 의식은 불면에서 내려온다. 자기에 대한 의식으로서의 자기 자신을 향한 이 내려옴이 근본적으로 타차를 망각하는 것이라 하더라도. 또 동일차의 자유가 여전히, 깨어난 꿈일 뿐이라 하더라도. 현전은 현존의 끊임없는 재포획으로서, 재-현으로서만 가능하다. 재-현은 회귀의 가능성 자체, 현재의 현전의 가능성 자체다. 통각의 통일성, 이 **나는 생각한다**는 현전을 순전히 주관적인 것으로 만드는 방식이 결코 아니다. 경험 배후에서 이 **나는 생각한다**의 통일성에 의해 수행되는 종합은 활동을 구성하고, 현존을 활동으로서 그리고 활동 중이도록 구성한다. 이런 개관은 현재의 현실화에 필수적이다. 현상의 현실성, 그것은 바로 의식의 활동성이다.

그러므로 현존의 극단적인 긴장이 있다. 현존은 주체가 행한 경험에서 파열되는 데까지 이른다. 현존에 대한 강조가 있다. 여기서 현존은 그 자신으로 되돌아가고 그 자신을 채운다. 존재에 대한 강조, 현존의 경쟁적 고조가 있다. 이것에는 빠져나갈 구멍도, 도망칠 우회로도 없다. 그러므로 우리는 여기서 명료함으로서의 깨어남에 주목하게 된다. 그러나 이때 문제가 되는 것은 언제나 존재-에 대해-깨어 있음, ~에 대한-주의이지 타자에 대한 **노-출**^{ex-position}이 아니다. 그러므로 문제가 되는 것은 이미, 불면의 비어 있는 형식주의의 한 변형이다.

과거로 사라지는 모든 것은 역사 속에서 유지되고 기억되며 다시 발견된다. 의식의 장을 채울 수 있는 모든 것은 의식의 시간 속에서 받아들여지거나 지각된다. 의식에게 과거는 언제나 현재의 변양이다. 자신을 **현시하지** 않으면서 일어날 수 있었던 것은 아무것도 없다. 초월론적 주체성은 이런 현존의 모습이다. 그렇게 하여 의식 속에서, 현재의 과정은 원칙적으로 동시성 속에서 전개된다.

주체적인 것의 과정은 바깥에서 기인하지 않는다. 의식과 주체적인 것을 포함하거나 함축하고 있는 것은 현재의 현존이다. 그리고 철학은 단지 내재성에 대한 인식임에 그치지 않는다. 철학 그 자체가 내재성이다. 경험 개념은 통각의 통일성으로 귀착한다. 이 개념은 현존과 분리될 수 없다. 그것은 모음^集이라는 개념(하이데거의 Sammeln이라는 의미에서[173])과 연결되어 있다.

그러나 모든 의미작용은 현현으로 흡수되지 않는다. 타자를-위한-일자는 **자신을 드러냄**으로 귀착하지 않는다. '타자를 위해 고통받음'은 어떤 의미를 갖는다. 거기서 앎은 순전히 우연적인 것에 불과하다. 그러므로 인식의 모험이 의미의 유일한 혹은 최초의 양상이 아님을 이해해야 한다. **모든 의미의 원천으로서의 경험을 문제 삼아야 한다.** 이를 통해 우리가 철학 그 자체가 인식이라는 점을 반박하려는 것은 아니다. 그러나 앎이 의미일 수 있다고 해서, 모든 의미를 밖으로 드러냄exhibition으로 반드시 환원해야 하는 것은 아니다. 이로부터 우리는 **진리의 통시성** 개념을 제안한다. 여기서 말해진 것은 취소되어야 하며, 또 이런 취소가 야기한 말의 취소도 다시 취소되어야 한다.

현현의 모아들임으로서의 내재성과 의식이, 의식의 한가운데 감정이나 불안을 놓는 정감 상태에 대한 현상학적 해석에 의해 전복되지 않는다는 점을 또다시 주목하자. 후설에서 비롯하는 현상학에는 재현의 참된 뒤흔듦이 없다. 재현은 모든 정감적이고 의지적인 삶의 기반에 놓여 있다. 심성은 재현적이다. 심성은 그것이 지향적인 한에서 재현적이다. 하이데거에서 이 문제는 한층 더 복잡하다. 그러나 우

---

173) 이것은 레비나스가 하이데거를 얼마나 읽었는지를 정확히 보여 준다. 『존재와 달리 또는 존재성을 넘어』는 "왜곡되었고 오해했다고?"라고 묻는다. 그리고 이렇게 대답한다. "설사 그렇다 해도 최소한 그 왜곡이 [하이데거에게 진] 빛을 부인하는 방식은 아닐 것이며, 또 이 빛이 망각의 이유가 되지도 않을 것이다"(*Autrement qu'être ou au-delà de l'essence*, p. 49, 각주 28[90쪽, 각주 29]).

리는 하이데거에게서도 드러냄이나 현현의 이런 발상을 발견할 수 있
다. 그런 발상은 의미의 따름정리로 남아 있다.

    그러나 우리는 적어도 데카르트의 무한 관념이 처한 상황을 기억
할 필요가 있다. 거기서 **코기토**는 자신이 포함할 수 없는 어떤 것의 충
격으로 깨어지고 만다.

경험 바깥: 데카르트의 무한 관념
— 1976. 5 14 금요일

존재-의식 상관관계는 한 사건의 반영을 수용하는 어떤 사유가 [존재
에] 우연적으로 덧붙여진 결과로 생겨나는 것이 아니다. 이 상관관계
는 존재의 에너지가 갖는 근본적인 합리주의에 연결되어 있다. 긍정
(즉, 존재의 긍정)은 현현으로 전개되고, 그 현현을 긍정하는 의식이 된
다. 의식은 존재의 거주를 고집함이고 존재의 내재성 자체다. 존재의
현존은 재현 속에서 긍정되고 확증된다. 재현은 현존의 강조이고 현
존의 재포획이자 반복인 셈이다. 이런 의미에서 의식은 재현이다. 그
리고 그 구조는 정감적인 것과 의지적인 것의 지향성을 발견한다고
해서 흔들리지 않는다.

현상학의 발견이란 이 상태들의 환원할 수 없는 **목표**를 내세우
고, 재현의 냉정함을 전복시킬 불안을 내세우는 데 있다. 이때의 전복
은 단순히 어떤 미묘한 차이를 제공하는 것이 아니라 일종의 접근을
구성해 내는 것이다. 공포와 전율에 의해 신성한 것의 감정으로 접근
해 가는 그런 방식의 접근 말이다.[174] 이렇게 현상학은 심성을 이해하
기 위한 새로운 요소를 제공했다. 그러나 그럼에도 재현의 특권은 문
제시되지 않았다. 왜냐하면 사람들은 계속해서 이 정감적인 상태들을

정감적인 **경험들**로서 취급했기 때문이다.

후설에게 재현적 토대가 있다 해도 그것은 우연이 아니다.[175] 후설이 비재현적인 상태 속에서 출현하게 한 이 재현적 토대는 모종의 평정함에서 성립하기보다는, 다수성을 관통하는 통일성의 **동일화**가 갖는 언제나 여전히 능동적인 활동에서 성립한다. 그래서 여기에 남는 것은 **모음**이며(이 모음을 통해 의식의 내용은 동일화한 어떤 것, 자신의 동일성을 지닌 어떤 것이 된다), 또 어떤 것도 피해 갈 수 없게 하는 의식의 **명료함**이다. 존재론의 우위는 지향성에 의해 문제시되지 않는다.

정감성이 재현에 의존한다고 보는 해석이 성공적일 수 있는 것은, 정감성이 하나의 경향으로 간주되고 그 경향의 열망이 쾌락에서는 만족될 수 있다고 또는 고통에서는 만족되지 못한 채 남을 수 있다고 여겨지는 한에서다. 육욕(이 용어의 파스칼적인 의미에서[176])인 모든 열망은 재현으로 환원될 수 있다. 그러나 모든 열망이 육욕인지는 확실치 않다. 의식인 정감성 아래서는 존재론이 언제나 다시 발견된다. 또 충족된 욕망이란 동일한 것을 내포하는 욕망이다. 그러나 그런 경향들이 끝까지 나아가는 곳이 아닌 다른 곳에서는, 의식의 이런 구상에 따르지 않으며 우리를 경험으로부터 떼어 놓는 정감성이 출현할

---

174) 이것이 루돌프 오토(Rudolf Otto)의 유명한 저서 『신성한 것』(*Le Sacré*, trans. André Jundt, Paris : Payot)의 주제이다.

175) 왜냐하면 **지향성**이 남아 있기 때문이다.

176) 파스칼은 그것에 대해 다음과 같이 말했다. "육욕은 매일매일 줄어들 순 있지만 사라질 순 없다"(Blaise Pascal, *Pensées et Opuscules*[『팡세와 소논문들』], éd. Leon Brunschvicg, Paris : Hachette, s.d.).

수 있다. 달리 말해 경험으로 환원되지 않는 정감성이 출현할 수 있다. 그것은 **초월**이다.

우리는 종교적 관심에서 기인하지만 교회의 단순한 권위에 한정되려 하지 않는 사유가 종교적 **경험**과 관련해서 얻을 수 있는 것에 대해서도 의문을 가질 수 있다. 그런 본성의 사유는 이미 경험으로서 **나는 생각한다**에 의거하며, 전적으로 경험의 철학을 향해 있다. 종교적 경험에 대한 이야기는, 그것이 이야기인 한에서, 철학이 그 이야기를 정화하면서 말하는 바를 뒤흔들지 못한다. 그러므로 종교적 경험에 대한 이야기는 현재 — 철학은 현재의 완성이다 — 를 깨뜨릴 수 없다. 신이라는 단어가 종교적인 것에서부터 철학에 다가왔다는 것은 있을 법한 일이다. 그러나 철학이 이해하는 종교적 담론 속에서 신이라는 단어는 어떤 주제와 관계하는 명제들로 구성된 것으로, 탈은폐에 의존하는 의미를 갖춘 것으로 새겨진다. 종교적 경험의 메시지들은 의미에 의미를 주는 다른 방식을 담고 있지 않다. 종교적 계시는 철학이 작동시키는 탈은폐에 이미 동화해 있다. 본 것과 들은 것(그것이 외부에서 그런 것이건 내부에서 그런 것이건 간에)을 말하기 위한 것과는 다른 말하기가 담론에 있을 수 있을까? 즉 존재의 나타남과는 다른 의미가 있을 수 있을까? 이런 문제는 의심을 품을 수조차 없는 문제로 의심되지 않은 채 남아 있다. 그래서 종교적인 존재는 자신의 체험을 경험으로 해석하고, 결국 신을 해석하며, 존재의 용어들로 신을 경험할 수 있다고 주장한다. 이렇게 해서 내재성으로의 회귀는 불가피해진다. 우리의 전통에서 신에 대한 철학이 존재론인 것은 우연이 아니다.

그렇기에 이 강의에서 제기한 다음과 같은 질문이 중요해진다.

담론은 어떤 주제에 의미를 주는 것과는 다르게 의미를 줄 수 있는가? 신은 과연 신이라는 이름을 붙이는 종교적 담론의 주제로서 의미를 주는 것인가?

종교적인 경험에서 신을 주제로 삼으면 이미 우리는 **나는 생각한다**의 통일성을 깨뜨리는 무한의 얽힘이 척도를 넘어선다는 점을 놓쳐 버린다. 이렇게 과도함을 놓치거나 감출 수 있다는 것이 의미하는 바는 진리가 두 계기temps[177](직접적인 것의 계기, 반성된 것의 계기)로 나뉜다는 것이다. 그러나 이 나뉨은 한 계기를 다른 계기에 종속시키지는 않는다. 그것은 신중한 것이어야 하는 까닭이다. 이 나뉨이나 이 이원성 속에 의미의 특수한 구조가 있다. 즉 통시성인 의미가, 필연적으로 두 계기로 성립하는 의미가, 또 그렇게 해서 종합을 거부하는 의미가 있다. 일치인 동시에 불일치인 이 통시성이야말로 아마 초월의 고유함일 것이다.

신의 관념을 성찰하면서, 데카르트는 **나는 생각한다**의 파열로까지 나아가는 사유의 이런 과정(두 계기 사이에 있는)을 비할 데 없이 엄격하게 묘사했다. 신을 무엇보다 존재로 생각하면서, 데카르트는 신을 **탁월한 존재로, 탁월하게 존재하는** 존재자로 사유한다. 신의 관념과 존재의 관념 사이의 이런 접근에 앞서, 신의 존재를 규정하는 이 '탁월

---

177) 'temps'은 일반적으로 '시간'을 뜻하는 말이지만 이번 강의에서는 주로 '계기'라는 뜻으로 새기는 것이 이해하기 편하다. 이하 이 강의에 나오는 '계기'라는 말은 모두 'temps'을 옮긴 것이다. —옮긴이

하게'가 높음을 가리키는 것은 아닌지 물어볼 필요가 있다. 높음이 의미하는 것은, 우리 머리 위에 있는 하늘의 높음이고, 이 높음의 존재-사이에서-벗어남이며, 따라서 존재론을 넘어섬일 것이다. 여하튼 데카르트는 여기서 신의 과도함/척도를 벗어남을 실존함의 최상급으로 해석하면서 실체론적 언어를 유지하고 있다.

하지만 데카르트의 비할 데 없는 기여를 찾을 수 있는 곳은 여기가 아니다. 그 기여는 의식의 파열에 있을 것이다. 그것은 무의식으로 물러나는 파열이 아니라, 일깨움 또는 깨어남이다. 이것을 '독단의 잠'에서 깨어남이라 해도 무방하다. 하지만 이런 표현을 사용하는 것은 사족을 덧붙이는 것임을 알아야 한다. 무한의 관념에 대한 데카르트의 분석에서, 우리는 언제나 두 계기를 발견한다.

① 신은 **사유 작용**cogitatio의 **사유 대상**cogitatum이다. 즉, 신 **관념**이 있다.

② 신은 참으로 포함-불가능한 것을 의미하는 것, 모든 **포함 능력**capacité을 넘어서는 것이다.

이렇듯 신의 객관적 실재성은 사유 작용의 형식적 실재성을 깨뜨린다. 지향성의 보편적 타당성과 근원적 특성이 미처 자리 잡기도 전에 뒤엎어지는 것은 아마 여기에서일 것이다. 신은 **사유하는 나의 사유 대상**cogito cogitatum이라는 구조를 빠져나가며, 포함될 수 없는 것에 의미를 준다. 신의 관념이 사유를 깨뜨리는 것은 이런 점에서다. 이렇게 깨뜨려지는 사유는 언제나 개관이나 종합으로 머무는 사유고, 언제나 현존에 갇히는 사유며, 또는 재-현하는 사유, 현존으로 귀착하거나 존재를 가능케 하는 사유다.

여기서 신의 관념은 **우리 속에 놓인다**. 이러한 **놓임**에는 비길 데 없는 수동성이 있다. 왜냐하면 그것은 떠맡을 수 없는 것이 우리 속에 놓이는 것이기 때문이다. 우리가 **깨어남**을 확인해야 하는 것은 아마 떠맡을 수 있는 모든 수동성 너머의 이 수동성에서일 것이다. 그리고 **불면**을 받아들여야 하는 것도 여기에서일 것이다. 불면에 대한 의식이란 이미 존재에 의해 놀라 굳어 버린 한 양상이다. 불면은 독단의 잠의 불가능성이다.[178]

사태는 이렇다. **무-한**in-fini에 포함된 **부정**in은 어떤 부정을 의미하는 것이 아니라, 바로 무한의 관념을, 다시 말해 내 속의 무한을 의미한다. 깨어난 주체성의 심성은 유한 안의 무한이나 마찬가지다. 무한의 이 **무**in는 **부정**non인 동시에 **안**dans으로 이해되어야 한다. 이것은 결코 말장난이 아니다. 여기서 부정이 탄생하는 곳은 부인하는 주체성 안이 아니라, 무한의 관념 자체 안 또는 무한의 관념으로서의 주체성 안이다. 바로 이런 의미에서 무한의 관념은 참된 관념이며, 내가 단순히 유한의 부정을 통해 생각하는 바가 아닌 것이다.

코기토의 현실성은 이렇듯 무한의 관념으로서 중단된다. 포섭 불가능한 것에 의해 중단된다. 이 포섭 불가능한 것은 지향적 의미로 사유되는 것이 아니라, **겪는** 것이다. 이 포섭 불가능한 것은 의식의 첫 번째 계기에서 자신[포섭 불가능한 것]을 담지하고 있다고 주장했던 것[코기토]을 의식의 두 번째 계기에서 담지하고 있다. 실제로, 데카르트는 **코기토**의 확실성을 확보하고 나서 제2'성찰'의 마지막 구절을 통해

---

178) 독단주의가 잠인 것처럼 잠이 독단적이기 때문이다. 이 점에 관해서는 지난 강의를 보라.

멈춤의 기회를 가진 뒤,[179] 제3'성찰'에서 다음과 같이 주장한다. "또 나는 무한한 것을 참된 관념에 의하여 지각하는 것이 아니라, 마치 정지를 운동의 부정으로써 지각하고, 어두움을 밝음의 부정으로써 지각하듯 유한한 것의 부정으로써만 지각한다고 생각해서는 안 된다. 왜냐하면 나는 이와 반대로, 무한한 실체에는 유한한 실체에서보다 더 많은 실재성이 있다는 것, 따라서 무한의 개념, 즉 신의 개념이 유한의 개념, 즉 나 자신의 개념보다 어떤 방식으로는 먼저 내 속에 있다는 것을 명백히 이해하기 때문이다."[180]

내 속의 무한 관념은 수동성일 수 있을 따름이다. 수동성을 수용성과 동일시할 수는 없다. 수동성은 파열인 반면, 수용성은 재장악이기 때문이다(수용성을 통해 우리는 '타격을 받았음을 나타낸다'). 파열은 모든 수동성보다 더 수동적인 수동성이다. 그것은 외상과 같다. 외상을 통해 신의 관념은 내 속에 놓일 것이다. 그리고 이 '내 속에 놓임'은 소크라테스적 세계에서는 하나의 스캔들이다! '내 속에 놓임'이라는 이 관념은 그것이 갖는 모든 소크라테스적 고귀함을 포기한다.[181]

무한의 관념 속에서 수동성이 그려진다. 이 수동성은 놀람이며, 떠맡을 수 없는 받아들임이다. 그것은 모든 열림보다 더 열려 있다. 한

---

179) Descartes, *Œuvres et Lettres*, p. 283[『방법서설, 성찰, 데까르트연구』, 최명관 옮김, 서광사, 1983, 90쪽]. "그러나 오래된 의견을 갑자기 제거한다는 것은 거의 불가능한 일이므로, 여기서 일단 멈춰 긴 성찰로 이 새로운 인식을 내 기억 속에 더욱 깊게 아로새기는 것이 좋을 것이다."

180) *Ibid.*, p. 294[100쪽]

181) '소크라테스의 스캔들'에 대해서는 키르케고르 역시 『철학적 단편들』(*Le miettes philosophiques*, trans. Paul Petit, Paris : Seuil, 1967)의 2장 등에서 고민하고 있다.

관념이 내 속에 놓임은 의식인 자기 현전을 전복하며, 의식으로 침투하는 모든 것을 막는 장벽과 통제를 무너뜨리고, 외부로부터 침투하는 모든 것을 수용하는 의무를 넘어선다.

그러므로 그것은 현존에 앞선 의미 줌으로 의미를 주는 관념, 곧 무-아르케다. 흔적 속에서 의미를 주는 이 관념은 자신을 밖으로 드러내면서도 고갈되지 않으며, 자신의 의미를 현현에서 도출하지도 않는다. 그것은 존재와 나타남의 일치 — 철학은 여기에 거주한다 — 와 단절하고 개관을 깨뜨린다. 이런 점에서, 이 관념은 통시성 자체를 표현한다. 재현이 자신의 현전 속에 담고 있는 기억 가능한 사유보다 더 오래된 의미작용을 나타낸다.

밖으로 드러냄보다 더 오래된 이 의미 줌이 무엇을 뜻할 수 있는가? 이 의미작용의 태고성은 무엇을 의미할 수 있는가? 깨어남의 외상인 이러한 태고성은 어떻게 구체화될 수 있는가? 우리 속에 있는 무한 관념을 하나의 **요구**인 것처럼 보면서, 그 의미 줌을 하나의 **주어진 명령**인 것처럼 여기면서 그것을 이해해 보자.

'부재에 이르기까지 초월적인' 신

— 1976. 5. 21 금요일

우리가 무한 관념 또는 사유 안의 무한을 해석할 필요가 있는 것은, 무한이 유한을 부정하는 속에서가 아니다. (판단의 사건으로서의 부정, 그 추상과 논리적 형식주의 속에서 이해된 부정 속에서가 아니다). 오히려, 유한의 부정이 갖는 고유하고 환원 불가능한 형태가 무한 관념이다. 무한의 이 무^{in}는 어떤 '부정'^{non}이 아니다. 이 무의 부정성은 주체의 주체성이다. 지향성 뒤의 또는 지향성 앞의 주체성이다.

무한과 유한의 차이는 이러한 의미에서 (매우 가는 실타래에서와 같은 방식으로) 무한이 유한에 대해 맺는 무-관하지-않음$^{non-in-différence}$이다. 또 그것은 주체성의 비밀이다. 또는 주체성의 '고유함'이라 해도 좋다. 우리 속에 놓인 무한의 모습—이 '놓임'은 데카르트에 따르면 나의 탄생과 동시적이다[182]—이 의미하는 것은, 사유에-의해-무한을-포함할-수-없음은 부정적 관계가 아니고 오히려 이 사유와 맺는 관계라는 점이다. 이것을 여전히 사유라 부를 수 있을지는

---

182) "내가 창조되었을 때 나와 더불어 그것[무한의 관념]도 태어나고 생산되었다"(Descartes, *Œuvres et Lettres*, p. 299[105쪽]).

모르겠다. 이 사유는 거의 경계에 처한 **수동적인** 사유 작용으로서, 자신의 **사유 대상**을 포함하지 못한다. 즉 이 사유는 의식의 목적론 속에 있는 항과 그 항이 존재 안에서 주어지는 바를 합치시키도록 스스로를 다그치지 못한다. 자신의 지향적 항으로 나아가 재현 속에서 현존을 되찾지 못하는 것이다.

여기서는 그런 자발적 운동을 발견할 수 없다. 사유에-의해-무한을-포함할-수-없음은 사유의 조건(또는 무조건)을 의미할 수도 있을 것이다. 그럴 경우, 유한이 무한을 포함할 수 없다고 말하는 것은 무한은 유한이 아니라고 진부하게 말하는 것이 될 것이다. 또 무한과 유한의 차이는 언어의 이런 추상 단계에 머물러 있어야 할 것이다. 사실 무한이 주체성에 영향을 미치기 위해 새롭게 덧붙여야 할 것은 아무것도 없다. 무한의 무한 자체, 유한에 대한 무한의 차이야말로 이미 유한에 대한 무한의 무-관하지-않음인 것이다. 이것은 자신의 **사유 대상**을 포함하지 못하는 사유 작용으로 되돌아가는 것이 아니다. 무한은 사유 작용에 **영향을 미칠**affecter 따름이다. 무한은 사유에 영향을 미치고, 동시에 사유를 폐허로 만든다. 무한은 사유를 폐허로 만들면서 사유에 영향을 미친다. 그리고 이런 방식으로 무한은 사유를 불러낸다. 무한은 사유를 사유의 자리에 다시 놓으며, 이런 방식으로 사유를 자리매김한다. 즉 사유를 깨어나게 한다.

이런 깨어남은 무한을 **맞아들임**이 아니다. 그것은 모아들임도 아니고 떠맡음도 아니다. 그런 것들은 경험에 필요충분한 것이지만, 무한의 관념은 이 경험을 문제 삼는다. 무한 관념은 화살촉에 찔려 깨어나는 사랑처럼 떠맡아지지 않는다. 사랑에 얼이 빠진 주체도 금세 자신의 영혼 상태의 내재성에서 자신을 다시 발견한다. 그러나 무한이 의미하는 것은 바로 현현하는 무한의 심층이며, 그 현현으로 환원되지 않는 의미다. 이 심층의 의미작용이 어떤 방식으로든 그 자신을 드러내야 한다 하더라도 그렇다.[183]

그렇다면 재현의 얽힘과는 다른 의미의 이 얽힘이란 어떤 것인가? 내 속에 있는 무한 —결코 관념이 아닌 관념—의 기이함 가운데 묶이는 이 얽힘은 어떤 것인가? 무한이 주체의 상관항으로 정립될 수 없고 또 주체와 동시적인 것이 될 수도 없는 이 깨어남의 외상이 의미하는 바는 무엇인가? 초월이 궁극의 것을 배제해야 한다면, 즉 모

---

183) 여기 이러한 점에 관해서는 『존재와 달리 또는 존재성을 넘어』(*Autrement qu'être ou au-delà de l'essence*, p. 56[100~101쪽])에서 나오는 다음과 같은 중요한 구절들을 참조하라. "타인에 대한 책임의 놀라운 말함은 존재의 '풍랑'에 맞서는 일이며, 존재성의 중단이고, 선한 폭력으로부터 부과된 탈이해관심이다. 그러나 (……) 이 놀라운 말함은 그것을 엄습하는 문제들의 무게 자체에 의해 밝혀질 필요가 있다. 그것은 **존재성**으로 펼쳐지고 모아져야 하며, 제기되고 실체화되어야 하고, 의식과 지식에서 아이온(éon[Aion, 존재를 지배하는 영구불변의 힘])이 되어야 하며, 보여야 하고, 존재의 영향력을 겪어야 한다. 윤리 그 자체가 책임의 **말함** 속에서 요구하는 영향력을 말이다. 그러나 또한 **말함**은 만들어진 그 빛이 **존재성** 속에서 존재성 너머를 굳게 하지 않도록, 그리고 아이온의 실체화가 우상으로 정착되지 않도록, 철학에 호소할 필요가 있다. 철학은 존재의 이 영향력을 풀어 버림으로써, 존재성으로 보이고 이야기된 이 놀라운 모험을 이해 가능하게 만든다. 철학자의 노력, 그리고 자연에 맞서는 그의 입장은, 이-편을 보여 줌으로써, **말해**진 것에서 또 드러냄에서 승리를 거두는 아이온을 즉각 환원하는 데 있다. 그리고 이 환원에도 불구하고 애매성의 형태로, 즉 통-시적 표현의 형태로, 말해진 것을 보존하는 데 있다. 말함은 잇달아 이것을 긍정하고 수축한다—그것은 환원된 **말해진** 것의 메아리다. 환원은 괄호 치기의 도움으로 이룩되지 않을 것이다. 괄호 치기란 오히려 글쓰기의 작품이다. 환원은 자신의 에너지로 존재성의 윤리적 중단을 양육한다."

든 관계가 자신의 항들에 보증해 주는 가장 형식적인 공-현존을 배제해야 한다면, 관계로서의 초월은 어떻게 사유될 수 있는가? 어떻게 한 관계가 자신의 항들에서 동시성을 거부할 수 있는가? 확실히 이것은 형식적으로는 해결 불가능한 문제다!

그러나 무한의 이 **무**는 정감의 심오함을 가리킨다. 이것으로부터 주체성은 관념의 이런 놓임에 의해, 포착됨이 없는 놓임에 의해 영향을 받는다. 무한의 이 **무**가 말하는 것은 어떤 능력도 담을 수 없고 어떤 기초도 더 이상 지탱하지 못하는 겪음의 심오함이다. 여기서는 모든 포위의 과정이 좌초되고, 내면성의 배면을 막아 주는 빗장이 부서진다. 모아들임 없는 놓임은 마치 불이 장소를 집어 삼켜 재로 만들듯 자신의 자리를 폐허로 만든다. 『성경』은 이를 다음과 같이 표현한다.

여호와께서 그 처소에서 나오시고 강림하사 땅의 높은 곳을 밟으실 것이라. 그 아래서 산들이 녹고 골짜기들이 갈라지기를 불 앞의 밀 같고 비탈로 쏟아지는 물 같을 것이니.[184]

지탱하는 것이 지탱되는 것에 저항하지 못한다. 자신이 견딜 수 있는 것 이상을 견디는 눈부심과 같은 것이 있다. 자신을 불태우는 것과 접촉하면서 접촉하지 못하는—붙잡을 수 있는 것 저편이기에—피부의 연소 같은 것이 있다.

수동성 또는 정념에서 **욕망**이 확인된다. 그것은 적은 것 안의 많

---

184) 「미가」 1장 3~4절.

음이다. 이 욕망은 가장 뜨겁고 가장 오래된 자신의 불꽃으로부터 자신이 사유하는 것 이상을 사유해야 하는 사유를 깨어나게 한다. 정감성의 또는 쾌락주의적 활동의 질서와는 다른 질서의 욕망.[185] 쾌락주의적 활동에서는 욕망할 수 있는 것이 포위되고, 붙잡히며, 욕구의 대상으로 동일시된다. 또 거기에서는 재현과 세계의 내재성이 다시금 발견된다. [반면에] 무한의 무의 부정성은 만족할 줄 모르는 욕망을 깊어지게 한다. 이 욕망은 자신의 성장으로 자신을 먹이며, 욕망으로서 스스로를 고무하고, 욕망할 수 있는 것과 가까워짐에 따라 만족에서 멀어진다. 욕구로 동일시되지 않는 욕망. 굶주림 없는, 또한 끝없는 욕망. 존재-사이에서-벗어남이라는 말로 표현되는 존재 너머에 대한 욕망인 무한에 대한 욕망. 이것은 초월이며 선에 대한 욕망이다.

그러나 내 속의 무한이 의미하는 것이 무한의 욕망이라 해도, 우리는 거기서 일어나는 초월을 확신할 수 있는가? 욕망은 욕망인 까닭에, 욕망할 수 있는 것과 욕망하는 것의 동시성을 회복하는 것 아닌가? 비록 겨눔도 없고 겨눠진 것도 없다 하더라도, 의심할 바 없이 매우 가느다란 실을, 어쨌든 한 올의 실 가닥을 회복하는 것 아닌가? 욕망하는 것은 마치 욕망할 수 있는 것을 이미 포착했다는 듯이 그것에서 욕망함을 통한 만족을 도출하는 것 아닌가? 무한에 대한 욕망의 존재-사이에서-벗어남은 '이해관심을 지닌/존재 사이에 있는' 것은

---

185) 『전체성과 무한』의 용어로 말하자면, 이것은 형이상학적 욕망이다. 형이상학적 욕망은 "복귀를 열망하는 것이 아니다. 왜냐하면 그것은 우리가 태어나지 않은 땅에 대한 욕망이기 때문이다"(*Totalité et Infini : Essai sur l'extériorité*, p. 3[27쪽]).

아닌가? 선이 무-관하지-않음을 의미한다고 하지만 그와 동시에 존재 너머에 있는 선의 초월은 무관심성 indifférence 을 함축하는 것이 아닌가?

　사랑은 내 속에 놓인 무한을 통해서만, 적은 것을 황폐하게 하고 적은 것을 깨어나게 하는 많은 것을 통해서만 가능하다. 그것은 목적론을 비껴가고 목적의 행운과 행복을 파괴한다. 플라톤은 아리스토파네스가 다음과 같이 고백하게 한다. "그들은 일생 동안 함께 지내는 거예요. (……) 그들은 피차 자기가 상대방에게서 무엇을 원하고 있는가를 설명할 수 없습니다!"[186] 아리스토파네스 자신이야 사태가 돌아가는 바를 안다. 두 존재로 있었던 그들이 하나가 된다는 것을 안다 ("결국 한쪽의 이런 본성에 대한 욕망과 추구를 우리는 사랑이라고 부릅니다"). 그러므로 아리스토파네스는 사랑에서 목적을 회복시키고자 하며 그렇게 함으로써 일종의 노스탤지어를 만족시키고자 한다. 그러나 왜 사랑하는 사람들은 서로에게 바라는 것을 말할 수 없는가? ("분명히 그들 각자의 영혼은 무엇인가 다른 것[관능적인 쾌락—레비나스]을 찾고 있어요. 그게 무엇인지 영혼은 말로 표현할 수 없어요."[187]) 디오티마라면 사랑이 지향하는 바를 이런 통일 너머에 놓을 것이다. 그러나 그녀는 사랑이 빈한하고 불행한 것임을 알게 될 것이다.[188] 사랑은 사랑할 수 있는 것을 기다리는 가운데 만족해한다. 사람들은 기다림 속에서

---

186) 플라톤, 『향연』(*Banquet*), 192d-e. ─ 옮긴이
187) *Ibid.*, 192d-e.
188) *Ibid.*, 201d-f 참조.

작동하는 재현을 즐긴다. 포르노그래피란 아마 이런 것이 아닐까. 아무튼 그래서 사랑은 육욕이고, 이 나에 의한 포섭이다. 나는 **생각한다**는 사랑 속에서 현존을 재구성한다.[189]

존재 사이에 있음 너머의, 그리고 사랑받는 자가 머무는 에로티시즘 너머의, 욕망할 수 있는 것의 초월은 가능한가? 무한에 의해 영향을 받은 나는, 내가 나의 욕망 속에서 같은 것으로 설정할 수 있을 그런 목적에 이를 수 없다. 다가가면 멀어진다. 향유는 단지 굶주림의 증대일 뿐이다. 욕망된 것은 이렇듯 욕망에 초월적인 것으로 남는다. 초월이, 즉 욕망의 존재-사이에서-벗어남이 일어나는 것은 항들의 이런 전환에서다. 그러나 어떻게?

선이라는 단어가 우리에게 말해 주는 무한의 초월에 의해서. 존재 사이에서 벗어남이 욕망에서 가능하기 위해서는, 존재 너머의 욕망이 일종의 흡수가 아니기 위해서는, 욕망할 수 있는 것(또는 신)이 욕망 속에서 분리된 채 남아 있어야 한다. 가깝지만 다른 것으로 남아 있어야 한다. 이것이 바로 성스럽다는 말의 의미다.[190] 성스러움이 가능한 것은 오직, 욕망할 수 있는 것이 욕망할 수 있는 것이 아닌non-désirable 어떤 것을 내게 명령하는 경우뿐이다. 다시 말해, 욕망할 수 있는 것이 나를 진정 달갑지 않은 것indésirable에게로, 즉 **타인**에게로 향

---

189) 레비나스가 장-뤽 마리옹에게 동의함에도 불구하고 사랑이라는 단어 앞에서 언제나 망설이는 이유가 여기에 있다. 『앎과 다르게』(*Autrement que savoir*, Paris: Osiris, 1987)에 실린 기독교 철학자들과의 대화를 참조하라.
190) 이 책 2부의 강의 「초월, 우상숭배 그리고 세속화」, 245쪽, 각주 83을 보라.

하도록 명령하는 경우뿐이다.[191] 타인으로의 회부는 근접성에 대해 깨어남이다. 근접성이란 대신함에까지 이르는 이웃에 대한 책임이다. 그것은 초월론적인 주체의 탈핵화다.

여기에 에로스 없는 사랑의 개념이 있다. 초월은 윤리적이다. 그리고 주체성은, 요컨대 **나는 생각한다**가 아닌 주체성, 초월론적 통각의 통일이 아닌 주체성은, 타인을 위한 책임으로서 타인에 종속된다. 나는 모든 수동성보다 더 수동적인 수동성이다. 나는 주격이었던 적이 없는 단적으로 대격인 자기다. 대격인 자기는 잘못이 없음에도 타인의 고발 아래 있고, 결코 자신이 행하지 않았던 약속에 충실하며 또 결코 현재하지 않았던 과거에 충실하다. 이러한 것으로서의 나는, 절대적으로 노출된 자기의, 지향성의 황홀경에서 일깨워진 자기의 깨어 있음이자 열림이다.

무한이 그 욕망할 수 있음 가운데서 욕망 가능한 것이 아닌 근접성을 가리키는 이런 방식은 삼자성이라는 용어로 나타낼 수 있다. 여기에 욕망의 직선성에 호소하는, 욕망할 수 있는 것의 최상의 욕망 가능성이 보여 주는 비-상한 전환이 있다. 이 전환으로 인해 욕망할 수 있는 것은 욕망을 빠져나간다. 선의 선함은 그 선함이 초래하는 운동을 구부려서, 욕망할 수 있는 것으로서의 선에서 선함을 떼어 내어 타인으로 향하게 한다. 또 그럼으로써 오직 선으로 향하게 한다. 닿을 수 없는 직선성보다 더 높이 나아가는 비직선성이 여기에 있다. 이 비직

---

191) *L'Au-delà du verset*[『말씀 저편』], p. 20. 달갑지 않은 타인, 그것은 "그 얼굴의 은총 속에서가 아니라 그 살의 벌거벗음과 비참함 속에서" 맞아들여진 타인이다.

선성 속에서 욕망할 수 있는 것은 자신이 불러내는 욕망과의 관계로부터 분리된다. 그리고 이런 분리, 즉 성스러움을 통해, 욕망할 수 있는 것은 삼인칭으로 남는다. 즉 너의 바탕에 있는 그로 남는다. 그는 나를 선으로 채우는 것이 아니라, 받아들여야 할 선보다 더 나은 선함을 내게 강제한다. 선하다는 것, 그것은 존재에서는 결핍이고 쇠약이며 어리석음이다. 그것은 존재 너머의 탁월함이고 높음이다. 이것이 의미하는 바는 윤리가 존재의 한 계기가 아니라는 것, 오히려 윤리는 존재와 달리이며 존재보다 더 **나음**이라는 것이다.

욕망할 수 있는 것에서 욕망할 수 있는 것이 아닌 것으로의 이 전환과 회부 속에서, 타인의 다가감을 명령하는 이 낯선 사명 속에서, 신은 현존의 객관성과 존재에서 빠져나간다. 그는 더 이상 대상이 아니며 대화 속의 대화 상대자도 아니다. 그의 멀어짐, 즉 그의 초월은 나의 책임으로 변한다. 참으로 에로틱하지-않은 것으로!

그리고 지금까지 행해진 이런 분석에 기초할 때, 신은 단지 첫째가는 타인이 아니다. 그는 타인과 다르며, 다른 타자이고, 타인의 타자성에 앞선 타자성, 이웃에게 윤리적으로 수렴되기에 앞선 타자성을 가진 타자다. 이렇듯 신은 모든 이웃과 다르다. 그래서 신은 부재에 이르기까지 초월적이다. **그저 있음**의 소란함과 혼동될 수 있을 정도로 초월적이다.[192] 이 혼동에서 이웃을 대신함은 존재 사이에서 벗어남

---

192) 결박되지 않으려면 초월이 감내하지 않을 수 없는 이 엄청난 위험에서 간취할 수 있는 것은 의심할 나위 없이 블랑쇼에 대한 레비나스의 감탄이다. 블랑쇼에게서 중립적인

가운데, 고귀함[193] 가운데 얻어진다. 또 여기서 무한의 초월은 영광으로 높아진다. 이 초월이 참되게 말해질 수 있는 것은 통시적 진리로부

것은 **그저 있음**을 뜻한다. 우리는 한 중요한 구절을 길게 인용할 것인데, 이 구절의 마지막 문장은 초월의 이런 위험과 직접적으로 관련된다. 그러나 그 구절 전체는 오늘 강의에서 살펴본 주제 중 많은 것들을 다른 빛으로 밝혀 줄 수 있을 것이다. "저는 블랑쇼의 작품과 사유가 두 가지 방향에서 해석될 수 있다고 생각합니다. 그것은 먼저, 마치 우리가 무 자체가 더 이상 조용히 사유되지 않고 그것을 듣는 귀에게 모호한 것으로 인식되는 허무주의의 극점(極點)에 있기라도 한 듯이, 의미의 상실과 담론의 산종을 알려 줍니다. 언어에 묶여 있는 의미는 그 자신이 완성되고 고양되어야만 하는 문학이 되면서 우리를 무의미한—구조들의 잔해들, 혹은 구조들에 속할 의심스러운 구성 요소들보다 더욱 의미가 없는—되풀이로 이끕니다. 우리는 중성적인 것의 끔직함과 비인간적인 면에 내맡겨졌다는 거죠. 이것이 첫 번째 방향입니다. 다른 한편으로는 블랑쇼의 문학의 공간과 양립할 수 없는 세계가 있습니다. 이 세계는 그 모든 인간의 고통에도 불구하고 어떤 질서들을 통해 안정되는 세계이며, 그럭저럭 정돈되는 세계(상관없습니다! 그 세계는 지식을 막지 못하고, 모든 이데올로기로부터 해방된 어떤 지식을 가능케 할 것입니다)입니다. 그리고 무신론이 아닌 자신의 정신성에 기인한 도스토옙스키의 '모든 것은 가능하다'가 가리키는 무관심성 속에서 전체화되는 세계입니다. 모든 법의 내재화는 이러한 세계로 하여금 차이를 잃게 합니다. (……) 실상 공시적인 전체성 안에서 이러한 세계보다 더 잘 정돈될 수 있는 것은 아무것도 없습니다. 아무것도 그 이상 충족되지 않습니다. 이러한 세계에서 블랑쇼는 그 세계의 전체성이 전체가 아니라는 점을 상기시킵니다. 그 세계가 자랑하는 논리 정연한 담론은 자신이 멎게 하지 못하는 그 어떤 담론을 따라잡지 못하는데, 이 다른 담론은 그치지 않는 웅웅거림에 의해 방해를 받고 있으니, 이와 같은 어떤 차이가 세계를 잠들게 내버려 두지 않으며 존재와 비-존재가 변증법 안에 정돈되는 질서를 교란시킨다는 것입니다. 이러한 중성적인 것은 그 어느 누구도 아니며 그 무엇도 아닙니다. 그것은 정확히 말해 **존재하지조차 않는** 배제된 **제삼자**일 뿐입니다. 하지만 거기에 그 어떤 배후 세계도 열어 보지 못한 초월이 자리합니다"(Emmanuel Levinas, *Sur Maurice Blanchot*, Montpellier: Fata Morgana, 1975, pp. 50~52[『모리스 블랑쇼에 대하여』, 박규현 옮김, 동문선, 2003, 69~71쪽]).
193) *Autrement qu'être ou au-delà de l'essence*, p. 223. "고결하지 않은 것에 **무지하다**"는 그런 고귀함. 이런 사태는 마치 "몇몇 유일신론자들이 가장 높은 자가 아닌 것에 대해서는 그것을 인식하면서도 인정하지 못한다고 하는" 것과 같다.

터다. 확증되는 진리보다 더 높은, 종합 없는 통시적 진리로부터다.

'부재에 이르기까지 초월적인'이라는 이 정식이 하나의 정식으로 머물지 않기 위해서는, 이 정식을 윤리적 얽힘의 의미작용으로, 책임이 연루된 신적인 희극으로 되돌리는 것이 필요할 것이다. 책임이 없다면, 신이라는 단어는 생겨날 수 없었을 것이다.

다른 인간에 대하여 : 시간, 죽음 그리고 신

자크 롤랑

내가 이 책의 머리말에서 밝혔듯, 우리가 살펴본 두 강의는 『존재와 달리 또는 존재성을 넘어』의 지배력이 매우 거칠게 나타난 철학적 공간에 함께 속한다는 점에서 긴밀히 얽혀 있다. 두 강의에는 각기 주석이 있어야 하겠지만, 본성상 상이한 주석이 필요하다. 마찬가지로 각 주의 배치 방식도 서로 달라야 할 것이다. 여기 내놓은 얼마간의 해설은 기본적으로 첫 번째 강의에 해당하는 〈죽음과 시간〉을 문고판으로 내기 위해 썼던 후기를 다시 취한—뒤에 보충하긴 했지만—것이다. 이 해설이 각주들과 더불어, 특히 이 책의 2부인 〈신과 존재–신–론〉에 달린 각주들과 더불어 독자들이 이 책을 제대로 이해하는 데 도움이 되었으면 좋겠다. 물론 그렇다고 우리가 이 텍스트의 난해함을 감추고자 하는 것은 아니다.

1. 역사 만들기

죽음, 시간. 이것은 주제가 아니라 질문들이다. 사유가 만나지 않을 수 없는 질문들이다. 철학사의 실이 풀리는 한, 또 철학이 존재의 이름을 부르길 잊을 때라도, 철학이 언급하기를 그치지 않았을 단어가 죽음과 시간이다. 플라톤 이래로 그렇다. 플라톤은 어떤 의미에서는 소크라테스의 죽음과 더불어, 소크라테스의 생생한 말이 종말을 고함과 더불어, 문필가로 태어난다. 그는 후일 그 유명한 친부살해를 범할 운명이다. 그러나 이런 플라톤의 첫 번째 질문은 죽음에 대한 질문이라기보다는, 영혼의 불멸성에 대한 질문이다. 그 플라톤은 원래 그런 것처럼 시간이 무엇인지를 아는 자다. 시간을 영원의 움직이는 이미지로, 즉 움직이지 않는 이미지로 아는 자다.[1] 시간과 죽음에 대한 질문은 처음부터 단번에 철학에 나타나지만, 그와 동시에 금방 물러나거나 너무 빨리 해결되고 만 셈이다. 이 질문들은 헤겔과 하이데거의 저작에서 비할 데 없는 강력함으로 다시 출현한다. 이 두 사람은 서양 사유의 역사를 집요하게 검토하면서 서양 사유 전체를 총괄하고 또 어떤 의미에선 그것을 극복하고자 한다.

그러므로 레비나스가 이런 질문들과 맞대결하려고 그것에 관심을 쏟을 때, 이 두 사상가에게 주목했다는 것은 놀라운 일이 아니다. 하지만 바로 이 점 때문에, 우리가 읽었던 두 강의 중 첫 강의[〈죽음과 시간〉]는, 이 철학자의 저작 가운데서 매우 특별한 지위를 갖게 된다(이렇게 말하는 이유는 이 두 강의가 레비나스 저작의 일부를 이룬다고 생각하기 때문이다). 이런 면은 레비나스가 스스로 출판한 저술들과 비교해 볼 때 잘 드러난다. 이 저술들에서는 철학의 역사가 매 쪽마다 등장하지만 배경의 자리를 벗어나지 않으며, 분석이라기보다는 암시의 방식으로 제시된다. 이 점을 확인하기 위한 예로 『존재와 달리 또는 존

---

1) 플라톤, 『티마이오스』, 37d를 보라.

재성을 넘어』의 특이한 구절을 살펴보자. "독특한 주체들의 다수성, 직접적으로, 경험적으로 맞닥뜨리는 '존재자들'의 다수성은 정신의 이 보편적인 자기의식에서 비롯할 것이다. 정신의 도정 위에 쌓인 먼지들, 또는 정신이 완수하게 될 부정적인 것의 노동으로 인해 그 이마에 맺힌 땀방울들. 이 주체들은 잊힐 수 있는 계기들이다. 그들에게서 중요한 것은 체계 속에서 그들이 차지하는 위치에 따른 동일성뿐이다. 그런데 그것 또한 체계 전체 속으로 흡수되어 버린다."[2] 우리는 여기서 레비나스가 헤겔과의 논쟁이나 대립을 다루고 있음을 확실히 알 수 있다. 그러나 우리는 이 예나의 사상가에 대해 말하는 더 관례적인 방식이 있음을, 더욱 일반적으로는 철학에서 논쟁을 벌이는 더 관례적인 방식이 있음을 인정해야 할 것이다!

이것은 놀라운 상황이다. 우리에게는, 불가피하게 하이데거-이후의 철학적 풍토를 살아가는 우리에게는 그렇다.[3] 우리가 여기서 다루고 있는 철학자가 후설에 대한 최초의 프랑스어 책과 하이데거에 대한 최초의 실질적인 연구서를 출간한 사람임을 생각한다면, 그리고 프랑스에 로젠츠바이크를 처음으로 소개한 사람임을 생각한다면,

---

2) Levinas, *Autrement qu'être ou au-delà de l'essence*, pp. 131~132[224쪽].

3) "하이데거를 통해 우리는 철학의 역사 속에서 존재의 역사를 탐구하는 데 익숙해졌다. 그의 모든 저작은 형이상학을 존재의 역사로 환원하는 데서 성립한다"라고 1부의 강의 「근본적 질문: 하이데거를 거스르는 칸트」는 말한다(이 후기는 앞에 실린 강의들의 인용문 쪽수를 매기지 않았음을 알려 둔다). 이 지적에 응답하는 것은 레비나스의 또 다른 언급이다. "하이데거의 존재 사유에서 수행되는 형이상학의 파괴가 갖는 급진성이 어떠하든, 이런 사유가 뒤적거리고 또 파헤치는 토양으로 남아 있는 것은 여전히 서양의 형이상학이다." Levinas, "De la signifiance du sens"(「의미의 의미함에 관하여」), *Heidegger et la question de Dieu*(『하이데거 그리고 신에 대한 질문』), Paris : Grasset, 1980, p. 239.

이것은 더욱 놀라운 상황이다.[4] 그러나 로젠츠바이크는『전체성과 무한』서문에서 "이 책에 자주 인용되어 등장"하는[5] 인물로 언급되고 있다는 점을 염두에 두자. 레비나스는 자신의 사상 형성 과정에서 부버와는 비견될 수 없을 정도로 로젠츠바이크에게 결정적인 빚을 지고 있음을 결코 숨기지 않았다. 레비나스에게는 철학사 연구—일종의 예비적 역할에 불과한—와 사유의 고유한 발전 사이에 엄격한 구분이 있는 셈이다. 물론 그의 사유를 발전시키는 와중에 과거의 철학들을 회상함으로써 도움을 얻을 순 있었지만, 그렇다고 해서 이런 철학들과 명시적으로 토론하거나 대화할 필요를 느끼진 않았다(이런 상황에서 후설은 유일한 예외였다). 내가 보기에 다음의 명제가 이 같은 사유 방식을 분명히 표현해 주는 것 같다. "그러나 철학자에게 헤겔과 관련한 자신의 입장을 정하는 일은 방직공에게는 방적기를 설치하는 일에 상응할 것이다. 이 설치는 **방적기를 통해 생산되고 재생산될 방직물에 선행한다.**"[6] 설치가 먼저고, 나중에 작업이 시작된다. 근본적인 면에서 미루어 보아, 만일 레비나스가 아리스토텔레스였다면,『형이상학』가운데 A권은 아마 그 체계에 포함되지 않았을 것이다.

---

4) 특히, 레비나스의 *Théorie de l'intuition dans la phénoménologie de Husserl*, Paris, 1930(『후설 현상학에서의 직관 이론』, 김동규 옮김, 그린비, 2014) ; "Martin Heidegger et l'ontologie"(「마르틴 하이데거와 존재론」), *Revue philosophique*(『철학 잡지』), 1932 ; "Entre deux mondes : biographie spirituelle de Franz Rosenzweig"(「두 세계 사이 : 프란츠 로젠츠바이크의 정신사적 기록」), *La Conscience juive*(『유대인 의식』), Paris : P.U.F., 1963 등을 보라.

5) Levinas, *Totalité et Infini : Essai sur l'extériorité*, p. XVI[18쪽].

6) Levinas, "Un langage qui nous est familier"(「우리에게 친숙한 언어」), *Cahiers de la nuit surveillée*, n° 3, 1984, p. 327. 강조는 글쓴이.

이것이 〈죽음과 시간〉에서 주목해야 할 첫 번째 점이 아닌가 한다. 이 강의에서 펼쳐지는 사유가 정확히 다른 책들에서도 탐색된 것, 더 명확히 말해 『존재와 달리 혹은 존재성을 넘어』에 담겨 있는 것이라 해도, 이번에는 그 사유가 이전의 거장들 및 당대의 거장들과 대화하고 논쟁하는 가운데 스스로를 짜 나가기 때문이다. 무엇보다 하이데거가 압도적인 비중으로 등장하지만, 칸트, 헤겔, 블로흐, 베르그송 등등도 출연한다. 물론 그것은 이 책이 강의록이기 때문이다. 그러나 내가 보기에는 바로 그 점이 이 텍스트를 출간하게 된 또 다른 동기인 것 같다. 이 텍스트는 너무 늦게 교단에 선 이 사상가가 교수로 활동한 바를 보여 주는 아마 유일한 흔적일 것이다. 이 책은 강의라는 특성을 보존하고 있기에, 주로 문필로 활동했던 이 철학자의 말이 드러내는 이러저러한 면모가 여기서 나타나기를 희망해 본다.[7]

2. 삼십 년 간격으로

여기 이 담론에서 전개되는 사유로부터 우리가 해야 할 것은 결정적 지점들과 주요한 모서리들을 찾아 강조하는 일이다. 또 레비나스 사유의 진화 과정 속에 이 강의를 위치시키는 일도 필요하다. 그러나 먼저 유념해야 할 것은 여기서 이루어진 성찰이 (이러저러한 개념에 대한 철저한 연구나 포기로 발생하는 강조점의 불가피한 변화에도 불구하고)

---

7) 레비나스는 1961년에 푸아티에(Poitiers) 대학의 교수직을 처음 맡았다. 물론 우리는 다수의 탈무드 강연집에서 그가 어떻게 가르쳤는지를 보여 주는 자료를 찾을 수 있다. 하지만 거기서는 그의 철학 강의가 어떠했는지가 잘 드러나 있지 않음은 분명하다.

레비나스 사유의 주목할 만한 연속성을 부각시키고 또 그럼으로써 반세기 이상에 걸친 주목할 만한 통일성을 부각시키는 방식이다. 우리는 이 강의의 제목을 이루는 죽음, 시간이라는 용어와 관련하여 이 점에 주목할 것이다.

비록 사유의 이 모험이 출발하는 진정한 시발점인 1935년도의 소책자 『탈출에 관해서』에는 시간에 대한 질문이 들어 있지 않지만, 그리고 전쟁 직후에 출간된 저작들인 『존재에서 존재자로』와 『시간과 타자』에서는[8] 시간이 죽음과 관련해 부정적으로 암시될 뿐이지만,[9] 이 두 질문들은 성찰의 핵심에 놓인다. 각각이 그 자체로 그렇기도 하고, 양자를 결합하는 관계들 속에서 그 둘이 차지하는 위치가 그렇기도 하다. 그때 사유된 것을 제대로 이해하기 위해서는, 또 거기서 논의된 바가 이 강의에서 다뤄지는 문제틀과 어떻게 상응하고 어떻게 어긋나는지를 이해하기 위해서는, 레비나스가 1946~1947년에 장 발의 철학학교Collège philosophique에서 했던 강연에 주목하여야 한다. 이 강연은 『시간과 타자』라는 이름의 책으로 출판되었다.

이 책의 제목에서도, 또 첫 문장—"시간은 주체가 홀로 외롭게 경험하는 사실이 아니라 타자와의 관계 자체임을 우리는 이 강의를

---

8) 『존재에서 존재자로』는 1947년 퐁텐 출판사에서 출간되었고(이후 브랭 출판사에서 재출간), 『시간과 타자』는 1948년 아르토(Arthaud) 출판사의 『선택, 세계, 존재』(*Le Choix, le Monde, l'Existence*)라는 논문 모음집에 수록되었다가 후에 파타 모르가나(Fata Morgana) 출판사가 재출간하였다. 나는 뒤의 판본을 사용한다.
9) "순수한 존재의 경험은 그것의 내적 대립의 경험인 동시에 강제되는 도피의 경험이다. 그럼에도 이런 경험이 떠미는 출구가 죽음은 아니다"(Levinas, *De l'évasion*, p. 116).

통해 보여 주고자 한다"[10]—에서도 죽음은 아직 나타나지 않는다. 그러나 죽음은 이 저작에서 결정적인 자리를 차지한다. 이 책에서 이미 죽음은 본질적인 면에서 보아 1975~1976년의 이 강의에서 다뤄질 의미로 이해되고 있다. 죽음이 언제나 그리고 논란의 여지없이 무화라면, 죽음을 다시 그리고 더 심층적으로 특징짓는 것은 죽음이 알려지지 않는다는 점이다. 그런데 "죽음의 이 미지성이 의미하는 것은 죽음과 인간의 관계는 빛 속에서 형성될 수 없다는 것이다".[11][12] 그래서 결국 "주체는 자신으로부터 유래하지 않는 것과 관계를 맺는다".[13] 이 관계는 빛 속에서 일어나는 모든 관계와 구분된다. 빛 속의 관계에서 "빛이 비춰진 대상은 우리가 만난 대상이지만, 그것이 그렇게 비춰지기 때문에, 우리는 그것을 동시에 마치 우리에게서 나온 것처럼 그렇

---

10) Levinas, *Le temps et l'autre*, Paris : P.U.F., 1983, p. 17[『시간과 타자』, 강영안 옮김, 문예출판사, 2001, 29쪽].

11) *Ibid.*, p. 56[77쪽].

12) 이런 빛 개념에 대해서는 『존재에서 존재자로』의 몇 문단을 인용할 수 있을 것이다. "감각적 태양에서 발산되는 것이든 지성적 태양에서 발산되는 것이든, 빛은 플라톤 이래로 모든 존재의 조건이다. 지성으로부터 사유, 의욕, 느낌을 분리시키는 거리가 무엇이든, 그것들은 무엇보다 경험, 직관, 명석한 비전 또는 이루려 애쓰는 명석성이다. (……) 우리의 우주를 채우는 빛에 대한 물리-수학적 해명이 어떤 것이든 간에, 이 빛은 현상학적으로는 현상의 조건, 즉 의미의 조건이다. 존재하는 모든 대상은 누군가에 대해서 존재하며 누군가를 향해 있다. 이 대상은 이미 어떤 내적인 것으로 기울어 있으며, 그 내적인 것에 흡수되지 않은 채 주어진다. 바깥으로부터 오는 것은—조명을 받아—이해된다. 다시 말해, 우리로부터 오는 것이 된다. 빛을 통해서 대상들은 하나의 세계로 존재한다. 즉 우리에 대해서 존재한다. 소유물이 세계를 구성한다. 즉 빛을 통해서 세계는 주어지고 파악된다"(Levinas, *De l'existence à l'existant*, pp. 74~75[76~77쪽]).

13) Levinas, *Le temps et l'autre*, p. 56[77쪽].

게 만나게 된다."[14] 반대로 죽음과의 만남은 결코 우리에게서 나오지 않은 것과의 만남이다. 이렇게 죽음은 "주체의 수동성"을 선포한다. 동시에 죽음은 "주체가 그 주인이 될 수 없는 사건, 그것과 관련해 더 이상 주체가 아닌 그런 사건을 알려 준다."[15] 이런 점에서, 죽음은 **신비** (나중에 레비나스는 **수수께끼**라는 말을 더 선호한다)라고 할 수 있다. 신비라는 말로 우리가 소유할 수 없고 이해할 수 없으며 예상을 통해서 조차 포착할 수 없는 '어떤 것'(실제로는, 진정한 의미의 비-대상)을 뜻한다면 말이다. 그래서 죽음의 신비 또는 미지성과의 관계는 **타자와의** 관계가 된다. "죽음의 이 접근을 통해 알 수 있는 것은 우리가 절대적으로 다른 어떤 것과 관계를 맺고 있다는 사실이다. 타자성을 품고 있는 이 어떤 것은 잠정적 규정이 아니라 (……) 그것의 존재 자체가 타자성인 그런 어떤 것이다."[16] 이것이 사건, 즉 **포착 불가능한** 사건인 죽음이 "결코 지금이 아니"라 "영원히 다가올" 것[17][18]으로 자신을 드러내게 되는 이유다. "어떤 방식으로도 포착되지 않는 것"(죽음의 방식이건, 타자의 방식이건), 바로 "그것이 미래이기" 때문이다. 달리 또는 거꾸로 말해서, "미래는 포착되지 않는 것, 우리를 엄습하여 우리를 사로잡는 것이다. 미래, 그것은 타자다. 미래와의 관계, 그것은 타자와의 관계 자체다."[19]

---

14) *Ibid.*, p. 47[67쪽].

15) *Ibid.*, p. 57[77쪽].

16) *Ibid.*, p. 63[84쪽].

17) *Ibid.*, p. 69[79쪽].

18) 롤랑은 원본의 'avenir'를 'à venir'로 바꾸어 옮기고 있다. ―옮긴이

따라서 사건 또는 죽음의 신비 속에서 구체화되는 그런 타자와의 관계를 통해 우리는 미래를 구체적으로 사유할 수 있다. 다시 말해 미래를 아주 단순하게 사유할 수 있다. 그러나 이 미래, "죽음을 통해 주어진 미래, 사건의 미래는 아직 시간이 아니다."[20] 미래가 시간이기 위해서는, 적어도 이 미래는 그 자신과 현재 사이의 어떤 관계(미래가 현재에 현존함 또는 현재가 미래로 '침식함')를 허용해야 할 것이다. 그 신비 속에서나 그 타자성 속에서 이해된 죽음은 바로 이 관계를 배제한다. 죽음은 미래를 사유케 하지만, 시간을 사유케 하기에는 불충분하다. 시간을 사유하기 위해서는, 다른 관계가, 다른 상황이, 레비나스가 이후에 말하는 다른 정황circonstance이 요구된다. 이런 상황에서 "사건은 일어난다. 그렇지만 동시에, 주체는 이 사건을 사물이나 대상처럼 받아들이지 못한 채 이 사건과 대면한다."[21] 따라서 이런 상황에서는, 알려지지 않은 것을 포착할 수도, 미래를 예상할 수도 없지만, 주체의 현재와 (주체에게 다가올 뿐 주체가 떠맡지 못하는) 사건의 미래 사이에 어떤 관계가 있게 될 것이다. 레비나스에 따르면, "이 상황은 타인과의 관계이자, 타인과의 대면이며, 타인을 드러내는 동시에 감추는 얼굴과의 만남이다."[22] 그리고 타인이 타자 일반überhaupt을, 순수하고 단순한 타자를, 일반적인 타자를 대신하는 이런 상황은, 고립된 미래에서 시간 자체 ─여기서 현재와 미래는 관계를 유지할 수 있고 또 유지해

---

19) Levinas, *Le temps et l'autre*, p. 64[86~87쪽].
20) *Ibid*., p. 68[92쪽]. 강조는 글쓴이.
21) *Ibid*., p. 67[91쪽].
22) *Ibid*.

야 한다—로의 이행을 가능케 한다. (이런 서술에서는 과거는 아직 고려되고 있지 않음을 알 수 있을 것이다.) "미래와의 관계, 즉 미래가 현재에 현존함은 타인과의 대면 속에서 비로소 실현되는 것처럼 보인다. 대면의 상황은 **시간의 실현**일 것이다. 현재가 미래로 침식함은 단독적 주체의 사태가 아니라 주체들 사이의 관계다. **시간의 조건**은 인간들 사이의 관계에 또는 역사에 있다."[23]

1946~1947년 강의[『시간과 타자』]의 핵심적인 구절에 대한 이 매우 간략한 요약(여기서는 오직 이 몇 페이지를 언급하는 데 그친다. 이 대목 앞에서 주체의 탄생이나 실체화를 다루는 부분과, 이 대목 뒤에서 여성적인 것을 일종의 모델로 삼고 타인의 타자성을 사유해 보려는 부분 등에 대해서는 이야기하지 않겠다)도 1975~1976년 강의[『신, 죽음 그리고 시간』]를 읽어 나가는 데 좋은 안내 역할을 한다는 점에서는 쓸모가 없지 않을 것이다. 이 두 텍스트를 가르는 30년 동안 몇몇 분석이 달라지기는 했지만, 그 근본 동기들은 변하지 않은 채로 남아 있기 때문이다. 특히 시간과 죽음이 서로 관련을 맺는 가운데 그 관계 속에서 타인의 타자성을 함축한다는 기본 주제는 더 강화되고 심화된다. 그러므로 이제 우리는 이 강의에 대해 몇 가지 주목할 만한 점들을 언급해 볼 수 있겠다.

3. 시간으로부터 바라보는 죽음

우리는 어떤 설명이나 주해를 내놓는 것이 아니라 간략한 몇몇 주석

---

23) *Ibid.*, p. 68~69[93쪽]. 강조는 글쓴이.

을 통해 이 강의의 독해를 연장하는 식으로 이 강의에 접근하고자 한다. 이 주석의 첫 부분은 텍스트의 구조를 다룬다. 그 구조는 순환적이라고 할 수 있다. 왜냐하면 이 강의는 문제시되는 항들을 제시하는 것에서 시작하여(첫 부분: 1975년 11월 7일~21일), 일련의 철학 저작들에 대한 독해로 이어지고(둘째 부분: 1975년 11월 28일~1976년 5월 7일), 첫 부분의 문제들을 심화시켜 그것을 다시 논의하는 성찰로 마무리되기(셋째 부분: 1976년 5월 14일~21일) 때문이다. 이 세 부분에는 각각 주의할 점들이 있다. 먼저 우리가 유념해야 할 것은 첫 부분에 나오는 문제 제기가 중립적인 것이 아니라는 점이다. 레비나스는 자기 사유의 고유한 지평("시간의 관점에서 죽음을 탐구하는 것이 **죽음을 향한 존재의 철학**을 의미하는 것은 아니다."[24]) 속에, 좀 더 정확히 말해 『존재와 달리 또는 존재성을 넘어』에 의해 열리는 지평 속에 그 질문을 놓는다. 여기에 기초하여, 둘째 부분은 과거나 현대의 몇몇 철학적 입장들을 제시할 뿐 아니라, 처음 제기한 문제에서 출발하여 이런 입장들에 대해 질문하고, 그럼으로써 셋째 부분에서 이런 질문들을 다시 제기하도록 해준다(이런 점이 바로 우리가 이 대목을 철학사 강의로 축소시킬 수 없는 이유다. 또한 그것을 레비나스 저작의 전체를 이루는 요소로 이해할 수 있는 이유다). 둘째 부분, 특히 그것의 구조(나는 여기서 이를 도식적으로 재구성한다)에 관해 한마디만 덧붙이자. 구조적으로 볼 때, 둘째 부분은 두 개의 기둥, 즉 두 개의 비판적 설명에 의존한다. 하이데거와 헤겔에 대한 비판이 그것이다. 하이데거는 본질적으로 칸트에

---

24) 이 책의 17쪽. —옮긴이

맞세워지며, 헤겔에 대한 비판 이후에는 블로흐에 대한 매우 호의적인 언급이 이어진다. 아리스토텔레스, 후설, 베르그송, 핑크 등이(그 밖의 다른 이들도!) 부차적으로 간략하게 언급된다.

그러나 이런 순환적 구조 내에서, 죽음과 시간을 그 관계 속에서 사유하는 것이 관건이라면, 당연히 우선 하이데거에 관심을 쏟을 필요가 있다(한 주석가는 하이데거를 레비나스의 "위대한 경쟁자"라고 말했다. 이것은 물론 언젠가 레비나스 자신이 로젠츠바이크를 "위대한 동시대인"[25]이라고 칭했던 것을 염두에 둔 표현이다). 하이데거에서는 "죽음과 시간의 긴밀한 관계가 내세워진다". 그러나 하이데거에 주목하는 것은, 하이데거 식의 귀결을 뒤집어 "더 이상 시간을 죽음으로부터 사유하지 않고 죽음을 시간으로부터 사유"하여 하이데거와의 거리를 곧바로 드러내기 위해서다. 죽음과 시간의 이 다른 관계를 이해하기 위해서는, 레비나스가 사유한 이 두 개념의 몇몇 측면을 강조하는 일이 중요할 것 같다.

우선, 레비나스는 죽음이 가리키는 종말이나 무화를 어떤 식으로든 결코 부정하지 않는다. 오히려 그는 죽음이 열어 놓은 무가 철학적 전통에서 충분히 사유되었는지를, 다시 말해 충분히 근본적으로 사유

---

25) 앞의 인용은 Richard A. Cohen, "La non-in-différence dans la pensée d'Emmanuel Lévinas et de Franz Rosenzweig"[「에마뉘엘 레비나스와 프란츠 로젠츠바이크에서 무-관하지-않음」], *Cahiers de l'Herne*, n°60, 1991, p. 343 ; 뒤의 인용은 Emmanuel Levinas, "Franz Rosenzweig : une pensée juive moderne"[「프란츠 로젠츠바이크 : 근대 유대인의 사유」], *Cahiers de la nuit surveillée*, n°1, 1982, p. 68.

되었는지를 묻는다. 그 자체로서의 무, "죽음의 무와 같은 무는 아무것도 품고 있지 않다."[26] 달리 말하면, 모든 존재를 비운 무, 모든 존재로부터 동떨어진 무라고 해도 좋을지 모르겠다. 어쨌든 이것은 순수 무다. 이 강의에서 레비나스가 밝히고자 하는 것은, 무를 생성-소멸의 쌍에 위치시키는 아리스토텔레스에서부터 "순수 존재와 순수 무는 동일한 것이다"[27]고 말한 헤겔에 이르기까지 —모든 것을 없애버린다는 무 관념은 "사각의 원이라는 관념만큼이나 부조리하다"[28]고 주장한 베르그송은 차치하고서라도—무는 그것의 무성에 대해 사유하는 데 이르지 못한 서구 사유에 도전한다는 것이다.

하이데거에게서, 적어도 이 강의가 다루고 있는 『존재와 시간』의 하이데거에게서 사정은 이와 같지 않다. 하이데거에서 죽음은 고유하게 현-존재의 종말로 존재하는 무다. 알다시피 이 현존재의 고유함은 존재를 이해한다는 데 있다. 그런데 이 순수 무 그 자체는—이 무는 그럼에도 불구하고 예측되는데—죽음의 척도나 비척도에도 따르지 않을 것이다. 순수 무는 죽음이 종말, 무 또는 무화로서 어떤 제한도 받지 않으며 어떤 규정도 갖지 않는다는 것을 규정하거나 한정짓는 까닭이다. 오직 그래서다. 그러나 그렇다고 해서 우리는 마찬가지의 확실성으로 죽음이 무 이외의 다른 아무것도 아니라고 말할 수 있는가? 달리 말해, 왜 우리는 이 아무것도 아닌 것 속에, 죽음의 무 속에

---

26) 이 책의 108쪽. —옮긴이
27) 이 책의 114쪽(헤겔,『대논리학』1, 76~77쪽). —옮긴이
28) 이 책의 104쪽(베르그송,『창조적 진화』, 420~421쪽). —옮긴이

미지의 것이 있다는 것을 고려하지 않는가? ("우리가 죽음과 맺고 있는 관계의 주요 특성이 어떻게 철학자들의 관심 밖에 있을 수 있었는지 나는 자문해 본다. 우리가 정확하게는 아무것도 알 수 없는 죽음의 무에서 죽음에 대한 분석을 시작해서는 안 된다. 절대적으로 인식할 수 없는 어떤 것이 나타나는 상황에서 우리의 분석은 출발해야 한다."[29] 『시간과 타자』에 나오는 이 말은 이 강의에서도 거의 변형되지 않고 나타난다. 변형됐다면 표현 방식이 좀 달라졌을 뿐이다. 이 강의는 좀더 확고하게 죽음의 무를 검토하고 있기 때문이다.) 그래서 죽음은—그 고유성에서 사유하자면—'순수 무'보다 더 무인 무를 요구할 것이다. 즉 "무와 미지의 애매성"[30]인 무를 요구할 것이다(이것이 레비나스의 강력한 주장이다). 그 애매성 속에서—신비나 수수께끼의 방식으로—죽음의 무와 뒤섞이는 죽음의 이 미지성 덕택에, 죽음이 새겨 놓은 순수한 **물음표**는 죽음이 논란의 여지없이 존재하는 무화 속에, 죽음이 이론의 여지없이 열어 놓는 무 속에 머물게 될 것이다. 그리고 이 물음표 덕분에, 이번엔 무의 중립성 속에 무-의미와 부조리의 차원이 새겨지게 될 것이다. 모든 죽음이 그 자신 속에 품고 있는 이런 차원은 그러나 감정의 차원이기도 하다.

이렇게 죽음을 무 **그리고** 미지 또는 순수한 질문으로 규정함으로써, 즉 죽음을 최상의 무규정성으로 규정함으로써, 레비나스는 칸트를 하이데거와 맞세울 수 있었다. 칸트는 죽음을 부정하지도 죽음의 무를 부정하지도 않지만, 실천이성의 요구에 따라 영혼의 불멸성을

---

29) Levinas, *Le temps et l'autre*, p. 58[78쪽].
30) 이 책의 120쪽. —옮긴이

요청한다. 그러나 주의하자. 여기서 놓치면 안 될 것은, 이 불멸성이 긍정될 수 있는 것이 아니라 —또 부정될 수도 없다(여기서 부정이란 단지 뒤집은 독단론에 불과하다) —다만 **희망**될 수 있다는 점이다. 그래서 희망은 중요하다. 또 이 희망은 긍정과 부정 사이의 배제된-제삼자로서, 죽음의 부인할 수 없는 무 속에 **아마도**peut-être를 새겨 넣는다. 그러나 이 '아마도'가 무의 비어 있음을 채우거나 죽음의 날카로움을 무디게 하지는 않는다(이 점이 여기서 강조되어야 한다. 이것이 이 강의가 제안한 가장 자극적인 사유 중 하나이기 때문이다). 오히려, 이 '아마도'는 무 속의 죽음에 질문을 —'아마도' 이외에는 어떤 다른 답도 없는 질문을 —덧붙임으로써, 죽음을 무겁게 하고 또 그렇게 하여 죽음의 수수께끼를 회복시킨다. 우리가 기억하다시피 『시간과 타자』가 말하는 죽음의 신비를, 무화 **그리고** 미지인 죽음의 애매성을 회복시킨다.

나는 이 강의들이 『존재와 달리 또는 존재성을 넘어』와 같은 시기에 이루어진 것임을 거듭 말했다. 『전체성과 무한』의 주제가 타자 또는 타인의 타자성이었던 반면, 『존재와 달리 또는 존재성을 넘어』의 주제는 주체의 주체성이다. 그러므로 시간이 사유될 수 있는 것도, 이 책[『존재와 달리 또는 존재성을 넘어』]이 열어 놓은 사유의 지평 속에서다. 즉 거기서 고찰하는 주체성을 가진 주체와의 관계 속에서다. 그런데 『존재와 달리 또는 존재성을 넘어』에서 결정적인 것, 그리고 결정적으로 새로운 것은, 이때의 주체는 더 이상 "홀로 고립된 주체"[31]도 아니고 동일자인 자아도 아니라는 점이다. "홀로 고립된 주체"는 우리가 앞에서 본 것처럼, 전쟁 직후에 실체로서 사유되었던 주체다. 동일자인 자아는 『전체성과 무한』의 주체다. 이것은 "동일성을 내용으로" 가진다는 점에서 "진정한 동일성이고, 동일화의 근원적인 작업"[32]이다. 물론 고립된 주체 또는 동일성이 규정하는 자아도 타자를 타인의 얼굴 속에서 만날 것이다. 그리고 주체나 자아의 고립과 동일함은 틀림없이 이런 만남에 의해 영향을 받고 반박되며 또 전복될 것이다. 그렇지만 이런 일은 주체나 자아가 구성된 이후의 두 번째 시간에서 발생한다. 반대로 『존재와 달리 또는 존재성을 넘어』에서 주체의 동일성은 바깥에서 그에게로 오며, 주체의 유일성은 타자에 의한 주체의 소환에서 비롯한다. 그래서 외재성 즉 타자성이 주체의 주체성을 **구성한다**는 점을 이해할 필요가 있다. "'나'에서의 **동일한** 것의 동일성은 자기에 거슬러 밖으로부터 그에게 다가온다. 마치 선출처럼 또는 들숨처럼, 소환된 자의 단일함으로서 다가오는 것이다."[33] 결국 심성, 즉 인간적인 것의 가장 깊은 지층 —레비나스가 말한 전-근원적인 주체성— 은 이제 의식의 용어로 사유될 수 없고 더 이상 동일자로 묘사될 수도 없다. 오히려 그것은 동일자-안의-타자로 사유되어야 한다. 그러므로 주체성은 이미 타자에 열려 있는 동일자다. 『시간과 타자』의 분석에 따르면, 또 여기서도 유지되고 있는 그 분석 결과에 의하면, 동일자는 이 타자를 포착할 수도, 이해할 수도, 포함할 수도, 심지어 예상할 수도 없다. 동일자는 이미 타자로 향해 있지만, 결코 그와 합쳐질

---

31) Levinas, *Le temps et l'autre*, p. 17[29쪽]. —옮긴이

32) Levinas, *Totalité et Infini : Essai sur l'extériorité*, p. 6[32쪽].

33) Levinas, *Autrement qu'être ou au-delà de l'essence*, p. 67[119쪽].

수 없다. "바깥에서 오는" 동일성 —"우주의 무게 아래, 모두를 책임 지는",[34] 아래로–던져진 자sub-jectum의 동일성 —은 자신이 결코 도달 할 수 없는 바깥Dehors과 차이Différent에 이미 열려 있는 셈이다. 이 강 의에 따르면 시간의 항상은 이 **결코** 속에서 탐색되어야 할 것이다. "시 간의 이 항상은 욕망과 욕망된 것 사이의 이 불균형에 의해 태어날 것 이다."[35] 틀림없이 시간은 항상 파지와 예지, 기억과 예상, 역사와 예견 을 통해 공시성으로 환원될 수 있을 것이다. 그러나 시간을 우선 특징 짓는 것은 그 **통시성**이다. 통시성은 "동일성의 해체다. 여기서는 동일 한 것이 동일한 것을 재결합하지 않는다".[36] 이 점에서 통시성은 우리 가 위에서 환기시켰던 그런 주체성의 다른 이름으로 이해될 수 있을 것이다. "가능한 한에서 적절하게 말해진(말함의 바탕은 결코 적절하게 말해지지 않으므로) 주체는 시간 안에 있지 않다. 주체는 오히려 통시성 자체다."[37] 주체성은 자신이 욕망하는 타자에 대해 항상 **뒤처짐**을 이 해해야 할 것이다. 그리고 이 뒤처짐에서 주체성은 타자에 대한—자 기를 거스르는—노출이며, 인내이고, 종국적으로는 수동성이다.

그러나 『전체성과 무한』은 우리에게 "절대적 타자, 그것은 타인 이다"[38]라고 가르쳐 주었다. 이 교훈은 『존재와 달리 또는 존재성을 넘어』뿐 아니라 이 강의에도 남아 있다. 근원적으로 타자에 열려 있는

---

34) Levinas, *Autrement qu'être ou au-delà de l'essence*, p. 147[252쪽].
35) 이 책의 165쪽. —옮긴이
36) *Ibid.*, p. 67[119쪽].
37) *Ibid.*, p. 73[130쪽].
38) Levinas, *Totalité et Infini: Essai sur l'extériorité*, p. 9[36쪽].

주체성은 그에 따라 타인과 맺는 책임의 관계를, 이웃과 맺는 책임의 관계를 받아들일 수 있는—행할 수 있는 것이 아니라 받아들일 수 있는—주체성이다. 이웃의 다가감은 가장 엄격한 통시성을 보여 준다. "나는 응답하면 할수록 더 책임을 진다. 나는 내가 책임을 지는 이웃에게 다가가면 다가갈수록 더 멀어진다. 증가하는 부채. 무한의 무한함과 같은, 영광과 같은 무한."[39] 『존재와 달리 또는 존재성을 넘어』의 극단적 난해함에 빠지지 않고 『시간과 타자』에서 나온 말을 조금 바꿔 표현하면, 시간이 근원적으로 생산되는 것은 타인과의 관계 속에서라고 말할 수 있을 것이다.

그리고 이렇게 사유된 시간 속에, 죽음은 두 번 기입된다. 먼저 타인의 죽을 수밖에 없음으로서 새겨진다("죽음의 무는 이웃의 얼굴의 벌거벗음 자체가 아닌가?"[40]라고 이 강의는 묻는다). 타인의 죽을 수밖에 없음은 구체적인 양상일 것이다. 이 양상을 통해 주체에서 동일자는 동일자를 만나는 것이 아니라, 타인에 봉사하기 위해 수동적으로 그리고 무상으로 자신을 내어 준다. 두 번째로는 나의 고유한 죽음과 함께 새겨진다. 나의 고유한 죽음이 갖는 무-의미는 이 수동성이 능동성으로 전도될 수 없다는 점을, 이 불-안정이 안정을 찾는 것으로 끝나지 않는다는 점을, 어떤 방식으로든 '보장'한다. "나의 죽을 수밖에 없음, 나의 죽음의 선고, 죽는 순간의 나의 시간, 나의 죽음은 불가능성의

---

39) Levinas, *Autrement qu'être ou au-delà de l'essence*, p. 119[204쪽].
40) 이 책의 173쪽.—옮긴이

가능성이 아니라 순수한 유괴다. 이런 것들이 이루는 이 부조리함이 타인을 위한 내 책임의 대가 없음을 가능하게 한다."[41]

〈죽음과 시간〉에는 얼마 안 되는 주만 붙였는데, 그 각주들로 나는 설명을 꾀한 것이 아니라 한 사유의 본질적인 특징들과 핵심적인 지점들을 강조하려 했다. 물론 그 사유의 난해함을 감추는 것이 문제일 수는 없다. 그러나 레비나스는 이런 난해함 속에서도 "시간으로부터 죽음을 사유"하기에 이르지, "하이데거처럼 죽음으로부터 시간을 사유하지 않는다." 죽음은 이제 가능성을 이루는 무가 아니라, 무와 미지의 애매성이다. 시간은 이제 존재의 지평이 아니라, 타인과의 관계 속에 이뤄지는 주체성의 얽힘이다.

4. 존재 없는 신[42]

"그러나 존재에 의해 오염되지 않은 신의 소리를 듣는 것은 형이상학

---

41) 시간이 동일자 안의 타자의 두드림으로부터 ─혹은 이 두드림으로서─ 의미를 주는 이와 같은 방식은 도스토옙스키의 『죄와 벌』에서 잘 표현되었다. 더 정확히 말하면, 이 소설의 1부에서, 한층 더 정확히 말하면, 그 1부의 구조에서 잘 드러난다. 이 소설의 1부는 어떻게 하여 라스콜리니코프가 자신의 계획 ─전당포 노파의 살해─ 을 실행하는 데로 나아가게 되는가를 보여 준다. 이 나아감은 여러 인물을 통해 타인과 무한히 반복해서 만나는 가운데 이뤄진다. 그 만남들이 라스콜리니코프의 행보를 낳는다. 그런 의미에서 이 소설의 시간을 짜 나가는 것은 그와 같은 만남들이다. 더 근본적으로는 이 만남들이야말로 그 자체로서의 시간을, 즉 동일자-안의-타자의 두드림을 기록한다. 그것들이 시간성을 써나가고 시간성에 의미를 주며, 더욱이 죽음을 시간성의 의미작용에 새겨 넣는 것이다. 그 1부는 이성적인 살해의 의도를 넘어선 살인에 이를 것이기 때문이다. 이런 문제들에 관해서는 나의 책 『도스토옙스키 : 타자의 문제』(*Dostoïevski : la question de l'Autre*, Verdier, 1983)를 참조하라.

42) 장-뤽 마리옹에게.

과 존재-신학 속으로 떨어지게 될 **망각으로부터 그 존재를 끄집어내는** 것 못지않게 중요하고 또 그것 못지않게 불확실한 인간적 가능성이다."[43] 이것이 이 책의 2부 〈신과 존재-신-론〉이 스스로 설정한 과제고, 레비나스는 강의라는 방식을 통해 그러한 요구에 응답한다. 그래서 이르게 된 곳은, 이렇게 말해도 좋다면, **존재자로 오염되지 않은 존재**를 사유하고자 했던 하이데거 행적의 재생산이었다. 비록 그 존재자가 최상의 존재자ὄντος ὄν; summunm ens라 해도, 요컨대 신 ─ 이것은 철학이 차용하여 그 최상의 존재자에 부여한 이름인데 ─ 이라 해도, 또 존재가 존재자의 존재이며 존재자의 존재일 수밖에 없다 해도,[44] 그 모든 존재자로부터의 오염을 피해야 했다. 따라서 이 논의는 신이라는 단어를 **고유한 방식으로** ─ 그것이 철학에서 위장해 왔던 것과는 다른 방식으로 ─ 사유하는 데 이르렀다. 달리 말해서, "신이라는 말을 의미를 주는 단어로 이해하는"[45] 데 이르렀다. 신이라는 말은 철학의 역사에서 그와 유사한 단어인 **죽음**이나 **시간**과 동일한 지위를 갖지 않는다. 철학은 죽음과 시간을 **질문**으로 받아들이자마자 곧바로 거부하고 말았다. **부르주아**의 표현을 사용해도 좋다면, 신이라는 단어는 가장 고귀한 영광스러운 모습으로 이 철학에 들어와서는[46] 단번에 최상으로 가장 고귀한 속성들을 획득하곤, 자신을 **존재하는** 그리고 존재할 수

---

43) Levinas, *Autrement qu'être ou au-delà de l'essence*, p. X[11쪽].

44) 이 책 2부의 강의 「초월, 우상숭배 그리고 세속화」, 245쪽, 각주 83.

45) Levinas, *De Dieu qui vient à l'idée*, p. 7.

46) 하이데거는 「형이상학의 존재-신-론적 구성틀」이라는 강연의 앞부분에서 이런 표현을 썼다.

있는 모든 것의 창조되지 않는 근거라고, 또 그렇기에 곧바로, 의심할수 없는 근거라고 주장하였다. 이 신은 가장 구체적인(함께-자라다라는 뜻을 가진 라틴어 con-crescere의 어원으로부터 이해된 '구체적인'concret) 것이라는 의미에서 절대자das Absolut가 됨으로써 자신의 상승을 끝마친다. 그렇게 하여 신이라는 말은 사면absoute이나 절대absolu라는 의미 ─ 하지만 이 또한 절대자라는 말의 어원이 아닌가! ─ 를 망각하게 된다. 절대라는 말은 **풀어 주다**는 뜻을 가진 라틴어 absolvere에서 온 것이다. 즉 그것은 자신을 언제나 포섭하려는 것에서 벗어나거나 거기서 풀려난다는 것을 뜻한다. 절-대ab-solu는 철학적 '신'의 히브리 이름인 **카도쉬**kadosh와 짝을 이룬다. 카도쉬는 **성스러운 것**이기도 하고 **분리된 것**이기도 하다.[47) 그래서 성스러움을 새기는 것은 그 행위 가운데 분리를 새기는 것인 셈이며, 인간의 언어에 신이라는 단어가 출현한 것은 **차이**[48)]의 근원적인 기입이었던 셈이다.

그러나 신이라는 단어의 역사 자체 때문에, 이 말을 성찰하는 데는 '죽음'이나 '시간'과 같은 용어들이 요구하는 접근법과는 전혀 다른 접근법이 필요하다. 철학은 죽음이나 시간이 로고스의 문을 두드릴 때 이들을 거부했다. 이 어휘들은 (헤겔과 하이데거에서) 다시 채택되었으나, 신의 이름이 그랬던 것처럼 **변형되지**는 않았다. 여기서 신이라는 단어의 의미를 다시 이어받는 일은 이른바 철학사의 목차에 이

---

47) 그러므로 우리가 랍비 문헌에서 신을 뜻하는 관례적인 표현인 kadosh baroukh hou를 '축복받은 성스러운 자'라고 번역하는 것은 합당한 일이다.
48) 이 차이는 우리가 강의를 통해 이해했듯이 무관심하지-않음이다.

름을 올린 사상가들과 대화^{dialogue}해 나가는 속에서는 이제 성취할 수 없다. 즉 게슈프래흐^{Gespräch}를 통해서는, 또는 이 손대기 어려운 수아브어[독일의 방언]를 레비나스가 이 강의에서 과감히 번역했던 것처럼, 대화^{conversation}를 통해서는 성취할 수 없다. 왜냐하면 철학은 신의 이름을 결코 '고유하게 말하지' 못했음이 드러날 것이기 때문이다. 이것이 철학의 드라마였고 철학의 잘못이었다. 즉 지나치게 의기양양했던 철학의 위대함이었다. 예외는 아마 "몇몇 섬광과 같은 순간"[49]이었으리라. 숨을 죽인 이 순간들에서 철학—민족의 지혜^{La Sagesse des Nations}[50]—은 존재가 아닌 **타자**의 예-외를 이해했던 것이다. 그러므로 우리는 힘차게 질문을 시작해야 한다. 애당초 신의 **고유한** 이름을 무시하기를 선택했거나 혹은 무시하도록 강요되었던 전통과 '대화하는' 것을 미루지 않은 채 말이다.

이렇게 강의는 진행된다. 다시 말해, 이 강의는 자신이 할 수 있는 바대로, 자신이 사유할 수 있는 것 **이상**을 사유해야 한다는 것을 아는 그런 사유의 리듬에 따라 행해진다. 이것이 『존재와 달리 또는 존재성을 넘어』의 과제고, 「신과 철학」의 과제며, 이 일련의 강의의 과제다. 혼돈스럽고 요동하는 것일 수밖에 없는 이 리듬은, 매주마다, 또 이를테면 매 단어마다 유일한 **질문**을 다시 내놓는다. 그 질문은 질문을 제기하는 가운데 받아들여지는, 또는 간신히 파악되는 질문이다. 어떻게 하여 어떤 것이 그것을 다시-포착하고자 애쓰고 거듭 애쓰는 것

---

49) Levinas, *Autrement qu'être ou au-delà de l'essence*, p. 10[28쪽].
50) Levinas, *De l'évasion*, p. 99.

에서 벗어나거나 풀려날 수 있는가? (이때의 어떤 것은 '어떤 것 일반', 즉 유명하고 필요하지만 전제주의적 개념인 **에트바스 위버하우프트**Etwas überhaupt에 속하지 않는다.) 절대적인 것은 어떻게 가능하며, 또 어떻게 사유될 수 있는가? 이 절대적인 것은 헤겔의 **절대**와 혼동되지 않으면서도, '모든 소가 검다'는 **망상**Schwämerei[51]에 빠지지도 않는다. 이 절대적인 것은 그렇게 자신을 다잡아, 이번에는 미-지 속으로 빠져든다. 이 미-지는 너무 빨리, 잘 알려진 것으로 간주되어 버렸던 것이다. 그런 만큼, "그 실은 확실히 너무 짧지도 않고 너무 낡지도 않았다." 그것은 "초월을 둘러싸고 막고 꾀어내고 묶어 매고자 한다."[52] 그런 만큼, 사유의 과제는 자신이 사유할 수 있는 것 이상을 **사유**하는 데 있다.

레비나스가 『존재와 달리 또는 존재성을 넘어』에서, 그것과 같은 시대의 텍스트에서, **그리고** 이 강의에서 기울이는 모든 노력은, 철학이 농락한 신의 자유를 신에게 돌려 주려는 것이라고 말할 수 있을 것이다. 그 농락은 하이데거가 정당하게 존재-신-론이라고 불렀던 것에 의해, **사유가 형이상학**을 통해 부당한 특권을 가짐으로써 자행되었다.

어떻게 그 노력이 이뤄지는가? 이것이 가치 있는 유일한 질문이다. 그러나 우리는 주의 깊은 독자들에게, 이 길로 향한 무거운 문을 조금이나마 열어 줄 몇몇 단서를 제공하고자 했을 뿐이다. 독자들은, 어떤 주석도 무겁고 편치 않은 이 문을 활짝 열어젖힐 수 없다는 것을

---

51) 헤겔은 『정신현상학』의 「서문」에서 셸링(Friedrich W. Schelling)의 절대자에 대해 이렇게 비판한다. ―옮긴이
52) Levinas, *Noms propres*, p. 127.

잘 알겠지만 말이다. 이 문턱의 참된 이름은 **애매성**이라 불린다. 여기서 초월은, 그것을 표현하고자 하면서 배반하는 단어 속에서만 이해될 수 있다. 우리는 독자들에게 몇몇 복병을 알려 주는 것 이상의 도움을 줄 수 없을 것이다. 우리 스스로가 20년째 이 복병들에 대해 토론하고 있으니 말이다.

옮긴이 후기

이 책에는 편집자의 짧지 않은 머리말과 후기가 해설 격으로 붙어 있어, 책 내용의 소개를 위해 크게 덧붙일 말이 필요 없을 줄 안다. 그래서 여기서는 번역 과정에 대한 소회를 간단히 밝히는 것으로 그친다.

처음에 역자들이 이 책을 번역 출판하기로 마음먹었을 때는 그다지 큰 부담감을 갖지 않았다. 레비나스의 글이 원체 어렵다는 것이야 역자들 모두 수년간의 학습 경험을 통해 잘 알고 있었지만, 그래도 이 책은 레비나스가 학부에서 강의한 강의록이지 않은가. 내용도 상대적으로 쉬울 뿐 아니라 번역 작업도 그럴 것이라고 짐작하였다. 더구나 역자 중의 한 명인 김도형이 비록 완전한 상태는 아니나마 이미 초벌 번역을 해놓고 있었다. 그래서 우리는 레비나스에 대한 그간의 공부를 정리하고 되돌아본다는 일종의 가벼운 심정으로 번역 세미나를 시작했다. 마치 레비나스의 강의를 직접 듣듯, 일주일에 한 번씩 모여 한 회의 강의분 원고를 같이 읽고 다듬기로 했다.

그러나 이 작업이 만만치 않다는 것을 깨닫기까지는 그리 오랜 시간이 걸리지 않았다. 강의록이라고는 해도 그 속에는 레비나스의 무르익은 사유가 압축적으로 담겨 있었다. 여러 철학자들의 사상과 철학사에 대한 나름의 해석이 결코 가볍지 않은, 아니 어쩌면 가장 무거운 철학적 주제들인 죽음의 문제와 시간의 문제, 신의 문제 등과 엮여서 등장했고, 여기서 개진되는 레비나스 사상의 내용은 이 강의가 행해지기 몇 해 전에 나온『존재와 달리 또는 존재성을 넘어』와 겹쳐졌다. 이 책은 레비나스의 저작들 가운데서도 어렵다고 정평이 난 텍스트이니만큼, 강의 내용 또한 결코 녹록치 않았다. 게다가 막상 우리말로 옮기려니 적절한 역어를 찾아 다른 저작들에서의 쓰임새와 맞추는 일이 무척 까다로웠다. 레비나스의 주저들이 아직 제대로 번역되어 있지 않은 상태여서 역어 선택은 더 부담스러웠다. 가독성을 크게 해치지 않는 한, 될 수 있는 대로 통일된 용어를 쓰려고 노력했으나, 의미 전달과 일관성 양쪽에서 다 같이 미흡한 대목들이 적지 않았다. 부족한 면은 독자들의 지적을 받아 앞으로 계속 보완할 수 있었으면 한다.

역자들 모두 대학에서 강의를 하고 있는 처지이니만큼, 번역을 하면서 그려진 레비나스의 강의 모습과 자신의 강의를 은연중에 견주어 보지 않을 수 없었는데, 이런 비교는 한편으론 가당찮은 일이다 싶었지만, 강의와 공부 모두에 좋은 자극이 되기도 했다. 레비나스의 다른 텍스트들 못지않게 강의록 곳곳에서 문학적 향취가 느껴졌던 것도 번역 세미나에서 맛본 즐거움 가운데 하나다. 그러나 번역의 서투름 탓에 독자들의 예민한 감수성에 크게 기대어야 그 즐거움을 조금이나마 나눌 수 있을 것 같아 걱정이다.

이 번역 세미나에는 역자들뿐 아니라, 레비나스 철학에 관심을 가진 다른 연구자들도 때때로 참석했다. 이분들의 날카로운 지적과 조언 덕택에 세미나가 활기롭고 풍성할 수 있었다. 이 자리를 빌려 최현덕, 최성희 두 분 선생님께 감사의 마음을 전한다. 또 레비나스 저작을 연속적으로 번역 출판하겠다는 어렵고도 반가운 결정을 내려준 그린비출판사와, 난삽한 원고를 꼼꼼히 검토해 준 편집부의 김효진 선생님께 역자들 모두 마음을 모아 감사의 말씀을 드린다.

2013년 3월

김도형, 문성원, 손영창

참고문헌

아리스토텔레스, 『자연학』(*physics*).

______, 『형이상학』, 김진성 옮김, 이제이북스, 2007.

플라톤, 『메논』, 이상인 옮김, 이제이북스, 2007.

______, 『티마이오스』, 박종현·김영균 옮김, 서광사, 2000,

______, 『파이돈』[『에우티프론, 소크라테스의 변론, 크리톤, 파이돈』, 박종현 옮김, 서광사, 2003].

______, 『향연』, 강철웅 옮김, 이제이북스, 2010.

Aubenque, Pierre, *Le Problème de l'être chez Aristote*, Paris : P.U.F., 1966.

Axelos, Kostas, *Einführung in ein Künftiges Denken*, Tübingen : Niemeyer, 1966.

Bergson, Henri, *L'Évolution créatrice*, in *Œuvre*, Paris : P.U.F., 1970[『창조적 진화』, 황수영 옮김, 아카넷, 2005].

Blanchot, Maurice, *Au moment voulu*, Paris : Gallimard, 1951.

______, "Disocurs sur la patience", *Le Nouveau Commerce*, n°s 30~31, 1975 ; *L'écriture du désastre*, Paris : Gallimard, 1980[『카오스의 글쓰기』, 박준상 옮김, 그린비, 2012].

______, "Le dernier à parler", *Revue de Belles Lettres*, n°s 2~3, 1972.

Bloch, Ernst, *Das Prinzip Hoffnung*, in *Gesamtausgabe*, Vol. V, Frankfurt am Main : Suhrkamp, 1959[『희망의 원리』 5, 박설호 옮김, 열린책들, 2004].

______, *Traces*, trans. Hans Hildenbrand et Pierre Quillet, Paris : Gallimard, 1968.

Celan, Paul, "Lob der Ferne", *Gesammelte Schriften*, Frankfurt am Main : Suhrkamp, 1986, vol. I.

Cohen, Richard A., "La non-in-différence dans la pensée d'Emmanuel Lévinas et de Franz Rosenzweig", *Cahiers de l'Herne*, n° 60, 1991.

de Cervantes Saavedra, Miguel, *Don Quichotte*, trans. Jean Cassou & Cesar Oudin & Francois Rosset, Bibl. de la Pléiade, 1949[『돈끼호떼』 1, 민용태 옮김, 창비, 2005].

Descartes, René, *Œuvres et Lettres*, Paris : Gallimard, Bibl. de la Pléiade[『방법서설, 성찰, 데까르트연구』, 최명관 옮김, 서광사, 1983].

Derrida, Jacques, "Le puits et la pyramide", *Marges*, Paris : Minuit, 1972.

______, *L'Écriture et la Différence*, Paris : Seuil[『글쓰기와 차이』, 남수인 옮김, 동문선, 2001].

Fichte, Johann G., *Principes de la doctrine de la science*, trans. Alexis Philonenko, in *Œuvres choisies de philosophie première*, Paris : J. Vrin, 1972.

Fink, Eugen, *Metaphysik und Tod*, Stuttgart : W. Kolhammer, 1969.

______, *Le Jeu comme symbole du monde*, Paris : Minuit, 1966.

Hegel, Georg W. F., *Encyclopédie des sciences philosophiques*, trans. Bernard Bourgeois, Paris : J. Vrin, 1970.

______, *La phénoménologie de l'esprit*, trans. Jean Hyppolite, Paris : Aubier, 1941, t. 2[『정신현상학』 2, 임석진 옮김, 한길사, 2005].

______, *Leçons sur l'histoie de la philosophie*, trans. Pierre Garniron, Paris : J. Vrin, 1971, t. 1.

______, *Science de la logique*(éd. de 1812), trans. Pierre-Jean Labarière & Gwendoline Jarczyk, Paris : Aubier-Montaigne[『대논리학』 1, 임석진 옮김, 벽호, 1997].

Henry, Michel, *L'Essence de la manifestation*(2 Vols.), Paris : P.U.F., 1963.

______, *Marx*(2 Vols.), Paris : Gallimard, 1976.

Husserl, Edmund, *Idées directrices pour une phénoménologie*, trans. Paul Ricœur, Paris : Galimard, 1950[『순수현상학과 현상학적 철학의 이념들』 1, 이종훈 옮김, 한길사, 2009].

______, *Leçons pour une phénoménologie de la conscience intime du temps*, 1928, trans. Henri Dussort, Paris : P.U.F., 1964[『시간의식』, 이종훈 옮김, 한길사, 1996].

______, *Logique formelle et Logique transcendantale*[『형식논리학과 선험논리학』,

이종훈 · 하병학 옮김, 나남, 2010].

______, *Recherches logiques*, trans. Hubert Élie & Arion Kelkel & René Schérer, Paris : P.U.F., 1972.

______, *Vorlesungen zur Phänomenologie des inneren Zeitbewusstseins 1893~1917.*

Heidegger, Martin, *Acheminement vers la parole*, trans. François Fédier, Paris : Gallimard, 1976[『언어로의 도상에서』, 신상희 옮김, 나남, 2012].

______, *Essais et Conférences*, trans. André Préau, Paris : Gallimard, 1969[『강연과 논문』, 이기상·신상희·박찬국 옮김, 이학사, 2008].

______, *Être et Temps*, trans. Emmanuel Martineau[『존재와 시간』, 이기상 옮김, 까치, 2006].

______, *Kant et le problème de la métaphysique*, trans. Rudolf Boehm & Alphonse de Waelhens, Paris : Gallimard, 1953[『칸트와 형이상학의 문제들』, 이선일 옮김, 2001, 한길사].

______, "La constitution onto-théo-logique de la métaphysique", *Identité et différence*, trans. André Préau, in *Questions*, Vol. I, Paris : Gallimard, 1968[「형이상학의 존재-신-론적 구성틀」, 『동일성과 차이』, 신상희 옮김, 민음사, 2000].

______, "La fin de la philosophie et la tâche de la pensée", trans. Jean Beaufret & François Fédier, *Questions*, Vol. IV, Paris : Gallimard, 1976[「철학의 종말과 사유의 과제」, 『사유의 사태로』, 문동규·신상희 옮김, 도서출판 길, 2008].

______, "Le concept de temps", trans. Michel Haar & Marc B. de Launay, *Cahier de l'Herne*, n° 45, rééd, Le Livre de Poche[『시간의 개념』, 서동은 옮김, 누멘, 2009].

______, *Le principe de raison*, trans. André Préau, Paris : Gallimard, 1957.

______, *Lettre sur l'humanisme*, trans. Roger Munier avec texte en regard, Paris : Aubier-Montaigne, 1964[「휴머니즘 서간」, 『이정표』 2, 이선일 옮김, 한길사, 2005].

______, *Nietzsche*, Vol. II, trans. Pierre Klossowski, Paris : Gallimard, 1971[『니체』 II, 박찬국 옮김, 도서출판 길, 2012].

______, "Protocole d'un séminaire sur la conférence "Temps et être""[「강연 "시간과 존재"에 대한 세미나 기록」, 『사유의 사태로』, 문동규·신상희 옮김, 한길사, 2008].

Ionesco, Eugène, *Le roi se meurt*, Paris : Gallimard, 1963.

Jankélévitch, Vladimir, *La Mort*, Paris : Flammarion, 1966.

Kant, Immanuel, *Critique de la Raison pure*, 6e éd, trans. André Tremesaygues
& Bernard Pacaud, Paris : P.U.F., 1968[『순수이성비판』 1~2, 백종현 옮김, 아카넷,
2006].

______, *Critique de la Raison pratique*, trans. François Picavet, 6e éd., Paris :
P.U.F., 1971[『실천이성비판』, 백종현 옮김, 아카넷, 2002].

Kierkegaard, Søren, *Miettes philosophiques*, trans. Paul Petit, Paris : Seuil, 1967.

Levinas, Emmanuel, *Autrement qu'être ou au-delà de l'essence*, La Haye :
Martinus Nijhoff, 1974[『존재와 달리 또는 존재성을 넘어』, 문성원 옮김, 그린비,
2021].

______, *Autrement que savoir*, Paris : Osiris, 1987.

______, *De Dieu qui vient à l'idée*, Paris : J. Vrin, 1982/1998.

______, "De la signifiance du sens", *Heidegger et la question de Dieu*, Paris :
Grasset, 1980.

______, *De l'évasion*, Monptellir : Fata Morgana, 1982.

______, *De l'existence à l'existant*, Paris : Fontaine, 1947(Paris : J. Vrin, 1978)[『존재
에서 존재자로』, 서동욱 옮김, 민음사, 2003].

______, "Du langage religieux et de la crainte de Dieu", *L'au-delà du verset*,
Paris : Minuit, 1982.

______, *Du sacré au saint*, Paris : Éditions de Minuit, 2003.

______, "Éngime et phénomène", *En découvrant l'existence avec Husserl et
Heidegger*, Paris : J. Vrin, 1967, 2e éd.

______, "Entre deux mondes : biographie spirituelle de Franz Rosenzweig", *La
Conscience juive*, Paris : P.U.F., 1963.

______, *Entre nous*, Paris : Grasset, 1991[『우리 사이』, 김성호 옮김, 그린비, 2019].

______, "Franz Rosenzweig : une pensée juive moderne", *Cahiers de la nuit
surveillée*, n° 1, 1982.

______, "Heidegger, Gagarine et nous", *Difficile liberté*, 2e éd, Paris : Albin
Michel, 1976.

______, *Hors sujet*, Monptellir : Fata Morgana, 1987.

______, *Humanisme de l'autre homme*, Monptellier : Fata Morgana, 1992.

______, *L'Au-delà du verset*, Paris : Minuit, 1982.

______, "La pensée de Martin Buber et le judaïsme contemporain", *Martin
Buber : L'Homme et le philosophe*, Bruxelles : Universite Libre de

Bruxelles, 1968.

______, "La réalité et son ombre", *Les temps modernes*, novembre 1948.

______, "La signification et le sens", *Revue de métaphysique et de morale*, n° 2, 1964.

______, "La trace de l'Autre", *Tijkschrift voor Filosofie*, september 1963.

______, "La traduction de Écriture", *A l'heures des nations*, Paris : Minuit, 1988.

______, *Le temps et l'autre*, Paris : P.U.F, 1983[『시간과 타자』, 강영안 옮김, 문예출판사, 2001] ; *Time and the Other*, trans. Richard A. Cohen, Pittsburg : Duquesne University Press, 1987.

______, "Martin Heidegger et l'ontologie", *Revue philosophique*, 1932.

______, *Noms propres*, Montpellier : Fata Morgana, 1976.

______, "Philosophie et positivité", *Savoir, faire, espérer : Les limites de la raison*, Bruxelles : Facultés universitaires Saint-Louis, 1976.

______, *Sur Maurice Blanchot*, Montpellier : Fata Morgana, 1975[『모리스 블랑쇼에 대하여』, 박규현 옮김, 동문선, 2003].

______, "Un langage qui nous est familier", *Cahiers de la nuit surveillée*, n° 3, 1984.

______, *Théorie de l'intuition dans la phénoménologie de Husserl*, Paris, 1930[『후설 현상학에서의 직관 이론』, 김동규 옮김, 그린비, 2014].

______, *Totalité et infini : Essai sur l'extériorité*, La Haye : Martinus Nijhoff, 1961/1971[『전체성과 무한』, 김도형·문성원·손영창 옮김, 그린비, 2018].

Maldiney, Henri, *Regard, parole, espace*, Lausanne : L'Âge d'homme, 1973.

Marion, Jean-Luc, *Dieu sans l'être*, Paris : Fayard, 1982.

______, *L'Idole et la Distance*, Paris : Grasset, 1976.

Merleau-Ponty, Maurice, *Signes*, Paris : Gallimard, 1960.

Otto, Rudolf, *Le Sacré*, trans. André Jundt, Paris : Payot.

Pascal, Blaise, Pensées et Opuscules, éd. Leon Brunschvicg, Paris : Hachette, s.d.

Petrosino, Silvano, *La Vérité nomade*, Paris : La Découverte, 1984.

Rabelais, François, *Quart Livre*.

Rolland, Jacques, "Divine comédie", *La présence abadissée : Essai sur le retrait*.

______, *Dostoïevski : la question de l'Autre*, Verdier, 1983.

______, "Pour une approche de la question du neutre", *Exercices de la patience*, n° 2, 1981.

Rosenzweig, Franz, "Noyau originaire de l'étoile de la rédemption", trans. Jean-Louis Schlegel, *Cahiers de la nuit surveillée*, n° 11, 1982.

Sartre, Jean P., *Réflexions sur la question juive*, Paris : Gallimard, 1946.

Trakl, Georg, "La Parole dans l'élément du poème", *Acheminement vers la parole*(『언어로의 도상에서』), trans. Jean Beaufret & Wolfgang Brockmeier & François Fédier, Paris : Gallimanrd.

Tolstoï, Léon, *Guerre et Paix*, livre III[『전쟁과 평화』, 김상영 옮김, 신원문화사, 2007].

Valavanidis-Wybrands, Harita, "Manière de dire", *Cahiers de la nuit surveillée*, n° 4, 1991.

Weil, Simone, *Attente de Dieu*, Paris : Gallimard, 1950.

Zac, Sylvain, *La philosophie religieuse de Herman Cohen*, Paris : J. Vrin, 1985.

Zarader, Marlène, *La dette impensée : Heidegger et l'héritage hébraïque*, Paris : Seuil, 1990.

찾아보기

저역자 소개

에마뉘엘 레비나스(Emmanuel Levinas, 1906~1995)

리투아니아의 유태인 가정에서 태어났다. 1923년 프랑스로 유학해 스트라스부르 대학에서 수학했고, 1928~1929년 독일 프라이부르크 대학에서 후설과 하이데거로부터 현상학을 배운 뒤, 1930년 스트라스부르 대학에서 『후설 현상학에서의 직관 이론』으로 박사학위를 받았다. 1939년 프랑스 군인으로 2차 대전에 참전했다가 포로가 되어 종전과 함께 풀려났다. 1945년부터 파리의 유대인 학교(ENIO) 교장으로 오랫동안 일했다. 이 무렵의 저작으로는 『시간과 타자』(1947), 『존재에서 존재자로』(1947), 『후설과 하이데거와 함께 존재를 찾아서』(1949) 등이 있다. 1961년 첫 번째 주저인 『전체성과 무한』을 펴낸 이후 레비나스는 독자성을 지닌 철학자로 명성을 얻기 시작한다. 1974년에는 그의 두 번째 주저 『존재와 달리 또는 존재성을 넘어』가 출판되었다. 그 밖의 중요한 저작들로는 『어려운 자유』(1963), 『관념에 오는 신에 대하여』(1982), 『주체 바깥』(1987), 『우리 사이』(1991) 등이 있다. 레비나스는 기존의 서양 철학을 자기중심적 지배를 확장하려 한 존재론이라고 비판하고 타자에 대한 책임을 우선시하는 윤리학을 제1철학으로 내세운다. 그는 1964년 푸아티에 대학에서 강의하기 시작하여 1967년 낭테르 대학 교수를 거쳐 1973년에서 1976년까지 소르본 대학 교수를 지냈다. 이 책 『신, 죽음 그리고 시간』(1993)은 레비나스가 소르본 대학에서 행한 마지막 강의들을 엮은 것이다.

자크 롤랑(Jacques Rolland, 1950~2002)

철학자이자 편집자로서, 레비나스의 대표적인 제자 그룹에 속한다. 특히 그는 레비나스의 수고와 강의를 편집하여 출간했다. 그의 대표적인 편집본으로는 『탈출에 관하여』(1982), 『신, 죽음 그리고 시간』(1993), 『제일 철학으로서의 윤리학』(1998), 『에마뉘엘 레비나스 선집』(1984) 등이 있다. 또한 레비나스에 관한 학술대회를 조직하여 발표 논문집을 『에마뉘엘 레비나스: 제일철학으로서의 윤리』(공저, 1993)라는 제목으로 출간했다. 주저로는 『도스토옙스키: 타자의 질문』(1983), 『노마드적 진리: 레비나스 입문』(공저, 1984), 『앎과 달리: 레비나스』(공저, 1987), 『다르게의 여정: 레비나스에 대한 독해』(2000), 『호텔 브리스톨 혹은 공산주의에 관하여』(2011)등이 있고, 오랫동안 세르프(Cerf) 출판사의 잡지 『감시받는 밤』의 편집자로서 활동했다. 그 외에도『차이의 모험』(1985),『하이데거 입문』(1985)과 같은 잔니 바티모의 저작들을 프랑스어로 번역하여 프랑스에 소개했다.

김도형

부산대학교 철학과를 졸업하고 동대학원에서 철학박사 학위를 받았다. 부산대, 부경대 등에서 강의하고 있다. 주요 논문으로는「레비나스와 정치적인 것(1): 레비나스에서 국가의 문제, 국가 안에서 국가를 넘어」,「레비나스와 페미니즘 간의 대화」,「레비나스, 시간 그리고 역사(1): 레비나스에서 시간의 문제」등이 있다. 지은 책으로『레비나스와 정치적인 것: 타자 윤리의 정치철학적 함의』, 옮긴 책으로는 레비나스의『신, 죽음 그리고 시간』,『전체성과 무한』,『타자성과 초월』이 있다.

문성원

서울대학교 철학과를 졸업하고 동대학원에서 철학박사 학위를 받았다. 경기대, 서울대, 서울시립대, 서울산업대 등에서 강의했으며, 현재 부산대학교 철학과 교수로 재직 중이다.『철학의 시추: 루이 알튀세르의 마르크스주의 철학』,『해체와 윤리』,『타자와 욕망』,『철학의 슬픔』등을 썼다. 옮긴 책으로 지그문트 바우만의『자유』, 자크 데리다의『아듀 레비나스』, 에마뉘엘 레비나스의『존재와 달리 또는 존재성을 넘어』, 공역한 책으로『국가와 혁명』,『철학대사전』,『마르크스주의 변증법의 역사』,『신, 죽음 그리고 시간』,『전체성과 무한』,『타자성과 초월』등이 있다.

손영창

부산대학교 철학과를 졸업하고, 프랑스 스트라스부르 대학에서 레비나스에 관한 논문으로 박사학위를 받았다. 부산대, 인제대, 경남대에서 강의했으며, 현재 한국기술교육대학교에서 철학을 가르치고 있다. 주요 논문으로는「타자성에 대한 해석과 언어의 역할 : 레비나스와 데리다 비교연구」,「리쾨르의 윤리학에서 살펴본 자기성과 타자의 문제」등이 있다.